障害者
相談支援従事者
研修テキスト

現　任
研　修　編

日本相談支援専門員協会＝監修
小澤 温＝編集

中央法規

はじめに

　本書は、「相談支援従事者研修事業の実施について」（平成18年障発第0421001号厚生労働省社会・援護局障害保健福祉部長通知）の一部改正により、2020（令和2）年4月1日から適用される相談支援従事者現任研修標準カリキュラムに準拠し、全国の養成課程で使用されるために編集されたテキストである。

　なぜ本書の作成に至ったのかといえば、理由は四つある。

　一つは、都道府県ごとにさまざまな工夫や志向性をもって実施されてきた養成研修において、統一的なテキストがないために、地域差が生じているという声に応えたかったからである。

　二つ目は、テキストがないが故に、講師一人ひとりが非常に質の高い内容の講義を行っていても、研修全体では講義の重複が生じたり、講義と演習が連動していなかったりして、受講者の理解度が向上しない要因となっているとの指摘が多かったためである。

　三つ目は、これまでの標準カリキュラムは2006（平成18）年4月に示されて以来、約13年の間、見直しがされてこなかったことである。当初は「ケアマネジメント技法の伝達」と位置づけられたカリキュラム内容であって、相談支援専門員の直接的な業務を意識したものではなかった。そのため、この養成研修を受講しただけでは、サービス等利用計画を作成するだけの知識や技術が身につかないために質の低下を危ぶむ声も多かったのである。

　四つ目は、相談支援専門員を取り巻く環境は大きく変化しており、位置づけられている制度自体もアップデートがあり、公的なサービスも拡充されていたにもかかわらず、その養成方法や内容についての見直しが遅れていた現状を少しでも改善したかったのである。

　そして、今回のカリキュラム改正において初任者・現任者に共通した大きな変更点が存在する。それは、すべての養成を研修会場のような職場を離れた環境だけで終始しないということである。要するに、実務指導といった現場での育成を強く意識した内容になっている。

　受講者は、講義や演習を通じて知識や技術の基礎を習得する。そして、実

習期間などを活用し実際の現場で、その習得した技術や知識を活用することで、先輩の相談支援専門員のみならず、障害者本人やさまざまな関係者から学ぶ機会を得ることで、知識や技術の定着を図るのである。

「人の支援に答えはない」と言われている。福祉専門職は常に学ぶ姿勢をもち、本書で不足する部分は専門コース別研修など、さまざまな地域や機関で行われているものから学び、得られたものを実践に活かすことで成長してほしい。

したがって、全国の養成課程で使用されるために編集された標準テキストではあるのだが、単なるハウツーやマニュアル的な使われ方だけではなく、実践の場面で迷いや疑問を生じたときに読み返されるバイブル的なものになればと願っている。

本書は日本相談支援専門員協会の会員だけではなく、たくさんの方のご尽力を受け完成したテキストである。相談支援専門員の方々には、各都道府県で養成研修の中心的な立場からご執筆していただき、現場のリアリティを反映していただいた。筑波大学の小澤温先生ならびに沖縄大学の島村聡先生、和泉短期大学の鈴木敏彦先生、福井県立大学の相馬大祐先生には、研究者からの原理原則、現状の相談支援に必要不可欠なご指摘やたくさんの示唆をいただいたことに深く感謝したい。一方、障害のある方々の立場からの指摘や視点も明瞭に位置づけ、実践と同様に質の高いケアマネジメントを目指すべき内容とするため、非常に短期間で本書を編集して刊行してくださった中央法規出版の関係者の方々にも感謝を申し上げたい。

最後に本書が広く全国の法定研修で活用され、障害のある方への相談支援における人材育成が充実するための一助になれば幸いである。

2020 年 6 月

日本相談支援専門員協会
代表理事　菊本 圭一

本書の利用にあたって

1. 本書の構成

「相談支援従事者研修事業の実施について」（平成 18 年障発第 0421001 号厚生労働省社会・援護局障害保健福祉部長通知）（以下「部長通知」とする）の一部改正により、2020（令和 2）年 4 月 1 日より見直しが行われた「相談支援従事者現任研修標準カリキュラム」（以下「標準カリキュラム」とする）に基づき、次の構成とした。

研修受講ガイダンス

Ⅰ　講義編

第 1 章　障害福祉の動向に関する講義

第 2 章　相談支援の基本姿勢及びケアマネジメントの展開に関する講義

第 3 章　人材育成の手法に関する講義

Ⅱ　演習編

第 4 章　相談支援に関する講義及び演習

Ⅲ　資　料

2. 本書の編集方針等

(1)　基本方針

各地域で開催される現任研修の均質な実施が担保されるよう、標準カリキュラムに示された学習内容を網羅するとともに、科目間の整合性・連動性に配慮した編集を行った。

この際、厚生労働科学研究費補助金障害者対策総合研究事業「相談支援従事者研修のプログラム開発と評価に関する研究（研究代表者：小澤温）」（以下「厚労科研」とする）の「平成 28 年度～ 29 年度総合研究報告書」の資料 2 に示された教材案を基にした。

(2)　各講義・演習の科目割

本書で示した各講義・演習の科目割は、平成 30 年度障害者総合福祉推進事業「相談支援従事者研修ガイドラインの作成及び普及事業（埼玉県相談支援専門員協会）」のモデル研修の進行日程を参考にした。

(3)　演習資料（書式 1 ～書式 8）

本書に掲載した演習資料のうち、書式 1 から書式 8 については、厚労科研で開発された書式を一部改変のうえ掲載した。

(4)　各種図表

本書には、随所に他の文献から引用・転載した図表を掲載した。これらの拠出については、上記(3)の書式のほか、当該図版の直下に逐次出典を明記した。

3. 演習の進め方について

　本書では、標準カリキュラムに則した演習の進め方についての標準を示すことを目的として、各種書式や参考事例を掲載するとともに、演習の具体的な進め方についても詳細に説明を行った。

　標準カリキュラムに則した研修は、本書に掲載された進め方に限定されるものではなく、各地域の実情を踏まえた創意工夫を行うことで、より実践的な研修になることを期待している。

4. 初任者研修との関係について

　標準カリキュラムは、同じく部長通知により示された「初任者研修標準カリキュラム」と連動する形で構成されている。本書においても、この連動性を強く意識した編集を行い、適宜、初任者研修の科目との関係性を側注等において記載した。この際、初任者研修の科目区分については、『障害者相談支援従事者養成研修テキスト　初任者研修編』の構成に即して示した。

5. 略称・略語の使用について

　本書中に頻繁に使われる用語は、次表に掲げる定義に基づき、編集を行った。ただし、文脈によって、略語や略称を用いていない場合がある。

●法令名等の略称定義

障害者権利条約……………………障害者の権利に関する条約（2006年12月第61回国連総会採択／平成26年条約第1号）

障害者虐待防止法………………障害者虐待の防止、障害者の養護者に対する支援等に関する法律（平成23年法律第79号）

障害者差別解消法………………障害を理由とする差別の解消の推進に関する法律（平成25年法律第65号）

障害者総合支援法………………障害者の日常生活及び社会生活を総合的に支援するための法律（平成17年法律第123号）

平成22年整備法 ………………障がい者制度改革推進本部等における検討を踏まえて障害保健福祉施策を見直すまでの間において障害者等の地域生活を支援するための関係法律の整備に関する法律（平成22年法律第71号）

平成24年整備法 ………………地域社会における共生の実現に向けて新たな障害保健福祉施策を講ずるための関係法律の整備に関する法律（平成24年法律第51号）

●その他用語の定義

自立支援協議会……………………障害者総合支援法第89条の3第1項に規定する協議会

障害者相談支援従事者研修テキスト
現任研修編
目　次

第3章　人材育成の手法に関する講義

Ⅱ　演習編

第4章　相談支援に関する講義及び演習

Ⅲ　資料

おわりに

監修者・執筆者

研修受講ガイダンス

研修受講ガイダンス

─────────────

科目のねらい

☐ 本研修の獲得目標、内容、構造等を理解して受講することで研修効果を高める。

学習のポイント

☐ 現任研修新カリキュラムへの移行の背景

☐ 相談支援専門員に期待される役割 (地域を基盤としたソーシャルワーク)

☐ 本研修の獲得目標

☐ 現任研修の構造 (講義と各演習の関連性・構成)

☐ 継続的な学習 (実地研修) の必要性

☐ 事前課題

研修の構造

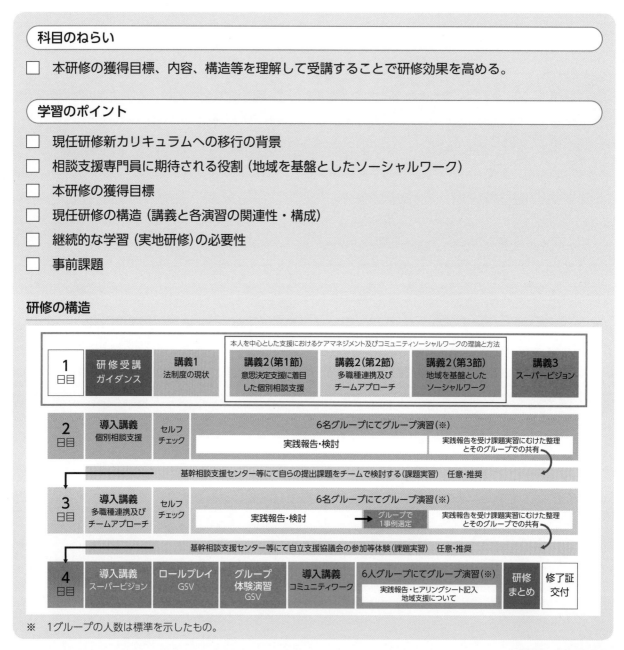

※ 1グループの人数は標準を示したもの。

講師：冨岡 貴生

1. ガイダンスの目的

講師向け
研修受講ガイダンスの
なかで検討会報告の説明

　　本研修のカリキュラムは、「「相談支援の質の向上に向けた検討会」における議論のとりまとめ」 (2016年7月19日) (以下、本ガイダンスにおいて「検討報告」とする) を受けて、相談支援専門員がソーシャルワークの担

い手として必要な「地域を基盤としたソーシャルワーク実践」が行える技術を身につけるという観点を重視して作成されている。特に講義と演習の連動性を意識した展開や、インターバル期間中に基幹相談支援センター等に出向いて課題実習を行うプログラムが特徴となっている。

研修受講ガイダンスでは、こうした現任研修における獲得目標や研修内容、進め方等を理解のうえ研修を受講することで研修の効果を高めることを目的として、以下にその内容を説明する。

を行うことで、現任研修の意図がさらに深まります。

2. 獲得目標

本研修の獲得目標には、次の4点があげられる。

① **個別相談支援の基本を理解し、それを基盤とした実践を行うことができる**

〈POINT〉

・ストレングスに着目した支援や意思決定（支援）を通して自己肯定感を高め、エンパワメントされていくことを学ぶ[*1]。

意思決定支援は、相談支援のプロセスを通して利用者の意思の尊重、希望の発掘と実現までを展開していく。相談支援専門員との良好な関係のなかで意思決定支援を進めていくことにより自己肯定感が高められ、自信へとつながり、生活の幅も広がっていくことから、個別相談支援における技術と能力の獲得は、意思決定支援には欠かせないものとなる。

② **多職種連携及びチームアプローチの理論と方法を学び、実践することができる**

〈POINT〉

・障害福祉サービス以外に介護保険等の制度の枠外の機関やインフォーマルサービスも含めた多職種連携による支援を、チームアプローチを通して実践する技術を学び、その能力を獲得する。

利用者の生活は、福祉サービスの利用や地域とのつながりのなかで営まれている。地域で安心した生活が送れるようさまざまな機関が連携をとり、さらに地域資源の活用や地域住民の理解と協力が得られるよう、本人を中心において多職種が連携した支援が増えていくことになる。そのため、チームアプローチを実践するための技術と能力の獲得は、利用者の地域生活を支援していくには欠かせない。

講師向け
獲得目標と1日目の講義、2日目以降の演習が連動していることを意識して説明を行うことで、研修の構造の理解を深めることができます。

*1　初任者研修（講義1-2）で扱った価値・知識・技術の復習にあたります。

③　コミュニティワーク（地域とのつながりやインフォーマルサービスの活用、社会資源の開発等）の理論と方法を理解し、実践できる

〈POINT〉

・個別課題を基幹相談支援センターと協議し、地域課題としてとらえる。
・自立支援協議会に報告するプロセスを理解し、地域に即した相談支援の実践力を身につける[＊2]。

地域支援を展開していくうえで、個別課題を地域課題としてとらえ、自立支援協議会を通して解決していくことが期待されている。地域に即した支援とは、インフォーマルサービスの活用や地域の集まりに参加するなど、地域にあるあたりまえの資源を利用する支援のことであり、これはコミュニティワークの第一歩である。これらを理解することで実際の支援が地域支援となっていることを実感してほしい。

④　スーパービジョンの理論と方法を理解するとともに、相談支援実践においてスーパービジョンを取り入れる

研修で得た知識を実践に活かすには、継続的に研鑽していく必要がある。実践事例を用いて検討するなかで、支援の妥当性や支援方法についての助言や指導を受けることの重要性を理解する。

また、継続して研鑽できる体制を整えるため、インターバルのなかで基幹相談支援センターとカンファレンス等を行うことで、現任研修終了後も継続して相談や助言等が行える関係の構築も目指している。

3.　4日間の研修内容と進め方

現任研修では、初任者研修で得られた知識と実践の振り返りを行うほか、多職種連携、地域とのつながりやインフォーマルサービスの活用等、地域デザインにおける相談支援スキルを獲得するためのカリキュラムとなっている。

1日目 ：講義

1日目は、制度説明、地域を基盤としたソーシャルワークの知識を理解するために、個別相談支援、多職種連携及びチームアプローチ、コミュニティワーク、スーパービジョンの講義を通して相談支援実践に必要な知識と技術を理解することに重きを置いている。

＊2　相談支援専門員の多くが自立支援協議会に参加した経験がないのが実情です。本研修では、実際に地域の自立支援協議会に参画するプログラムを導入し、自身の支援のなかにコミュニティワークを見出すことをねらいの一つに置いています。

講師向け
ここでは、研修の全体像を理解してもらうことに重きを置きます。4日間の研修を概説し、詳細は各演習時に説明を行います。巻末資料1（204頁参照）に沿って説明し、研修の構造や獲得目標と講義や演習とのつながりをイメージしていきます。また、事前課題の記入方法やインターバルの意図や実施方法等の説明も行います。

・障害福祉の動向に関する講義（第1章参照）
・相談支援の基本姿勢及びケアマネジメントの展開に関する講義（第2章参照）
・人材育成の手法に関する講義（第3章参照）

2日目の研修までに実践報告書（書式1-①・書式1-②）、地域変革のためのヒアリングシート（書式2）、ストレングスアセスメント票（書式3）を作成する（9〜18頁参照）。

| 2日目 |：**講義及び演習**（個別相談支援）

はじめにガイダンスの時間を設け、2日目の獲得目標や研修の進め方等について説明する。

講義は1日目の個別相談支援の内容をふまえ、事例を通して相談支援のプロセスや意思決定支援の講義を行う。また、講義後に行う自己業務の振り返りとしてセルフチェックシート（個別相談支援）（書式4：216頁）の記入方法等の説明を行う。

演習は、自己の業務を振り返った後、演習が円滑に進むようアイスブレイクを挟み、自己紹介、演習役割シート（書式5：217頁）を作成し、グランドルール（巻末資料3：221頁）を説明する。演習役割シートに沿って受講生から提出された事前課題（実践報告書：書式1-①）の報告及び検討[*3]を行う。実践報告・検討後、自己の振り返りやグループメンバーからの助言等から得られた気づきをグループで共有し、インターバルで行う内容を整理[*4]する。

・個別相談支援とケアマネジメント（第4章 演習1参照）

インターバル期間 （概ね1か月間）
演習で確認された支援の気づき等に対して、基幹相談支援センター等において共有のほか、実際に支援を行う。

3日目の研修までに、実践報告書（エコマップ）（書式1-②）への加筆[*5]と、インターバル報告書①（書式6）の下段に取り組み結果の記入を行う。

| 3日目 |：**講義及び演習**（多職種連携及びチームアプローチ）

はじめにガイダンスの時間を設け、3日目の獲得目標や研修の進め方等

*3　実践報告と検討は、演習講師のもとでグループ全員が行います。

*4　講義と自己の振り返り、実践報告・検討で得られた気づきを、インターバル報告書①（書式6：218頁）の上段に記入し、インターバル期間中に取り組んでもらいます。

*5　書式1-②への加筆は、演習2日目で報告する際に不足な情報等があれば赤字で追記して下さい。

について説明する。

　1日目の「多職種連携及びチームアプローチ」の内容をふまえ、事例を通して多職種連携及びチームアプローチの際の支援の目的の共有、担当者会議の段階的な展開方法等について講義を行う。また、ストレングスアセスメント票（書式3）やセルフチェックシート（チームアプローチ）（書式7：219頁）の説明を行う。

　演習では、自己業務の振り返りを行った後、提出した事前課題（実践報告書（エコマップ）：書式1-②）の報告及び検討[*6]を行う。検討後にグループメンバーの助言等から得られた気づきをグループで共有し、4日目の演習で使用する代表事例（例えば、福祉サービスを利用しているが、地域資源の活用や地域とのつながりを深める支援が必要な事例など）を1つ選定する。また、地域の相談支援体制・自立支援協議会に関する認識を整理し、インターバル期間中に取り組む事項（調査事項）を決定する[*7]。

・相談援助に求められる多職種連携及びチームアプローチ（第4章 演習2参照）

インターバル期間（概ね1か月間）

　地域の指定特定相談支援事業所や委託相談支援事業所、基幹相談支援センターの機能や位置づけといった相談支援体制が整備されているか、自立支援協議会が担う役割や機能について調査する。また、ストレングスアセスメント票（書式3）や地域変革のためのヒアリングシート（書式2）の追記を行う。

　4日目の研修までに、インターバル報告書②（書式8）の下段に、インターバル期間における取り組み結果を記入する。また、講義後の気づきをふまえ、地域変革のためのヒアリングシート（書式2）とストレングスアセスメント票（書式3）の追記を行う。

4日目：**講義及び演習**（グループスーパービジョン及びコミュニティワーク）

　はじめにガイダンスの時間を設け、4日目の獲得目標や研修の進め方等について説明する。

　1日目のスーパービジョンの内容をふまえ、ストレングスモデルにおけるグループスーパービジョン（以下、本ガイダンスにおいて「GSV」とする）の講義を行い、演習講師による模擬GSVを通して受講生に体感してもらう。演習では模擬で行った展開を参考にしながら、演習講師のもとで各グループでGSVを行う。

＊6　多職種連携やチームアプローチに焦点が当たるよう意識しましょう。

＊7　インターバル報告書②（書式8：220頁）の上段に取り組む内容を記入してください。

講師向け
　GSVにはさまざまな手法がありますので、①構造化されている、②地域資源の活用や地域とのつながり方法が検討できるという2つの条件が整っていれば、各地域で行っている方法でも構いません。

続いて、事例を通して地域のつながりや地域資源の活用、自立支援協議会の機能、地域変革のためのヒアリングシート（書式2）の活用方法等の講義を行う。講義後の演習でインターバル報告書②（書式8）の下段の報告等を行い、現任研修修了後の相談支援専門員に求められる支援について確認し、地域支援をどのように展開していくかの意思表明[*8]を行う。

現任研修修了後の相談支援専門員に求められるもの

・地域資源の活用や地域とのつながりを深める支援を展開すること
・個別課題を地域課題としてとらえ、自立支援協議会に報告していくこと
・基幹相談支援センターとの連携を通して実践力を高めること

・地域をつくる相談支援（コミュニティワーク）の実践（第4章 演習3 参照）

*8 事前課題、セルフチェックシート、演習を通して、今後の地域支援の展開について自身が考えることをインターバル報告書②（書式8）に整理し、発表します。

4. インターバル（研修の合間の実地研修）

図1 研修時のインターバル（実地教育）に期待すること

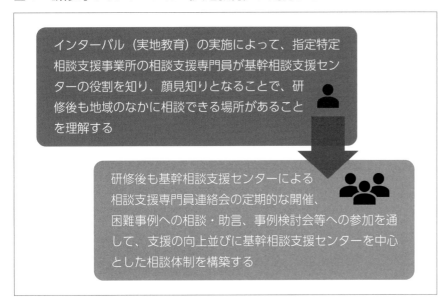

インターバル（実地教育）の実施によって、指定特定相談支援事業所の相談支援専門員が基幹相談支援センターの役割を知り、顔見知りとなることで、研修後も地域のなかに相談できる場所があることを理解する

研修後も基幹相談支援センターによる相談支援専門員連絡会の定期的な開催、困難事例への相談・助言、事例検討会等への参加を通して、支援の向上並びに基幹相談支援センターを中心とした相談体制を構築する

地域によっては、インターバル（実地教育）の受け入れ人数が多くなることが想定されますが、受け入れ先で柔軟な対応がとれる配慮をしてください（例えば、同日に受け入れを行い、事例の共有や自立支援協議会の説明等を行うなど）。また、受け入れを行う基幹相談支援センター等にも不安はあると思います。まずは「話を聞く」「一緒に考える」ことから始めてください。基幹相談支援センターが設置されていない地域では、委託相談支援事業所や市町村など、どこがその役割を担うかの検討も必要になります。

相談支援専門員は、経験を積み重ねても自己の振り返りが必要な業務であるが、日常業務に追われてしまい、そのような機会を得ることが難しい状況にある。また、自らの支援について他者から助言・指導を受ける機会が少ないことから、助言等を期待して研修を受講する人も多い状況である。そのため、演習時に自己の振り返りと他者からの助言・指導を受ける機会を設け、さらに研修の合間（インターバル期間）に、基幹相談支援センター等に出向く実地研修（OJT）を組み入れることで研修後も継続して助言等が受けられる機会をつくっていくことを目的としている。

　具体的には、1か月程度のインターバル期間中に、実践報告・検討で得られた支援上の気づきや着眼点について基幹相談支援センターで共有をはかったうえで、実際に支援を行う。

図2　相談支援専門員に必要な力の循環・成長イメージ

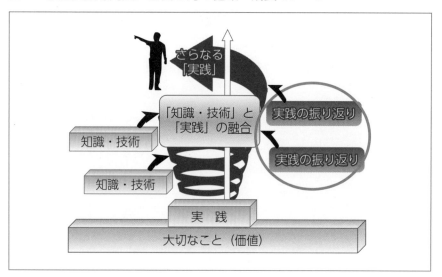

5. 事前課題の提出

|講師向け|
　事前課題の記入方法については、1日目のガイダンスのなかで説明します。提出は2日目となります。

　2日目の事前課題として、実践報告書（書式1-①）、実践報告書（エコマップ）（書式1-②）、地域変革のためのヒアリングシート（書式2）、ストレングスアセスメント票（書式3）を記入のうえ提出する（記入の詳細については、次頁以降の記入要領と記入例1～3を参照のこと）。

記入要領：実践報告書（書式 1-①）

実践報告書

実践提供者氏名：

イニシャル：	性別：	年齢：	障害名（程度）・区分：

福祉サービスの利用状況：

検討したいこと（相談支援専門員が支援のなかで困っていること）

point：事例検討の目的をはっきりさせる
・利用者の対応について検討したい
・自分の支援が間違っていないか確認したい

主訴（相談に来た理由、どうしたいか）

point：主訴を出発点にして相談が始まる
・福祉サービスを利用してもすぐに行かなくなってしまうので、どこか通えるところはないか

利用者の特徴

point：利用者のイメージをもつ
・身長、体重（体格）
・性格（表情豊かでよく話す、気弱で気持ちをなかなか言えない、些細なことでも腹を立て高圧的になる　など）
・興味関心（お菓子が好き、よく出かける、テレビの○○を見る　など）

生活歴（どのような生活を送ってきたか、楽しかったこと、興味をもったこと、悲しかったことなどのエピソード）

point：利用者がどのような生活を送ってきたかを理解する
・学齢期から現在（福祉サービス利用含む）までのエピソードを記入する
　○年○月　小学校　○○が楽しかった。○○興味があった。○○つらかった。
　○年○月　・・・・・
　○年○月　・・・・・
　＊エピソードは要点のみ記載し、演習時は口頭で追加報告してもらいます。

社会的状況（家族関係・友人関係・学校・職場・福祉サービス利用など）

point：利用者を取り巻く社会環境を理解する
・生活環境、家族関係、家族以外の関係、余暇の過ごし方、嗜好などを記入する

①誰が困っているのか（本人・家族・学校・職場等）＊複数可

> point：誰が困っているのかを理解する
> ・相談に来た母親が困っているのか、本人が困っていると母親が言っているのか

②いつ頃から困ったことが生じたのか

> point：困ったことの前後関係を理解する
> ・○○頃から生活介護事業所に行きたがらなくなった。担当職員が辞めた、父が単身赴任で不在となったなど、環境の変化があれば要点のみ記載する

③主訴と主訴に関連するさまざまな情報から、あなたはどのように解釈したか（見立て）

> point：事実（情報）と解釈（相談支援専門員の考え）を整理する
> ・○○の情報から、○○に困っており、○○の対応が必要ではないか

④検討したいことに対して、あなたはどのように支援をしてきたか（支援経過）

> point：自身があげている検討したいことに対して、今までどのように取り組んだのかを、時系列で整理する
> ○月○日　○○のため、本人から話を聞く（内容については口頭で報告）
> ○月○日　本人と一緒に見学に行く予定を立てるが、拒否
> ○月○日　・・・・・
> ○月○日　・・・・・
> ○月○日　・・・・・
> ＊要点のみ記載し、演習時は口頭で追加報告してもらいます。

⑤その結果、改善されたか

> point：自身の支援の結果について振り返る
> ・④の支援の結果、○○は改善したが、○○については改善されていない
> ・改善されず、進んでいないで困っている

（検討）意思決定支援の展開で気をつけること

（演習時に記載）

（検討）検討課題に対して具体的な支援方法

（演習時に記載）

記入例1：実践報告書（エコマップ）（書式1-②）

エコマップ

チームアプローチにおける支援方針	本人が、周りの人とうまく付き合いながら、住み慣れた自宅を守り（暮らし続け）、やりがいのもてる仕事が見つかるように、医療・福祉・地域の支援者が応援団となって、見守り支えていく。
チームアプローチの展開で困っていること	本人の希望する生活実現のためには、近隣住民をはじめとした幅広い人間関係の構築が必要であり、本人自身もそれを望んでいる。 本人に無理なく、周囲と良好な関係を築くためには、どのようなメンバー構成・役割分担でチームアプローチを展開していくべきか？という点で悩んでいる。

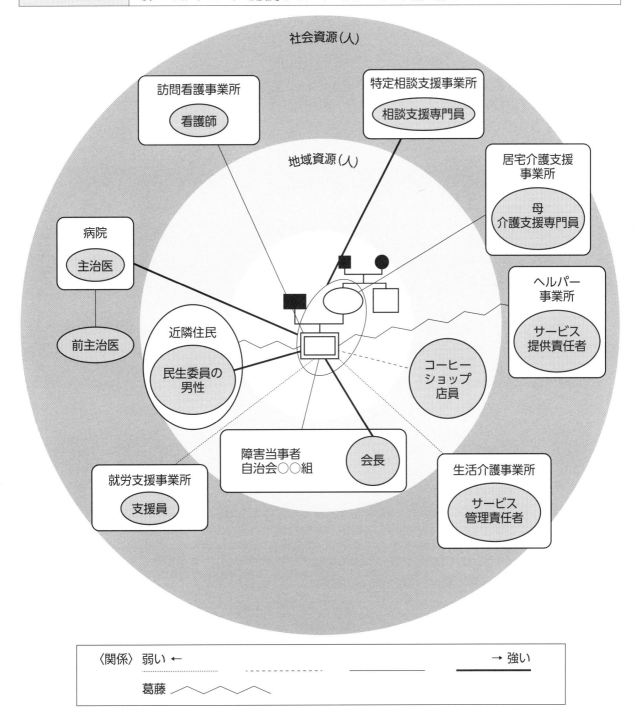

利用者と地域資源（人）の関係

○近隣住民

　本人との軋轢が生じており、過去5年間近所付き合いが断絶している。民生委員の男性（60歳）だけは、幼少期から本人のことを見守っており、よき理解者。困ったことがあれば、力になりたいと言っている。

○自治会○○組（構成員60名）

　本人も加入している障害当事者の自治会。他の会員との関係は良好とはいえず、トラブルに発展しそうなときは、会長（50歳）が、さりげなく周囲との仲を取りもってくれている。

○コーヒーショップ店員B子（30歳）

　本人行きつけの、近所のコーヒーショップ店員。優しく笑顔が素敵な30歳女性。本人が好意を寄せている。

利用者と社会資源（人）との関係

○病院…信頼する前主治医（現在は退官）から引き継がれた現主治医により定期受診（月1回）。

○訪問看護…週2回利用しており、看護師との関係性は良好。

○生活介護…週3回利用。陶芸作製やドリップコーヒーを振る舞う等、興味・関心のあるものには精力的に参加。

○ヘルパー…少しでも気が合わないヘルパーがいればすぐに交替。事業所も5か所変更した経緯がある。

○相談支援専門員…2年前のセルフプラン作成の補助から付き合いがあり、本人曰く、話のわかる存在。

○母ケアマネ…母親の担当ケアマネジャー。本人とのかかわりはほとんどない。

○就労支援事業所…働きたいという希望から相談支援専門員が紹介した事業所。就労相談時にはトラブルなし。

相談支援専門員と地域資源（人）及び社会資源（人）との関係

○近隣住民（民生委員の男性60歳）…担当者会議で初顔合わせ。近隣住民との関係性修復に向けて頼もしい存在。

○コーヒーショップ店員B子…近隣関係・就労関係のきっかけとしても接点を増やせたらと模索中。

○自治会○○組（会長50歳）…地域協議会等でも顔なじみ。ピアサポーターとしても協力を要請している。

○病院・訪問看護…在宅医療の全面的なサポートを約束いただいている。情報共有を密に連携している。

○生活介護…日中支援の要として、密に連携している。

○ヘルパー…本人の相談員になってから3回の事業所変更をしており、かかわり方について密に情報共有している。

○母ケアマネ…担当者会議をきっかけに定期的に情報共有している。

○就労支援事業所…就労経験のない本人が好きなことを仕事にするためにはどうすればいいのか相談している。

チームアプローチの展開で困っていることへの対応策

（演習時に記載）

記入例2：地域変革のためのヒアリングシート（書式2）

地域変革のためのヒアリングシート（利用者からみた地域の状況）

【1】 利用者が参加・所属している地域組織または参加したがっている組織について

組織の名前は？	地域の卓球クラブ
どの程度の「参加」か？	以前は週1回必ず参加していたが、就職してから辞めてしまった
参加しやすい条件整備がなされているか？	好きな卓球ができることや、年配者の方から可愛がられていたので楽しく参加していた
どういう条件が整えば、もっと参加しやすくなるか？	卓球をしたいという気持ちが芽生えれば参加するかもしれない

＜注＞自治会・趣味グループ・学校・ファンクラブ・生涯学習グループ・各種〈連続〉講座・ボランティアグループ

【2】 利用者の交友相手〈友達〉について

どのような関係の人か	養護学校時代の友人
利用者の資源になりうるか	学生時代は一緒に映画を観に行くこともあったが、今はお付き合いがない
どうしたら資源になるか	久しぶりに会って話ができれば、以前のようなお付き合いができるかもしれない

＜注＞井戸端会議の相手・同窓生・趣味友達・講座友達・級友

【3】 利用者が所属している当事者組織について

どのような組織に属している	某就労継続支援B型事業所
利用者同士の問題解決のために十分機能しているか	利用者自治会があり、生活のルールや利用者同士の関係のあり方等について話し合いをしている
もっと機能するためには、どういう支援が必要か	話せる友人は数人いるが、遠慮しがちなところがあるため、仕事ばかりでなく、レクリエーションを通して関係性が深められるよう支援する
利用者はどのような役割を果たしたらいいか	事業所を利用する仲間として、楽しみを共有し、助け合う
その組織は利用者にとってどのような意味があるか	母の希望で就職を目指していたが、就職することに強い抵抗を示していることが浮き彫りとなり、豊かな生活について考えるようになった

【4】 利用者に（福祉的に）かかわっている人や組織・企業〈商店〉・隣人について

どのようなかかわりをしてくれているか	コンビニなどで買い物することができるが、母と一緒に出かけることが多い
もっと進んだかかわりをしてもらうには、どのような条件が整備されたらいいのか	社会性を広げるため、一人で自由に外出することができたらよい

こちらとしてどのような努力をしたらいいか〈どのような仕掛けを施したらいいか〉	まずは一緒に外出して楽しみを共有し、興味関心を広げていく

＜注＞行きつけの商店の主が、店頭で親切にしてくれる程度でもいい

【5】 利用者が見込んでいる相手〈相談に乗ってくれたり、困ったとき助けてくれる人〉・行きつけの商店・診療所の医師・隣人について

その利用者が見込む相手はどういう条件があるのか	某就労継続支援Ｂ型事業所の担当職員は、作業がうまくいかないときや困ったときに親身に相談に乗ってくれる
利用者が見込んでいる人が、見込まれたことをきちんとしているか	引っ込み思案なところがあるので、不安そうなときは担当職員から声かけをしている
していないとすれば、それはなぜか	本人のペースに合わせて、時に見守ることも必要
見込まれたことをその人が実行するには、どういう働きかけが必要なのか	本人の内面の葛藤を理解し、言葉では表出されない気持ちを汲めるようにSVを行う

＜注＞なぜその人を見込んでいるのか

【6】 利用者の親族で、利用者が頼りにしている相手について

その相手は、利用者の期待に添うように行動しているか	休日は母と一緒に買い物に出かけることもあるが、時々うっとうしいと思うこともある
していないとすればそれはなぜか	心配のあまり関与しすぎなところがある
どうしたら期待に添うように行動するようになるか	本人が成長していることを理解できれば気が楽になるのではないか
他の親族はなぜ頼りにならないのか	以前はよく家族旅行に出かけていたが、最近本人が行きたがらなくなったので、父が寂しそうにしている
どうしたらもっと頼りになる親族になるのか	できることには口出しせず、任せるなど大人として認める

【7】 利用者の〈これから戻る〉近隣は、利用者にとってよい近隣か

どのように頼りになるか	卓球クラブでは皆から可愛がられていたので、楽しくて仕方がなかった。また卓球が大好きで石川佳純のファン
どのように頼りにならないか	以前一緒に卓球をしていた人がいるかはわからない
どのような人材が存在しているか〈世話焼き・口利きなど〉	年配の方が一緒に練習してくれたり、休憩時間にたわいもないおしゃべりをするのが楽しかった
もっと頼りになる近隣にするにはどうしたらいいか	卓球クラブに参加するのもよいかと思うので、見学に誘おうかと思う

【8】 利用者の周囲で、活用できそうな福祉資源はあるか

どのような資源が分布しているか〈いわゆるボランティアや民生委員、福祉推進員だけでなく、世話焼きさんや、保健福祉のプロ、各種公共機関なども〉	某就労継続支援B型事業所のサービス管理責任者と連携し、作業以外のレクリエーションへの参加を通して興味関心を広げていきたい
それぞれどのような資源性をもっているか	事業所の利用を通して、安心の中で人との付き合いや興味を広げ、社会とのつながりを増やしていくきっかけとなる
それぞれ利用者にどのような資源になりうると思うか	豊かな生活が送れるようになる
それらの資源を利用者に振り向けるにはどのような仕掛けが必要か	事業所内で卓球をすることができれば地域の卓球クラブとつながるかもしれない
それぞれがより強力な資源になるには、どのような仕掛けが必要か	利用者にとって事業所が地域との接点となっていることを理解してもらえるようにする

【9】 利用者にとって「隠れた資源」となっているもの〈利用者を元気にさせているもの〉について

あるとすればそれは何か	・卓球クラブ（参加している年配者の方） ・養護学校時代の友人

＜注＞特に動植物や自然環境、日常生活の各種グッズ、遊び・スポーツなど、人間以外の資源に着目

【10】 利用者は地域に対して、どのような資源性を有しているか

資源性とそれが機能している対象を羅列	卓球クラブ
利用者が頼りにしている相手に対して、どのような資源性を発揮しているか	以前は卓球クラブに所属し大会に出場することで、家族が応援に来ていた（喜んでいた）
利用者が潜在的に有している資源性は何と何か	体を動かすこと、卓球をすること
それぞれ誰に対して資源となりうるか	好きなことに取り組んでいる姿を見ると家族が安心する
利用者の資源力を増強させるには、どのような支援が必要か	好きなことを増やしていけるよう、いろいろなことを体験してみる

＜注＞隣人の相談相手、同じハンディをもった人の相談相手、趣味グループなどで、ユニークな働きをしている、など

【11】 利用者にとっての資源同士のネットワークの状況はどうか

これまであげられた資源相互の連絡はどの程度なされているようであるか。お互い〈資源同士〉、その利用者にかかわっていることをどの程度承知しているようであるか	現在は卓球クラブとのつながりはないが、辞める際にいつでも戻ってきていいよと言われた
もっときちんとネットワークができるためには、どのような支援が必要か	卓球をやりたい気持ちがあるようなので、参加を急ぐのではなく、卓球のどこが好きかなど話を聞くことから始める

【12】 利用者の自宅〈居住場所〉は、どのような資源となるか

資源を発掘・活用するのにどのように適しているか、または適していないか	駅まで歩いて 10 分程度であり、近隣には商店街がある
より多くの資源を発掘・活用するために、どのような環境整備が必要か〈利用者のセルフケアマネジメント能力の開発。自宅の改造。支援者の確保。資金援助など〉	いろいろなことを経験し、生活の幅を広げていく。家族は本人を認め、見守っていけるよう支える

【13】 利用者のセルフケアマネジメント能力〈自分の状態を正確に把握・ハンディの中身も客観的に把握・その克服策の工夫・必要な資源を発掘・活用する資質等〉の評価をしてみよう

セルフケアマネジメント能力の評価	控えめだが、自分の意思を伝えることができる。養護学校時代は卓球部に所属し全国大会に出場したほどの腕前である

<注>人に好かれる〈人が寄って来る〉・自分も人が好き・人の好き嫌いがない・困ったら困ったと言える・誰に対しても気軽に助けを求めることができる・助け手を上手に探し出す・お礼の言い方・仕方も上手・人間関係に長けている・自分もお返しができる・自分の〈他人に〉できることを上手に活かす・自分の意思をきちんと伝えられる・コミュニケーション手段をもっているし使える・どこへでも気軽に出かける・人を呼び込む場〈空間〉を確保している・セルフケアマネジメントのための支援者〈秘書?〉を確保している、など

出典：書式は日本社会福祉士会研修資料を一部改変（記入例は筆者作成）

講師・運営向け
1. 事前課題「地域変革のためのヒアリングシート」（書式2）に取り組む際には、記入例を参考にしてもらうようにしてください。
2. 記載にあたっては、実際に支援している利用者1名（本研修で事例提供している利用者）を想定し、この利用者の地域とのつながりや社会関係性等について、わかる範囲で記入してもらうようにしてください。不明なところは記入する必要はありません。

記入例3：ストレングスアセスメント票（書式3）

ストレングスアセスメント票

書き出し【●】本人の言葉　　　　　【○】家族等の言葉　　　　　【・】事実や行動（社会資源等）

本人の名前（通称）：　　　　　　　　　　グループ・事例提供者氏名

A　現在のストレングス 私の今のストレングス 個人：環境	B　（未来の）希望：願望：熱望 何がしたいか：何がほしいか	C　過去の資源 どのようなストレングスを 使ってきたか

家・生活環境（住居、日常生活、移動手段、行動範囲など）

A	B	C
・グループホームに入居 ・電車やバスなどの利用ができる（スイカは不可） ●健康のため駅まで歩いています（20分） ・最寄りのバス停までは5分 ●休みの日には友人と外食や買い物、母のお見舞いには毎週行っています ○共有部分の掃除や自室の掃除は支援員さんと一緒に行う ・携帯電話をもっており、電話やメールを利用できる	●自分のテラスハウスで一人暮らしがしたい ●パソコンがほしい ●旅行に行きたい（奈良）。できれば、一人ではなく誰かと一緒に楽しみたい ●就労のために資格がほしい ●歴史の勉強がしたい ●就労移行事業所に通って就職したい	・父と母と本人の3人で暮らしていた ・全寮制の高校で半年生活をし、洗濯などやっていた ・家のことはすべて母親がやってくれていた ・バイクに乗れていた

経済状況

A	B	C
・年金と家賃収入で月20万円程度 ・後見人が金銭管理をしてくれている（通帳管理と2週間分の生活費、必要に応じて手渡し） ・父親が残してくれた預貯金がある ・母親にも後見人がついている	●就労して貯金を増やしたい	●アルバイトで月10万円もらったことがある ●何かほしいものがあるときは母がお金をくれていた

日中活動（就労、教育、専門知識、通所、通学含む）

A	B	C
●就労継続支援B型事業所に週5日通っています ●学生のときから歴史は好きで、今興味が強い	●就職するために就労移行事業所に通いたい ●自動車の免許がほしい ●パソコンが使えるようになりたい ●歴史の勉強や考古学を学びたい ●母のお見舞いには毎週行きたい	●仕事をしていたことがある（老人ホームや工場、パン屋、など） ●一人旅（京都や奈良など）によく行った ●旅行の計画を立てるのも好きだった

社会的支援（家族、友人との関係、所属、サポートネットワーク、支援的人間関係）

A	B	C
●中学のときからの友人と今も食事に行ったりしてます ・母は特養に入居中 ●親類はいるが、連絡してません	●今かかわってくれている人はこれからも大切にしたい ●旅行に一緒に行ってくれるような友人がほしい	●家族以外で信頼できるのは中学のときの○○君だけだった

●事業所にも仲のよい人がいます ●事業所の職員さんにはいろいろ相談しています ●後見人さんもよく来てくれます ●相談支援専門員さんが週に1回来てくれ、一緒にご飯を食べたりしています ●母の施設の職員さんとは仲よしです	●日本の歴史について学び、語り合いたい ●就労して、上司や部下といった関係をつくってみたい	

健康状態（快適な状態、受診など医療を含む）

●成人病になっちゃいました（メタボ？） ・○○病院（精神科）月1回 ●歩くのが好きなので、健康のためにも歩くようにしています	●健康を維持したい	●今まで大きな病気はしたことがないが、高校生のときに急性腎炎といわれた

余暇活動（趣味、レクリエーション）

●天気のよい日には歩いています（2～3時間歩くこともある） ●母のお見舞いには必ず行っています ●歴史の本や勉強をしてると楽しいです ●大河ドラマは勉強になりますよ ●横浜ベイスターズの試合は見てます	●旅行に行きたい ●歴史の勉強がしたい（日本の） ●バイクに乗れたら楽しいかな ●横浜ベイスターズが好きなので、野球を見に行きたい	●一人で神社や仏像などを見て回ってました ●家族で旅行（年に2回くらいは行っていたときもあった）が楽しくて仕方がなかった ●大河ドラマを欠かさず見ていた

Spirituality 文化／生きがい（大事にしていること、人生観、家族観、価値観）

●親や友人を大切にしている ●大器晩成という言葉が好き ●歴史はおもしろい	●母にしっかりとした（バリバリ働いて自立している）姿を見せたい ●歴史の勉強は続けていきたい ●できれば人の役に立つ仕事がしたい ●自分も家族をもちたい	●母の施設に行き、福祉や介護の人の大変さがわかり、一人では生きていけないと思った

わたしの希望・願望の優先順位は

1) テラスハウスで一人暮らししたい
2) 誰かと一緒に旅行に行きたい
3) 歴史の勉強がしたい

追加コメント・わたしを理解するために大切なこと

出典：小澤温監修・埼玉県相談支援専門員協会編『相談支援専門員のためのストレングスモデルに基づく障害者ケアマネジメントマニュアル——サービス等利用計画の質を高める』中央法規出版、141～144頁、2015. を参考に作成

I

講義編

第1章

障害福祉の動向に関する講義

講義 1

障害者総合支援法及び児童福祉法等の現状

┌─ **科目のねらい** ─────────────────────────────┐

☐　障害者総合支援法及び児童福祉法に関する最新の動向を理解する。

☐　障害児者及びその家族等の地域生活を支援していくにあたって、関連する制度等を理解する。

┌─ **学習のポイント** ─────────────────────────────┐

☐　障害福祉施策の経緯の再確認と動向の理解

☐　障害福祉サービス等報酬改定の内容についての理解

☐　関連する各法律の改正状況についての理解

講師：大平　眞太郎

1.　障害者総合支援法の成立

講師向け

　現任研修では、初任者研修（講義3-1）で学習した戦後間もなくの身体障害者福祉法の制定（1949（昭和24）年）や、1980年代以降のノーマライゼーション理念の拡大等の歴史的経緯等をすでに修得していることを前提として講義を進めることとしています。

＊1　平成22年整備法では、障害児施設・事業の一元化等、障害児支援の強化を図る観点から児童福祉法の改正も行われています。

（1）　制定の経緯

　2000（平成12）年の社会福祉基礎構造改革以降、2003（平成15）年の支援費制度の導入、2006（平成18）年の障害者自立支援法施行等、障害者が地域で安心して暮らせる社会の構築を目指したさまざまな改革が進められてきた。しかし、こうした改革の推進にもかかわらず、相談支援や地域移行のための支援の充実や制度の改善を求める声が引き続き上がり、2010（平成22）年12月には、利用者負担の見直し、障害者の範囲の見直し、相談支援の充実、地域における自立生活のための支援の充実等を内容とした平成22年整備法を公布し、障害者自立支援法の抜本的な見直しを行った[＊1]。また、2012（平成24）年6月には、平成24年整備法を公布し、障害者自立支援法に代わる障害者への支援を定めた法律として障害者総合支援法が2013（平成25）年4月に施行された。

図 1-1　障害福祉施策の歴史

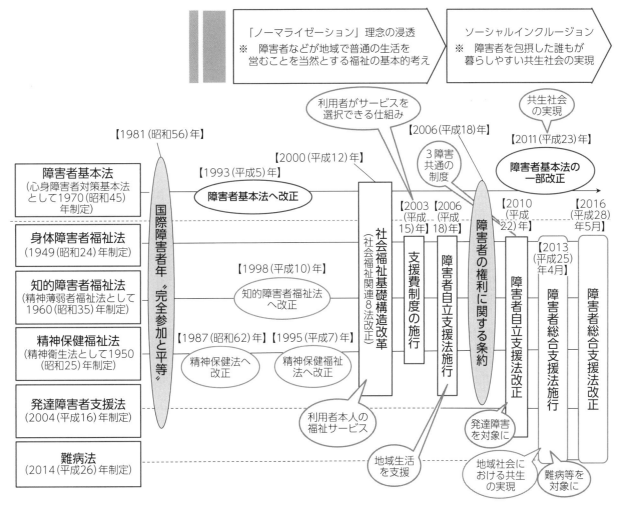

出典：厚生労働省資料を改変

⑵　法律の内容

障害者自立支援法からの具体的な変更点としては、以下があげられる。

1. 障害者の範囲（障害児の範囲も同様）

   障害者の範囲に難病等を加える。

2. 障害支援区分の創設

   「障害程度区分」から、障害の多様な特性（特には知的障害及び精神障害）その他の心身の状態に応じて必要とされる標準的な支援の度合いを総合的に示す「障害支援区分」にあらためる。

3. 障害者に対する支援

   ① 重度訪問介護の対象者拡大（強度の行動障害のある知的障害者等を加える）

   ② 共同生活介護の共同生活援助への一元化

   ③ 地域移行支援の対象拡大（矯正施設等からの退所者を加える）

④　地域生活支援事業の追加（障害者に対する理解を深めるための研修や啓発を行う事業等）

4．サービス基盤の計画的整備

①　障害福祉サービス等の提供体制の確保にかかる目標に関する事項及び地域生活支援事業の実施に関する事項についての障害福祉計画の策定

②　基本指針・障害福祉計画に関する定期的な検証と見直しを法定化

③　市町村は障害福祉計画を作成するにあたって、障害者等のニーズ把握等を行うことを努力義務化

④　自立支援協議会の名称について、地域の実情に応じて定められるよう弾力化するとともに、当事者や家族の参画を明確化

2.　障害者総合支援法及び児童福祉法の改正（平成 28 年改正）

(1)　改正の経緯

障害者総合支援法は施行時より障害者施策を段階的に講じるために、3年を目途として検討すべき事項が規定されており、それらを含めた見直しが2016（平成28）年の法改正により行われた。併せて障害児へのきめ細やかな対応を図るために児童福祉法についても同年に改正された。

(2)　改正の概要

障害者の地域生活の充実がより促進されることを目指して、生活や就労を支える新たなサービスの創設や既存のサービスの対象範囲を拡大するなど、以下のような改正が行われた。

1．障害者の望む地域生活の支援

①　自宅への定期的な訪問等により地域での一人暮らし等を支える「自立生活援助」の創設

②　職場等への定期的な訪問等により就労の定着を支援する「就労定着支援」の創設

③　重度訪問介護を入院中も一定の支援について利用可能にする範囲拡大［＊2］

＊2　入院中の介護等については医療機関による提供が原則ですが、利用者ごとに異なる特殊な介護方法などや不安や恐怖等による混乱を防ぐために本人にあった環境や生活習慣などについて、医療従事者に伝達することなどが、入院時においてホームヘルパーの実施できる支援となりました。

④　65歳に至るまでに居宅介護等の一定の障害福祉サービスを5年以上利用していた高齢障害者の介護保険サービス利用者負担の軽減[＊3]

2．障害児支援のニーズの多様化へのきめ細やかな対応

①　外出が困難な重度障害のある児童の居宅を訪問しての発達支援「居宅訪問型児童発達支援」の創設

②　乳児院・児童養護施設の障害児へ保育所等訪問支援の範囲拡大

③　自治体に医療的ケアを要する障害児のために保健・医療・福祉等の連携促進を求める

④　自治体における障害児サービス提供体制構築を推進する障害児福祉計画の策定義務化

3．サービスの質の確保・向上に向けた環境整備

①　補装具の貸与（借受けに要する費用）を補装具費の支給対象に追加

②　サービス事業所の事業内容の公表制度創設、自治体事務を一部委託可能とする規定整備

＊3　対象は介護保険サービスに相当する障害福祉サービス（居宅介護、重度訪問介護、生活介護、短期入所）を利用していた障害者となります。軽減はいったん支払った利用者負担を障害福祉財源から償還することにより行います。

講義1

各改正事項については、平成30年度障害福祉サービス等報酬改定（以下「平成30年度改定」とする）と合わせた議論により運用に関する基準や報酬額等が規定され、2018（平成30）年4月1日に施行された（ただし、2．③の事項は2016（平成28）年6月3日施行）。

3. 障害福祉サービス等報酬改定

（1） 経緯

障害福祉サービス等の報酬額や算定基準等については、各サービスがより適切に提供されていくために、3年ごとに見直しが図られることとなっている。平成30年度改定においては、既存のサービスの報酬の見直しを行うとともに、前述の2016（平成28）年の法改正で新たに創設されたサービスの報酬額や基準等についても定められた。平成30年度改定における主な目的は、以下のとおりである。

・障害者の重度化・高齢化をふまえた地域移行・地域生活の支援
・医療的ケア児への対応等
・精神障害者の地域移行の推進
・就労系のサービスにおける工賃・賃金の向上、一般就労への移行促進
・障害福祉サービスの持続可能性の確保

講師向け
　ここでは、近年の主な動向として、平成30年度の報酬改定の概略についてを取り上げますが、実際の講義では、その後の令和元年度における消費増税等に伴う報酬の見直し等、最新の動向をふまえた説明をしてください。

⑵　各サービスの改定内容等

　各サービスの改定内容及び新設サービスの対象者や支援内容等について、以下に説明する。

①　居住系サービス

1．自立生活援助（新設）

　障害者支援施設やグループホームなどから一人暮らしへの移行を希望する知的障害者や精神障害者などで理解力や生活力に不安がある人が対象となる。また、現に一人暮らしをしていたり家族と同居したりしている場合も、自立生活援助による支援を必要としている場合は対象となる。標準利用期間は1年で、延長する場合は協議が必要となる。

　支援内容としては、利用者の居宅を定期的に（月2回以上）訪問し、服薬や家事などの生活状況について確認、必要に応じて助言や相談、医療機関や近隣住民を含めた関係者との調整を行う。定期的な訪問だけではなく、利用者からの相談・要請があった場合は訪問、電話、メール等で随時の対応も行う。

　基本報酬として月当たり811〜1,547単位 [*4] が、対応する利用者数や支援開始後の期間に応じて設定されている。また、支援が集中する支援開始月は初回加算（500単位／月）、自宅以外での支援を行った場合には同行支援加算（500単位／月）を基本報酬に加えて算定できる。その他に既存のサービスと同じく専門職を配置した場合の評価等の加算も設定されている。

2．日中サービス支援型共同生活援助（新設）

　障害者の重度化・高齢化に対応できる共同生活援助の新たな類型として創設された。共同生活援助は住居と夜間の必要な支援を提供するものであるが、この類型では重度の障害者等に対して常時の支援体制を確保することを基本として日中サービスについても提供することができる。一方で、既存の類型と同じく他の日中活動サービスを利用することを妨げない仕組みとなっている。

　定員は1つの建物に10人のユニットを2つまで設けることができるとされている。また、短期入所を併設することが必須となっており、共同生活援助と短期入所と合わせて、1つの建物で25名までが生活可能となっている。

　報酬は従来の共同生活援助よりも手厚い世話人の配置とするため、最低基準の利用者5：支援者1をベースに、4：1、3：1の基本報酬額

*4　以下、本項に記載の単位数は、平成30年度改定当時のものです。

が設定されている。

② 就労系サービス

1．就労定着支援（新設）

就労移行支援、就労継続支援、生活介護、自立訓練の利用を経て、一般就労へ移行した障害者で、就労に伴う環境変化により生活面の課題が生じている人が対象となる。一般就労への移行後半年間は移行前のサービス提供事業所が就労定着に関する支援を行うこととなり、その後も継続しての支援を利用者が希望する場合には本支援が適用される。利用期間は3年を上限とし、それ以降は障害者就業・生活支援センター等へ支援を引き継ぐことが想定されている。

支援内容としては、利用者の自宅や企業等を訪問し（月1回以上）、利用者との相談を通じて遅刻や欠勤、身だしなみの乱れ、就業先の上司や同僚とのコミュニケーション等の課題を把握、必要に応じた助言や相談を行うとともに、企業や関係機関等との連絡調整やそれに伴う課題解決に向けて必要となる支援を提供する。

報酬は、利用者数規模別に加え、就労定着率[*5]が高いほど高い基本報酬[*6]が設定されている。また、ジョブコーチの配置を評価する職場適応援助者養成研修修了者配置体制加算（120単位／月）や企業との連携を評価する企業連携等調整特別加算（240単位／月）等が設けられている。

一人暮らし等の生活の安定を目的とする自立生活援助と支援内容が類似するために、同時に支給決定を受けることはできない。

2．就労移行支援

一般就労等を希望し適性に合った職場への就労が見込まれる障害者を対象とし、事業所内での作業等を通じた就労に必要な訓練、適性にあった職場探し、就労後の職場定着のための支援を実施する。

平成30年度改定では、定員規模別に加え、就職後6か月以上定着した者の割合が高いほど高い基本報酬[*7]となるように設定された。また、就労支援関係の研修などを修了した者を配置した場合の加算を新たに設定、既存の福祉専門職配置等加算では公認心理師、作業療法士に専門職の配置要件を拡充した。福祉専門職配置等加算については就労系サービスに共通する改定事項となる。

3．就労継続支援A型

企業等に雇用されることが困難であって、適切な支援により雇用契約に基づく就労が可能な障害者を対象とし、通所により雇用契約に基づく就労の機会を提供するとともに、一般就労に必要な知識、能力が高まった人に、一般就労への移行に向けて支援を実施する。

＊5　過去3年間の就労定着支援の総利用者数のうち前年度末時点の就労定着数をさします。

＊6　定員20人以下で就労定着率1割未満の場合は1,040単位／月、9割以上の場合は3,200単位／月と1割未満から9割以上まで7段階の基本報酬が設定されました。

＊7　定員20人以下で就労定着率0の場合は500単位／日、5割以上の場合は1,089単位／日と、0から5割以上まで1割ごとに設定されました。

＊8　定員20人以下、人員配置7.5：1の場合、開所時間が2時間未満では322単位／日、7時間以上では615単位／日と2時間未満から7時間以上まで1時間ごとに設定されました。

＊9　定員20人以下、人員配置7.5：1の場合、平均工賃月額5,000円未満では562単位／日、4.5万円以上では645単位／日と5,000円ごとに設定されました。

平成30年度改定では、定員規模別、人員配置別に加え平均労働時間が長いほど高い基本報酬[＊8]となるように設定された。また、賃金向上達成のための指導員の配置をした場合の加算を設定するとともに、一般就労に定着したものの数に応じた就労移行支援体制加算の改定が行われた。

4．就労継続支援B型

就労移行支援事業等を利用したが一般企業などの雇用に結びつかなかったり、一定年齢に達していたりする人で生産活動についての知識及び能力の向上や維持が期待される障害者を対象とし、通所により就労や生産活動の機会を提供するとともに、一般就労に必要な知識、能力が高まった人には、一般就労への移行に向けて支援を実施する。

平成30年度改定では、定員規模別、人員配置別に加え、平均工賃月額が多いほど高い基本報酬[＊9]となるように設定された。また、一般就労へ移行し6か月以上定着した利用者の数に応じた加算が新たに設定された。

③　医療的ケア児（者）に対する支援の充実

1．居宅訪問型児童発達支援（新設）

重症心身障害などの重度の障害児等であって、児童発達支援等の障害児通所支援を利用するために外出することが著しく困難な障害児が対象となる。支援内容は、障害児の居宅を訪問し、日常生活における基本的な動作の指導、知識技能の付与等の支援を行う。

報酬は基本報酬として訪問1日につき988単位が設定されている。また、障害児通所支援への移行のための支援を評価する通所施設移行支援加算（500単位／回：1回を限度）が設けられている。

2．各種加算の創設

人工呼吸器等を使用し、たんの吸引などが必要な医療的ケア児（者）が個々の障害児やその家族の状況及びニーズに応じて、地域において必要な支援を受けることができるように、障害児向けサービスについて新たな加算の創設や既存の加算の見直しが行われた。

看護職員の加配を評価する看護職員加配加算が障害児通所施設（児童発達支援、放課後等デイサービス）に創設され、福祉型障害児入所施設における看護職員配置加算には医療的ケア児の受け入れを評価する新たな区分が設けられた。また、生活介護では複数の看護職員の配置を評価できるように常勤看護職員等配置加算が見直された。

さらに、短期入所サービスと障害児通所支援における医療連携体制加算について外部からの長時間支援を評価するための区分が新たに設けられた。加えて、福祉型短期入所サービスの設備基準においても医

療的ケア児（者）を受け入れるために看護職員配置を基準とする福祉型強化短期入所サービス費が新たな区分として設けられた。

その他、障害児通所支援において重症心身障害児以外の医療的ケア児の送迎への手厚い人員体制を評価するために送迎加算が見直された。

④ 精神障害者の地域移行の推進

長期に入院する精神障害者等の地域移行を進めていくために、共同生活援助には長期入院者の受け入れを評価する精神障害者地域移行特別加算[*10]（300単位／日）が創設された。また、地域移行支援については移行実績の高い事業者による支援を評価するために基本報酬が見直された。さらに、医療観察法対象者や刑務所等からの退所者を自立訓練や就労系サービスで受け入れるための体制や訪問による支援の実施を評価する社会生活支援特別加算（480単位／日）が創設された。

⑤ 共生型サービス

障害者、高齢者、子どもがともに過ごすことができる空間、支援を同一事業所において提供する取り組みは、富山型デイサービス[*11]に代表されるように地域の実情に応じて従来から進められてきた。そうした取り組みを実践しやすくするために共生型サービスは創設された。これにより、これまで近くに障害福祉サービス事業所がなく遠方に通っていた障害者が、近隣の介護保険サービス事業所が指定を受けた共生型障害福祉サービスに通うことを選択できるようになったり、障害福祉サービスを利用してきた障害者が65歳を迎えた場合もその事業所が共生型介護保険サービスの指定を受けることで同じ事業所に通い続けることができる。

これまで介護保険サービスの指定を受けた事業所であれば、そのサービスに相当する共生型障害福祉サービスの指定を受けられるようになっている。また、これまで障害福祉サービスの指定を受けた事業所についてもサービスに相当する共生型介護保険サービスの指定を受けられるようになった。さらに、児童発達支援事業についても同様である。相当するサービスについては、次の表1-1のとおりである。

報酬については、介護保険サービス事業所あるいは児童発達支援事業所が共生型障害福祉サービスの指定を受けた場合の基本報酬が設定され、人員配置基準等を満たしている程度に応じて加算が設けられている。

*10 行動障害のある知的障害者の地域移行を促進するために、強度行動障害者地域移行特別加算（300単位／日）についても同様に設けられました。

*11 年齢や障害の有無にかかわらず、誰もが一緒に身近な地域でデイサービスを利用できる場所として、1993（平成5）年に惣万佳代子氏らによって富山県において始められた取り組み。2003（平成15）年には構造改革特別区に指定され、基準等の緩和が図られました。

表 1-1　共生型サービス

介護保険サービス		障害福祉サービス等
○訪問介護	⇄	○居宅介護 ○重度訪問介護
○通所介護（地域密着型を含む）	⇄	○生活介護（主として重症心身障害者を通わせる事業所を除く） ○自律訓練（機能訓練・生活訓練） ○児童発達支援（主として重症心身障害児を通わせる事業所に限る） ○放課後等デイサービス（同上）
○療養通所介護	⇄	○生活介護（主として重症心身障害者を通わせる事業所に限る） ○児童発達支援（主として重症心身障害児を通わせる事業所に限る） ○放課後等デイサービス（同上）
○短期入所生活介護（予防を含む）	⇄	○短期入所
○（看護）小規模多機能型居宅介護（予防を含む） ・通い	→	○生活介護（主として重症心身障害者を通わせる事業所を除く） ○自立訓練（機能訓練・生活訓練） ○児童発達支援（主として重症心身障害児を通わせる事業所を除く） ○放課後等デイサービス（同上）
・泊まり	→	○短期入所
・訪問	→	○居宅介護 ○重度訪問介護

出典：「第142回社会保障審議会介護給付費分科会」資料4、6頁、2017. より作成

⑥　その他の障害福祉サービス等

1．重度訪問介護による入院中の支援

障害支援区分6の利用者に対して、病院、診療所、介護老人保健施設、介護医療院及び助産所への入院中にコミュニケーション等を提供することを評価する入院中の基本報酬が設定された。報酬額は同じであるが、喀痰吸引等支援体制加算は病院等に入院中の支援にあっては算定不可となっている。

2．同行援護の基本報酬の一本化

身体介護を伴う場合と伴わない場合で分けられていた基本報酬を一本化し、盲ろう者や重度の障害者を支援した場合の加算を創設して支援内容を適切に評価することとされた。

3．施設入所支援の夜勤職員配置の評価見直し

利用者の重度化・高齢化に伴う業務負担や日中業務と異なる負担感

や勤務体制であることをふまえ、夜間支援体制をより適切に評価するため、夜勤職員配置体制加算の単位が引き上げられた。

4．自立訓練の対象者の見直し

自立訓練については、機能訓練は身体障害者、生活訓練は知的障害者及び精神障害者と対象が限定されていたが、両訓練ともに障害種別の区別なく利用可能とする基準改定が行われた。

(3) 相談支援事業に関する改定内容

① 計画相談支援・障害児相談支援

計画相談支援及び障害児相談支援は、障害者等の生活ニーズに応じたより適切で有効なサービス等の利用を支援すること、すなわちケアマネジメントを提供する支援として、2012（平成24）年から原則すべての障害福祉サービス利用者及び障害児通所支援利用者に適用されることとなった。年を追うごとに実施率は高まっていたが、事業の採算性の確保のしづらさと担い手である相談支援専門員が十分に確保されないことから、継続的で効果的なケアマネジメントが提供されていない状況が散見されていた。そうした課題を解消するために、以下のように報酬や基準が見直された。

1．モニタリング実施標準期間の改定

相談支援専門員が利用者と出会う機会を増やすことは、両者の関係性を深めるために重要な要素である。関係性が深まることにより利用者の相談支援専門員への信頼度が高まるとともに相談支援専門員による利用者へのアセスメントが深まることで、より適切な支援計画を提案することにつながる。

平成30年度改定では障害者総合支援法施行規則に示されるモニタリング実施標準期間を一部見直すことで、モニタリング頻度の向上が図られた。

具体的には、自立訓練、就労移行支援など利用期間を限定して一人暮らしや一般就労への移行を目指すサービスを利用している場合、6か月ごとから3か月ごとに標準期間が見直された。また、自立生活援助や就労定着支援についても同様のサービスとして3か月ごとに標準期間が設定された。

居宅介護、行動援護、同行援護、重度訪問介護、短期入所など月ごとに利用頻度や曜日、時間帯などに変更が生じやすいサービスを利用している場合は6か月ごとから3か月ごとに標準期間が見直された。

障害者支援施設等の昼夜一体的な支援を利用している場合は、地域移行の促進や閉鎖的な支援にならないように1年から6か月ごとの標準期間に見直された。また、日中サービス支援型共同生活援助につい

ては同様の理由で共同生活援助の他の類型が6か月とされているところ3か月ごとの標準期間が設定された。

2．標準担当件数の設定

　計画相談支援を実施する特定相談支援事業の人員配置基準においては相談支援専門員を1名以上配置することとなっている。しかしながら介護保険における居宅介護支援とは異なり、1か月当たりの支援件数は示されていなかった。そのため、80件を超えるような極端に多い件数を実施する者や10件にも満たない件数の者がいるなど、相談支援専門員により大きな差が生じていた。

　こうした状況に対して、過多な支援を実施している場合は質の重視を促し、過少な支援しか実施していない場合には事業所運営に必要な報酬を得るための量の確保を促すために、平成30年度改定では1か月当たりの計画相談支援等の実施件数[*12]が35件につき1名を配置することが標準（目安）とされた。つまり、1人の相談支援専門員が1か月に実施する標準支援件数は35件となった。しかし、モニタリング頻度が利用者ごとに異なることから、月によっては支援件数が35件を超えてしまうことが想定されるため、標準支援件数は前6か月間の平均値とされた。障害児相談支援も同様である。

3．特定事業所加算の拡充

　平成27年度障害福祉サービス等報酬改定において、計画相談支援と障害児相談支援に特定事業所加算が創設された。特定事業所加算は1名の現任研修修了者を含む3名以上の常勤専従の相談支援専門員の配置、事業所内での情報共有や研修の充実、24時間の連絡体制の確保など質の高い支援を実施できる事業所の体制を評価するものである。

　しかし、その取得率は2017（平成29）年度において5パーセント程度であった。厚生労働省が全国の計画相談支援等を実施する事業者に対して行った調査によると、加算取得が困難となる主な理由として、3名の常勤専従の相談支援専門員と24時間連絡体制の確保があげられた。

　こうした状況に対して、特定事業所加算の取得を促進し、質の高い支援を実施できる事業所を増やすために、常勤専従の相談支援専門員を2名、24時間連絡体制を不要とするそれまでの要件を一部緩和した加算区分が創設された。一方ですでに4名以上の常勤専従の相談支援専門員を配置するなどの体制を確保している事業所を適切に評価するため、より上位の加算区分も併せて創設された。これにより、既存の要件をⅢとして特定事業所加算はⅠからⅣまでの4区分が設定され、150単位から500単位が基本報酬に加算される仕組みとなった。な

*12　計画相談支援におけるサービス利用支援及び継続サービス利用支援と、障害児相談支援における障害児支援利用援助及び継続障害児支援利用援助の件数を合わせた数をさします。

お、相談支援専門員の配置については、特定事業所加算ⅠからⅢでは、常勤専従とされているもののうち1名は業務に支障がない場合、同一敷地内の他の事業を兼務してもよいこととされている。Ⅳにおいても2名のうち1名は同様の兼務が認められているが、業務割合の1／2以上は計画相談支援等への従事が必要とされている。

また、指定特定相談支援事業もしくは指定障害児相談支援事業に従事する、またはそれらを兼務する相談支援専門員は、指定地域相談支援事業及び指定自立生活援助事業の従事者を兼務する場合に限り、常勤専従者とみなされる。

4．高い質と専門性を評価する加算の創設

計画相談支援等には特定事業所加算以外に特別地域加算、利用者負担上限加算、障害児支援のみに初回加算が設けられていた。平成30年度改定では、計画相談支援にも初回加算が設けられたことに加えて、必要に応じた質の高い支援をした場合の業務量や専門性の高い支援を実施できる体制を評価するために9つの加算が新たに創設された。各加算の内容等は、**表1-2**（34頁）のとおりである。

5．基本報酬の見直し

モニタリング実施標準期間が見直され、特定事業所加算が拡充されたり新たな加算が複数創設されたりした一方で、基本報酬は引き下げとなった。障害児相談支援については、モニタリング実施標準期間の改定対象外であったため、基本報酬は引き下げられなかった。

また、「2．標準担当件数の設定」でも述べたように、過多な支援件数を適正化し支援の質を確保するために、1か月の支援が40件を超えた場合には、超過分について減算された基本報酬[*13]を適用する仕組みが導入された。減算された基本報酬は標準支援件数と同様の理由で、前6か月間の平均値をもとに適用されることとなっている。

＊13　減算された基本報酬を算定する件数は、当該事業所における「取扱件数（1か月間に計画作成またはモニタリングを行った利用者数の前6か月の平均値を、相談支援専門員の配置員数の前6か月の平均値で除した値）」が40以上である場合に、40以上の部分に相談支援専門員の配置員数の前6か月の平均値を乗じて得た数（小数点以下切り捨て）により算定します。

講義1

表 1-2

加算名	内容	単位数
特別地域加算	中山間地域等に居住している者に対してサービスの提供が行われた場合	＋ 15 ／ 100
利用者負担上限額管理加算	事業者が利用者負担額合計額の管理を行った場合	150 単位／月
初回加算	新規に計画作成を行った場合	（者）300 単位／月 （児）500 単位／月
入院時情報連携加算（☆）	利用者の入院時に利用者情報を入院先の病院等に提供した場合	（Ⅰ）200 単位／月 （Ⅱ）100 単位／月
退院・退所加算	利用者の退院・退所時に退所施設等から情報収集を行い計画作成した場合	200 単位／回
居宅介護支援事業所等連携加算（☆）	利用者の介護保険サービスへの移行時にケアマネ事業所のケアプラン作成に協力した場合	100 単位／月 ※障害児相談支援は対象外
医療・保育・教育機関等連携加算	障害福祉サービス等以外の機関等から情報収集を行い計画作成した場合	100 単位／月
サービス担当者会議実施加算	モニタリング時にサービス担当者会議を開催し、計画変更等の検討をした場合	100 単位／月
サービス提供時モニタリング加算（☆）	利用者が利用するサービス事業所等を訪問し、サービス提供場面を確認し記録した場合	100 単位／月
行動障害支援体制加算	強度行動障害支援養成研修（実践研修）等を修了した常勤の相談支援専門員を配置し、その旨公表する場合	35 単位／月
要医療児者支援体制加算	医療的ケア児等コーディネーター養成研修等を修了した常勤の相談支援専門員を配置し、その旨公表する場合	35 単位／月
精神障害者支援体制加算	精神障害者支援の障害特性と支援技法を学ぶ研修等を修了した常勤の相談支援専門員を配置し、その旨公表する場合	35 単位／月

注：1）　加算内容に「計画作成を行った場合」と示されているものは、サービス利用支援及び障害児支援利用援助の実施月のみ算定が可能となっている。
　　2）　「モニタリング時に」と示されているものは、継続サービス利用支援及び継続障害児支援利用援助の実施月のみ算定が可能となっている。
　　3）　加算名に☆がついている加算は、サービス利用支援等の実施月でない場合であっても加算単独での算定が可能となっている。
　　4）　太枠内の各体制加算は、当該事業所で実施されるすべての計画相談支援及び障害児相談支援の基本報酬に上乗せして算定することができる。

② 地域移行支援

　地域移行支援は障害者支援施設等や精神科病院、矯正施設等から地域生活への移行のために支援を必要とする障害者を対象として、住宅確保などの地域に移行するための相談や日中活動や就労支援などの障害福祉サービスの体験的な利用支援、宿泊支援などを行うサービスである。

　平成30年度改定では、地域移行をより促進していくために、地域移行実績や専門職員の配置、施設や精神科病院等との緊密な連携を評価する新たな基本報酬[*14]がこれまでの区分に加えて創設された。

　また、障害福祉サービスの体験的な利用のための支援における初期の業務量を適切に評価するため、体験利用加算[*15]に利用初日から5日までについて、これまでよりも高い報酬が得られるように区分が追加された。

　さらに、精神科病院に入院する精神障害者を対象とする場合について参考要件が示されていたが、入院の期間や形態にかかわらず支援の対象であることを明確にするため通知の改正が行われ、参考要件が削除された。

③ 地域定着支援

　地域定着支援は、単身生活者もしくは同居家族からの支援が見込めない人で常時の連絡体制の確保による緊急時等の支援体制が必要と見込まれる障害者を対象として、適宜の利用者の状況把握や緊急時の相談やその他必要な支援を行うサービスである。

　平成30年度改定では、これまで緊急時の対応として利用者宅への訪問による支援しか評価されていなかったが、深夜帯における電話等による相談援助について評価する緊急時支援費[*16]の新たな区分が創設された。

講義 1

*14　基本報酬の単位は、地域移行支援サービス費（Ⅰ）：3,044単位／月、地域移行支援サービス費（Ⅱ）：2,336単位／月。（Ⅰ）の算定には、緊密な連携のほか、前年度に地域移行支援の実績があり、従業者のうち1名は社会福祉士等の有資格者もしくは都道府県が実施する指定研修の修了者であることとされています。

*15　体験利用加算（Ⅰ）：500単位／日（初日から5日目まで）、体験利用加算（Ⅱ）250単位／日（6日目から15日目まで）。

*16　緊急時支援費（Ⅰ）：709単位／日（居宅訪問または滞在型の支援を行った場合）、緊急時支援費（Ⅱ）：94単位／日（深夜に電話での相談援助を行った場合）。

4.　障害福祉計画等

⑴　経緯と動向

　2005（平成17）年に公布された障害者自立支援法において、国による
基本指針の策定とそれに即した市町村・都道府県による障害福祉計画の作
成が義務づけられた。その後、基本指針は3年ごとに見直され、それに即
した市町村・都道府県による障害福祉計画は2006（平成18）年度から
2008（平成20）年度を第1期として、同じく3年ごとに見直しが行われ、
2018（平成30）年度から2020（令和2）年度までは第5期計画の期間と
なっている。2016（平成28）年の児童福祉法の改正により、2018（平成
30）年度からは障害児に対する支援等の提供体制を進めるための障害児福
祉計画の作成についても、市町村及び都道府県に義務づけられた。

⑵　第5期障害福祉計画等にかかる基本指針の見直し

　第5期障害福祉計画にかかり見直された基本指針は2017（平成29）年3
月に告示された。これには第1期障害児福祉計画に関する事項も含まれて
いる。

> 1．見直しの主なポイント
> 　見直しの主なポイントとしては、以下の事項があげられる。
> ・地域における生活の維持及び継続の推進
> ・就労定着に向けた支援
> ・地域共生社会の実現に向けた取り組み
> ・精神障害にも対応した地域包括ケアシステムの構築
> ・障害児のサービス提供体制の計画的な構築
> ・発達障害者支援の一層の充実
> 2．成果目標
> 　計画期間が終了する2020（令和2）年度末の各サービス等におけ
> る成果目標として、以下のような項目が示されている。
> ①　施設入所者の地域生活への移行
> ・地域移行者数：平成28年度末施設入所者の9％以上
> ・施設入所者数：平成28年度末の2％以上の削減
> ②　精神障害にも対応した地域包括ケアシステムの構築
> ・保健・医療・福祉関係者による協議の場（各圏域、各市町村）
> 　の設置

・精神病床の1年以上入院患者数：14.6万人から15.7万人に（平成26年度末の18.5万人と比べ3.9万人から2.8万人減）

・退院率：入院後3か月69％、入院後6か月84％、入院後1年90％（平成27年時点の上位10％の都道府県の水準）

③ 地域生活支援拠点等の整備

・各市町村または各圏域に少なくとも一つ

④ 福祉施設から一般就労への移行

・一般就労への移行者数：平成28年度の1.5倍

・就労移行支援事業利用者：平成28年度の2割増

・移行率3割以上の就労移行支援事業所：5割以上

・就労定着支援1年後の就労定着率：80％以上（新）

⑤ 障害児支援の提供体制の整備等

・児童発達支援センターを各市町村に少なくとも1か所設置

・保育所等訪問支援を利用できる体制を各市町村で構築

・主に重症心身障害児を支援する児童発達支援事業所、放課後等デイサービスを各市町村に少なくとも1か所確保

・医療的ケア児支援の協議の場（各都道府県、各圏域、各市町村）の設置（平成30年度末まで）

3．その他見直し事項

上記のほか、以下のような事項についても見直しが図られている。

① 障害者虐待の防止、養護者に対する支援

② 難病患者への一層の周知

③ 障害者の芸術文化活動支援

④ 障害を理由とする差別の解消の推進

⑤ 意思決定支援、成年後見制度の利用促進のあり方　　等

5. 地域生活支援拠点等の整備

(1) 経緯と位置づけ

　2012（平成24）年、障害者総合支援法案に対する衆議院及び参議院による附帯決議[＊17]において、「障害者の高齢化・重度化や親亡き後も見据えつつ、障害児・者の地域生活支援をさらに推進する観点から、ケアホームと統合した後のグループホーム、小規模入所施設等を含め、地域における居住の支援等の在り方について、早急に検討（以下略）」を行うことが表

＊17　国会において議決された法案等に関して付される、施行についての意見や希望などを表明する決議。法的拘束力があるわけではない。

明された。これを受け、翌2013（平成25）年に障害当事者や家族団体、有識者による検討会を実施し、障害当事者や家族にとって安心して地域生活を送るためのニーズと必要とされる機能について整理が行われた。

　整理された5つの機能を備えた仕組みを「地域生活支援拠点等」と総称し、市町村において一つ以上整備されるものとして、第4期計画（平成27年度〜平成29年度）の基本指針に盛り込まれた。しかしながら、第4期計画においてはほとんどの市町村において整備が達成されなかったため、第5期計画（平成30年度〜令和2年度）においても継続して市町村に一つ以上の整備が求められている。

(2)　地域生活支援拠点等の機能

　地域生活支援拠点等は、障害児・者や難病患者の重度化・高齢化や「親亡き後」に備えるとともに、病院や施設等から地域移行を進めるため、重度障害にも対応できる専門性を有し、地域生活において障害者等やその家族の緊急事態に対応することを目的としている。そのための具体的な機能及び体制は、以下のとおりである。

①　緊急時等「相談」支援の機能
　基幹相談支援センター、障害者相談支援事業などの地域生活支援事業における相談支援事業を実施する市町村やそれを委託された相談支援事業者、特定相談支援事業等や地域定着支援事業などの個別給付による相談支援事業を活用して、コーディネーター（調整役）を配置して常時の連絡体制を確保する。そして、単身生活あるいは家族同居の場合でも家族からの緊急時の支援が見込めない世帯をあらかじめ把握・登録したうえで、障害の特性に起因して生じた緊急の事態等に必要なサービスのコーディネートや相談その他必要な支援を行う。

②　「緊急時の受け入れ・対応」の機能
　短期入所等を活用した常時の緊急受け入れ体制等を確保したうえで、介護者の急病や障害者の状態変化等の緊急時の受け入れや医療機関への連絡等の必要な対応を行う。

③　「体験の機会・場」の確保及び提供
　施設や病院などからの地域生活への移行や親元からの自立等にあたって、グループホームの利用や一人暮らしに円滑に移行するためや、暮らしの場の選択に資する体験の機会・場を提供する。

④ 「専門人材の確保・養成」の機能

医療的ケアが必要な障害児・者や行動障害を有する障害者、高齢化に伴い重度化した障害者に対して、専門的な対応を行うことができる体制の確保や、専門的な対応ができる人材の養成を行う。

⑤ 「地域の体制づくり」の機能

基幹相談支援センター、障害者相談支援事業などの地域生活支援事業による相談支援事業や特定相談支援事業、一般相談支援事業等を活用してコーディネーターを配置し、自立支援協議会での協議を通じて、地域のさまざまなニーズに対応できるサービス提供体制の確保や、地域の社会資源の連携体制の構築等を行う。

(3) 平成30年度改定における対応

平成30年度改定では、地域生活支援拠点等の機能を整備・強化するために、計画相談支援等や短期入所サービスに以下のような対応が行われている。

① 相談機能の強化

特定相談支援事業所等にコーディネーターの役割を担う相談支援専門員を配置し、連携する短期入所への緊急時の受け入れまでの連絡調整を行った場合を評価する地域生活支援拠点等相談強化加算（700単位／回）[*18]を創設した。算定する要件として地域生活支援拠点等の相談機能を担う事業所として市町村と協定等を交わすとともに事業所の運営規定にその旨を記載する必要がある。

② 緊急時受け入れ・対応の機能の強化

短期入所サービスにおいて緊急短期入所受入加算についてそれまで利用開始日のみを算定可とされていたところ、緊急の受け入れ・対応を重点的に評価するため、利用開始から7日間の利用分について算定できるように要件改正を行ったとともに単位数[*19]を増額した。

③ 体験の機会・場の機能の強化

障害者支援施設等において日中活動系サービスを利用する利用者が、地域移行支援の障害福祉サービスの体験的な利用支援を利用する場合に、障害者支援施設等の職員が必要な支援を行い、その内容等について記録した場合を評価する体験利用支援加算[*20]の単位数を利用開始から5日以内について引き上げた。

*18 月4回を限度に基本報酬が算定されない月にも単独で算定することができます。

*19 緊急短期入所受入加算（Ⅰ）：180単位／日（福祉型短期入所の場合）、緊急短期入所受入加算（Ⅱ）：270単位／日（医療型短期入所の場合）。

*20 障害福祉サービス体験利用支援加算（Ⅰ）：500単位／日（利用開始から5日目まで）、障害福祉サービス体験利用支援加算（Ⅱ）：250単位／日（6日目から15日目まで）。地域生活支援拠点等の体験の機会・場の機能を担う事業所として市町村と協定等を交わすとともに事業所の運営規定にその旨を記載していればさらに50単位が上乗せとなります。

④　専門的人材の確保・養成機能の強化

　生活介護においても施設入所支援と同様に、強度行動障害支援者養成研修（実践研修）修了者を配置している体制を評価する重度障害者支援加算（7単位／日）を創設した。

⑤　地域の体制づくりの機能の強化

　特定相談支援事業所が、支援困難事例等の課題検討を通じ、地域課題の明確化と自立支援協議会などでの情報共有等を行いサービス提供事業者等と共同で対応していることを評価する地域体制強化共同支援加算（2,000単位／回（月1回を限度））を創設した。算定する要件として地域生活支援拠点等の地域の体制づくりの機能を担う事業所として市町村と協定等を交わすとともに事業所の運営規定にその旨を記載する必要がある。

　地域生活支援拠点等の整備にあたっては、すでに地域にある機能を含めて上記の5つの機能すべてを備えることとされているが、地域の実情をふまえ、必要な機能の判断は最終的に市町村が行うこととされている。また、地域生活支援拠点等は市町村により整備済みとされた後も、運用状況などを自立支援協議会等で確認しながら必要に応じて機能の充実強化を図ることが求められている。

6.　障害者支援における権利擁護と虐待防止にかかわる法律等

(1)　障害者差別解消法

①　制定の経緯

　2006（平成18）年に国連（国際連合）により採択された障害者権利条約について、日本は翌2007（平成19）年に署名を行った。しかし、批准するためには国内法の整備が不十分であったため、2011（平成23）年に障害者基本法を改正し、「全ての国民が障害の有無にかかわらず、等しく基本的人権を享有するかけがえのない個人として尊重されるもの」であり、「相互に人格と個性を尊重し合いながら共生する社会を実現する」ことなどが法の目的[*21]として明確化された。

　同様に障害者への差別の禁止[*22]についても「何人も、障害者に対して、障害を理由として、差別することその他の権利利益を侵害する行為をしてはならない」こと、「必要かつ合理的な配慮がされなければならない」ことが明確化されたが、より具体的な対策を講じるために2013（平成25）年に障害者差別解消法が成立し、2016（平成28）年4月に施行された。

*21　障害者基本法第1条（目的）を参照。

*22　障害者基本法第4条（差別の禁止）を参照。

② 法の概要

差別解消法においては、障害を理由とする不当な差別的取扱い[*23]と合理的配慮の不提供[*24]を「障害者差別」と位置づけ、行政機関と民間事業者に対して以下の**表1-3**のように義務を課している。

表 1-3　行政機関等への義務

対象	不当な差別的取り扱い	合理的配慮の不提供
国・地方公共団体等	禁止が義務づけられている	禁止が義務づけられている
民間事業者 ※個人事業者、NPO等の非営利事業者を含む	禁止が義務づけられている	合理的配慮を提供することに努力しなければならない（努力義務）

具体的対応として、政府全体の方針となる差別の解消の推進に関する基本方針[*25]を策定し、それをもとに各省庁や地方公共団体は、各機関における職員の具体的な取り組みについて対応要領を作成する。また、国は各分野の事業者向けに不当な差別的取り扱いや合理的配慮の実施例や具体的に講じなければならない体制整備などについて示した対応指針（ガイドライン）を策定する。

さらに、この法律は行政措置によりその実効性を確保することとしており、差別的状況に対して事業者の報告を求めて、必要に応じて助言、指導、勧告を行うことができるとしている。なお、報告をしなかったり、虚偽の報告をしたりした場合には罰則が科される。

その他、差別を解消するための支援措置として、相談や紛争解決のための体制整備、普及・啓発活動の実施、情報の収集や整理及び提供、それらの協議や地域連携を図るための障害者差別解消地域協議会の設置について定められている。

(2) 障害者虐待防止法

障害者虐待防止法は、障害者に対する虐待が障害者の尊厳を害するものであり、障害者の自立及び社会参加にとって障害者に対する虐待を防止することが極めて重要であること等に鑑み、障害者虐待の防止、養護者に対する支援等に関する施策を促進し、障害者の権利利益の擁護に資することを目的として2011（平成23）年に成立し、翌2012（平成24）年に施行された。

*23　不当な差別的取り扱いには、障害を理由とする区別、排除、制限等の異なる取り扱いがなされる直接差別と外形的には中立の基準、規則、慣行であってもそれが適用されることにより結果的に他者に比較し、不利益が生じる場合が含まれます。

*24　合理的配慮の不提供とは、障害者にほかの人と平等な、権利の行使または機会や待遇が確保されるには、その障害者の必要に応じて現状が変更されたり、調査されたりすることが必要であるにもかかわらず、必要な措置が講じられない場合をいいます。なお、合理的配慮を提供することが、行政機関や民間事業者にとって過重な負担となる場合はその限りではありません。

*25　基本方針、対応要領、事業者向け対応指針の詳しい内容については、内閣府の障害者差別解消法に関するホームページを参照。

①　法の対象等

　障害者虐待防止法では、障害者を「身体・知的・精神障害その他の心身の機能の障害がある者であって、障害及び社会的障壁により継続的に日常生活・社会生活に相当な制限を受ける状態にあるもの」と障害者基本法による定義を準用し、障害を幅広くとらえている。

　また、次の3つを障害者虐待として定めている。

> ①　養護者による虐待
> ②　障害者福祉施設従事者等による虐待
> ③　使用者による虐待

さらに、障害者虐待の類型として次の5つを定めている。

> ①　身体的虐待（障害者の身体に外傷が生じ、もしくは生じるおそれのある暴行を加える、または正当な理由なく身体を拘束すること）
> ②　放棄・放置（障害者を衰弱させるような著しい減食または長時間の放置をすること）
> ③　心理的虐待（障害者に対し著しい暴言または拒絶的な対応など心理的外傷を与える言動を行うこと）
> ④　性的虐待（障害者にわいせつな行為をすることまたはさせること）
> ⑤　経済的虐待（障害者から不当に財産上の利益を得ること）

②　通報及び対応

　障害者虐待を受けたと思われる障害者を発見した人には、速やかに市町村が設置する「障害者虐待防止センター」や都道府県が設置する「障害者権利擁護センター」等への通報が義務づけられている。その際の障害者虐待防止等にかかる具体的スキームは、図1-2のとおりである。

図1-2　障害者虐待防止のスキーム

虐待の主体	責務・スキーム
養護者	[市町村の責務]　相談窓口の設置及び相談、保護のための居室確保、協力者等との連携確保 [スキーム] 発虐見待のの→通報→市町村→①事実確認（立入調査等）②措置（一時保護、後見審判請求）
障害者福祉施設従事者等	[設置者等の責務]　当該施設等における障害者に対する虐待防止等のための措置を実施 [スキーム] 発虐見待のの→通報→市町村→報告→都道府県→①監督権限等の適切な行使②措置等の公表
使用者	[事業主の責務]　当該事業所における障害者に対する虐待防止等のための措置を実施 [スキーム] 発虐見待のの→通報→市町村→通知→都道府県→報告→労働局→①監督権限等の適切な行使②措置等の公表

出典：厚生労働省資料

　また、就学する障害者、保育所等に通う障害者や医療機関を利用する障害者に対する虐待への対応については、その防止等のための措置の実施を学校長、保育所長及び医療機関の管理者に義務づけている。

　障害児については、家庭や障害児入所施設における虐待の場合は児童虐待防止法（児童虐待の防止等に関する法律）を適用する。高齢障害者の場合は、家庭においては障害者虐待防止法及び高齢者虐待防止法（高齢者虐待の防止、高齢者の養護者に対する支援等に関する法律）を適用し、高齢者施設等においては高齢者虐待防止法を適用する。

③　現状

　近年の通報件数については、養護者による虐待は横ばい傾向、障害者施設従事者等による虐待は増加傾向にある（**表1-4**）。使用者による虐待が2015（平成27）年度に急増しているのはカウント方法を変更したためであるが、引き続き増加傾向にある。いずれも法の施行後、障害者虐待の禁止と通報に対する啓発が進んでいることから、通報件数・判断件数ともに増加傾向にあるのではと厚生労働省はとらえている。

表 1-4　虐待の通報・判断件数の推移　　　　　　　　　　　　　　(件)

虐待主体	通報判断	平成 25 年(2013)	平成 26 年(2014)	平成 27 年(2015)	平成 28 年(2016)	平成 29 年(2017)	平成 30 年(2018)
養護者	通報	4,635	4,458	4,450	4,606	4,649	5,331
	判断	1,764	1,666	1,593	1,538	1,557	1,612
施設従事者等	通報	1,860	1,746	2,160	2,115	2,374	2,605
	判断	263	311	339	401	464	592
使用者※	通報	775	985	1,325	1,316	1,483	1,656
	判断	265	364	591	581	597	541

※注：使用者欄に掲げた数値は、事業者数を示す。
出典：厚生労働省「都道府県・市区町村における障害者虐待事例への対応状況等（調査結果）」
　　　各年度、厚生労働省「使用者による障害者虐待の状況等」各年度より作成

⑶　日常生活自立支援事業及び成年後見制度

　2006（平成18）年に国連で採択され、2014（平成26）年に日本が採択した障害者権利条約の第12条には、障害者が法の前に人として認められる権利を有すること、生活のあらゆる側面において他者と同等に法的能力を共有すること、その法的能力を行使する際に必要な支援を受けられることなどが規定されている。
　日常生活自立支援事業と成年後見制度は、障害者のそうした権利を護り、法的能力を行使するための支援事業または制度として位置づけられている。

①　日常生活自立支援事業

1．事業目的及び実施主体

　日常生活自立支援事業は、認知症高齢者、知的障害者、精神障害者等のうち判断能力が不十分な者に対して、福祉サービスの利用に関する援助等を行うことにより、地域において自立した生活が送れるよう支援することを目的として都道府県社会福祉協議会が主体となり実施されている。事業利用者への直接的な援助については、事業の一部を委託された市町村社会福祉協議会が実施している。

2．事業の対象者

　判断能力が不十分であり支援が必要な人が対象となるが、本事業は事業の実施主体と事業利用者の契約によるため、事業を利用するためには契約の内容について判断できる能力を有していることが条件となる。2018（平成30）年3月末の利用者の状況は、表1-5のとおりである。

表1-5 事業の利用状況

認知症 高齢者等	知的 障害者等	精神 障害者等	その他	計
23,414	12,596	14,640	2,834	53,484
43.8%	23.6%	27.4%	5.3%	100%

出典：厚生労働省資料

3．具体的な援助内容

具体的には、以下のような援助を行う。

・福祉サービス等を利用するための援助や契約行為に対する援助

・苦情解決制度を利用するための援助

・住宅改造、居住家屋の賃借、日常生活上の消費契約及び住民票の届出等の行政手続きに関する援助

・上記に伴う援助として、預金の払い戻し、預金の解約、預金の預け入れの手続等利用者の日常生活費の管理（日常的金銭管理）、定期的な訪問による生活変化の察知

② 成年後見制度

1．事業の概要

成年後見制度は精神上の障害により判断能力が不十分であるため法律行為における意思決定が困難な障害者等について、その判断能力を補い、財産等の権利を擁護するための制度である。制度の概要は、表1-6のとおりである。

2．支援の質の向上と成年後見人等の人材確保のための施策

2000（平成12）年に始まった成年後見制度であるが、任意後見制度を含む制度自体が積極的に利用されていないこと、審判の類型が「後見」に集中していること、財産管理や身上保護に本人の意思決定への後見人等による配慮が十分になされていなかったり、後見人等の人材そのものが不足していたりすることなどさまざまな課題を抱えていた。

こうした状況に対し、国は2016（平成28）年に成年後見制度の利用の促進に関する法律を制定し、これに基づき成年後見制度の利用促進に関する施策の総合的・計画的な推進を図るために成年後見制度利用促進基本計画を策定した。計画の対象期間は概ね5年（2017（平成29）年度〜2021（令和3）年度）とされており、国、地方公共団体等は各施策の段階的計画的な推進に取り組まなければならない。これに際して、市町村は国計画を勘案して市町村計画を策定することとなっている。計画の「基本的な考え方及び目標等」については表1-7のとおりである。

講義1

表 1-6　成年後見制度の概要

	後見	補佐	補助
対象となる者	判断能力が欠けているのが通常の状態である人	判断能力が著しく不十分な状態である人	判断能力が不十分な状態である人
申し立てができる人	本人、配偶者、四親等内の親族、検察官、市町村長など ※補佐人や補助人に代理権等を与える審判をする場合は本人の同意が必要		
成年後見人等の同意が必要な行為	―	民法第 13 条第 1 項の所定の行為（借金、訴訟行為、相続の承認・放棄、新築・改築・増築などの行為） ※所定の行為以外についても同意権等の範囲とすることが可能 ※日用品の購入などは除く	申立て範囲内での家庭裁判所が審判で定める「特定の法律行為」（民法第 13 条第 1 項の所定の行為の一部） ※日用品の購入などは除く
取り消しが可能な行為	日常生活に関する行為以外の行為		
成年後見人等に与えられる代理権の範囲	財産に関するすべての法律行為	申立て範囲内での家庭裁判所が審判で定める「特定の法律行為」 ※補佐人や補助人に代理権等を与える審判をする場合は本人の同意が必要	

出典：厚生労働省資料を改変

表 1-7　成年後見制度利用促進基本計画の概要

<今後の施策の基本的な考え方>
①ノーマライゼーション（個人としての尊厳を重んじ、その尊厳にふさわしい生活を保障する）
②自己決定権の尊重（意思決定支援の重視と自発的意思の尊重）
③財産管理のみならず、身上保護も重視

<今後の施策の目標>
①利用者がメリットを実感できる制度・運用へ改善を進める。
②全国どの地域においても必要な人が成年後見制度を利用できるよう、各地域において、権利擁護支援の地域連携ネットワークの構築を図る。
③後見人等による横領等の不正防止を徹底するとともに、利用しやすさとの調和を図り、安心して成年後見制度を利用できる環境を整備する。
④成年被後見人等の権利制限に係る措置（欠格条項）を見直す。

<施策の進捗状況の把握・評価等>
　基本計画に盛り込まれた施策について、国においてその進捗状況を把握・評価し、目標達成のために必要な対応について検討する。

出典：厚生労働省資料

7. その他関連制度の状況

(1) 介護保険制度との関係性

　介護保険制度は、2000（平成12）年に開始された介護等を必要とする65歳以上の高齢者に保険給付として介護サービスを提供する仕組みである。障害者支援制度と介護保険制度は双方の法律が目的に掲げている個人としての尊厳のある日常生活を送るための支援においては近似のものであるが、障害者総合支援法においては社会生活を支援するという目的をあわせて掲げている点においては相違しているともとらえられる。こうした目的の一部の近似から双方のサービスには、居宅における介護や通所における介護、短期入所など相当するものが位置づけられている。

　わが国においては、対象者が障害者であっても65歳以上の高齢者であれば、社会保障制度の原則として保険優先の考え方のもと、サービス内容や機能から障害福祉サービスに相当する介護保険サービスがある場合は、原則介護保険サービスにかかる保険給付を優先して受けることになる。

　しかしながら、長年、障害福祉サービスを利用していた障害者が65歳以上になり、一律に介護保険サービスを優先的に適用させることにより、支援提供事業者や支援を受ける場所が変更されることで本人の生活に著しい不具合を生じさせる場合が少なからずあった。そのため、国としても一律に介護保険サービスを優先的に利用するものではなく、障害者の個別の状況に応じ、必要としている支援内容を介護保険サービスにより受けることが可能かを判断することが必要であることを市町村に通知している（詳細は国から市町村向けに示された以下の通知の抜粋を参照）。

> 「障害者の日常生活及び社会生活を総合的に支援するための法律に基づく自立支援給付と介護保険制度との適用関係等について」（平成19年3月28日障企発第0328002号・障障発第0328002号）
> 1　自立支援給付と介護保険制度との適用関係等の基本的な考え方について
> 　(2)　介護給付費等と介護保険制度との適用関係
> 　　　〔前略〕市町村は、介護保険の被保険者（受給者）である障害者から障害福祉サービスの利用に係る支給申請があった場合は、個別のケースに応じて、申請に係る障害福祉サービスに相当する介護保険サービスにより適切な支援を受けることが可能か否か、当該介護保険サービスに係る保険給付又は地域支援事業を受け、利用することが可能か否か等について、介護保険担当課や当該受給

者の居宅介護支援を行う居宅介護支援事業者等とも必要に応じて連携した上で把握し、適切に支給決定すること。
②　介護保険サービス優先の捉え方
　ア　サービス内容や機能から、障害福祉サービスに相当する介護保険サービスがある場合は、基本的には、この介護保険サービスに係る保険給付又は地域支援事業を優先して受け、又は利用することとなる。しかしながら、障害者が同様のサービスを希望する場合でも、その心身の状況やサービス利用を必要とする理由は多様であり、介護保険サービスを一律に優先させ、これにより必要な支援を受けることができるか否かを一概に判断することは困難であることから、障害福祉サービスの種類や利用者の状況に応じて当該サービスに相当する介護保険サービスを特定し、一律に当該介護保険サービスを優先的に利用するものとはしないこととする。
　　したがって、市町村において、申請に係る障害福祉サービスの利用に関する具体的な内容（利用意向）を聴き取りにより把握した上で、申請者が必要としている支援内容を介護保険サービスにより受けることが可能か否かを適切に判断すること。

　介護保険制度は要介護度別に示されたサービス利用量を超えてサービス利用をする場合は、サービス利用にかかる費用はすべて自己負担となる。一方、障害福祉制度では同じように障害支援区分ごとに目安となるサービス量（支給決定基準）が示されるものの、障害者の心身の状況に応じて、それを超えたサービス量が必要な場合は、全額自己負担とはならずにサービスを利用することができる。

　こうしたことから、支給決定基準を超えたサービス量を必要とする障害者が介護保険制度に移行することで、要介護度別のサービス量を超える部分について全額自己負担できない場合、必要なサービスが利用できなくなる状況が生じるおそれがある。そのため、国としては、市町村が適当と認めるサービス支給量が介護保険サービスのみによって確保することができないと認められる場合等には、障害福祉制度によるサービスを受けることを可能としている（詳細は、国から市町村向けに示された以下の通知の抜粋を参照）。

「障害者の日常生活及び社会生活を総合的に支援するための法律に基づく自立支援給付と介護保険制度との適用関係等について」（平成19年3月28日障企発第0328002号・障障発第0328002号）

1　自立支援給付と介護保険制度との適用関係等の基本的な考え方に
ついて
(2)　介護給付費等と介護保険制度との適用関係
③　具体的な運用
②により、申請に係る障害福祉サービスに相当する介護保険
サービスにより必要な支援を受けることが可能と判断される場
合には、基本的には介護給付費等を支給することはできない
が、以下のとおり、当該サービスの利用について介護保険法の
規定による保険給付が受けられない又は地域支援事業を利用す
ることができない場合には、その限りにおいて、介護給付費等
を支給することが可能である。
ア　在宅の障害者で、申請に係る障害福祉サービスについて当
該市町村において適当と認める支給量が、当該障害福祉サー
ビスに相当する介護保険サービスに係る保険給付又は地域支
援事業の居宅介護サービス費等区分支給限度基準額の制約か
ら、介護保険のケアプラン上において介護保険サービスのみ
によって確保することができないものと認められる場合。
イ　利用可能な介護保険サービスに係る事業所又は施設が身近
にない、あっても利用定員に空きがないなど、当該障害者が
実際に申請に係る障害福祉サービスに相当する介護保険サー
ビスを利用することが困難と市町村が認める場合（当該事情
が解消するまでの間に限る。）。

障害福祉制度には介護保険制度によるサービスに相当しない固有のサー
ビスも多く位置づけられている。そうしたサービスについては65歳を超
えて利用し続けられることが認められている（詳細は国から市町村向けに
示された以下の通知の抜粋を参照）。

「障害者の日常生活及び社会生活を総合的に支援するための法律に基
づく自立支援給付と介護保険制度との適用関係等について」（平成19
年3月28日障企発第0328002号・障障発第0328002号）
1　自立支援給付と介護保険制度との適用関係等の基本的な考え方に
ついて
(2)　介護給付費等と介護保険制度との適用関係
②　介護保険サービス優先の捉え方
イ　サービス内容や機能から、介護保険サービスには相当する
ものがない障害福祉サービス固有のものと認められるもの
（同行援護、行動援護、自立訓練（生活訓練）、就労移行支

> 援、就労継続支援等）については、当該障害福祉サービスに係る介護給付費等を支給する。

(2)　生活困窮者自立支援制度

①　制度の概要

　2013（平成25）年、生活保護に至る前の段階の自立支援策の強化を図るため、生活困窮者に対し、自立相談支援事業の実施、住居確保給付金の支給その他の支援を行うための措置を講じるため、生活困窮者自立支援法が公布され、2015（平成27）年4月より施行された。

　法に基づく新たな生活困窮者自立支援制度の概要は、表1-8のとおりである。

表1-8　新たな生活困窮者自立支援制度の概要

1. 自立支援事業の実施及び居住確保給付金の支給
   ○福祉事務所設置自治体は、「自立相談支援事業」（就労その他の自立に関する相談支援、事業利用のためのプラン作成等）を実施する。
   　　※自治体直営のほか、社会福祉協議会や社会福祉法人、NPO等への委託も可能（他の事業も同様）
   ○福祉事務所設置自治体は、離職により住宅を失った生活困窮者等に対し家賃相当の「住居確保給付金」（有期限）を支給する。
2. 就労準備支援事業、一時生活支援事業及び家計相談支援事業等の実施（任意）
   ○福祉事務所設置自治体は、以下の事業を行うことができる。
   ・就労に必要な訓練を日常生活自立、社会生活自立段階から有期で実施する「就労準備支援事業」
   ・住居のない生活困窮者に対して一定期間宿泊場所や衣食の提供等を行う「一時生活支援事業」
   ・家計に関する相談、家計管理に関する指導、貸付の斡旋等を行う「家計相談支援事業」
   ・生活困窮家庭の子どもへの「学習支援事業」その他生活困窮者の自立の促進に必要な事業
3. 都道府県知事等による就労訓練事業（いわゆる「中間的就労」）の認定
   ○都道府県知事、政令市長、中核市長は、事業者が、生活困窮者に対し、就労の機会の提供を行うとともに就労に必要な知識及び能力の向上のために必要な訓練等を行う事業を実施する場合、その申請に基づき一定の基準に該当する事業であることを認定する。

出典：厚生労働省資料

②　平成30年改正の概要

　2015（平成27）年の施行後、3年目の見直しにより2018（平成30）年6月に生活保護法や社会福祉法、児童扶養手当法と合わせた改正法が成立し、生活困窮者のいっそうの自立の促進を図るため、包括的な支援体制の

強化や、生活保護世帯の子どもの大学等への進学支援などの改正が順次施行されている（表1-9）。

表 1-9　**生活困窮者等の自立を促進するための生活困窮者自立支援法等の一部を改正する法律（平成 30 年法律第 44 号）の概要**

> 1. 生活困窮者の自立支援の強化（生活困窮者自立支援法）
> 　(1) 生活困窮者に対する包括的な支援体制の強化
> 　　① 自立相談支援事業・就労準備支援事業・家計改善支援事業（旧家計相談支援事業）の一体的実施を促進
> 　　② 都道府県等の各部局で把握した生活困窮者に対し、自立相談支援事業等の利用勧奨を行う努力義務の創設
> 　　③ 都道府県による市等に対する研修等の支援を行う事業を創設
> 　(2) 子どもの学習支援事業の強化
> 　　① 学習支援のみならず、生活習慣・育成環境の改善に関する助言等も追加し、「子どもの学習・生活支援事業」として強化
> 　(3) 居住支援の強化（一時生活支援事業の拡充）
> 　　① シェルター等の施設退所者や地域社会から孤立している者に対する訪問等による見守り・生活支援を創設　　　　　　　　　　　　　等
> 2. 生活保護制度における自立支援の強化、適正化（生活保護法、社会福祉法）
> 　(1) 生活保護世帯の子どもの貧困の連鎖を断ち切るため、大学等への進学を支援
> 　　① 進学の際の新生活立ち上げの費用として、「進学準備給付金」を一時金として給付
> 　(2) 生活習慣病の予防等の取組の強化、医療扶助費の適正化
> 　　① 「健康管理支援事業」を創設し、データに基づいた生活習慣病の予防等、健康管理支援の取組を推進
> 　　② 医療扶助のうち、医師等が医学的知見から問題ないと判断するものについて、後発医薬品で行うことを原則化
> 　(3) 貧困ビジネス対策と、単独での居住が困難な方への生活支援
> 　　① 無料低額宿泊所について、事前届出、最低基準の整備、改善命令の創設等の規制強化
> 　　② 単独での居住が困難な方への日常生活支援を良質な無料低額宿泊所等において実施
> 　(4) 資力がある場合の返還金の保護費との調整、介護保険適用の有料老人ホーム等の居住地特例　　　　　　　　　　　　　　　　　　　　等
> 3. ひとり親家庭の生活の安定と自立の促進（児童扶養手当法）
> 　(1) 児童扶養手当の支払回数の見直し（年 3 回（4 月、8 月、12 月）から年 6 回（1 月、3 月、5 月、7 月、9 月、11 月））　　　　　等

出典：厚生労働省資料

③　生活困窮者自立支援制度と障害保健福祉施策との関係

　生活困窮に陥る背景や要因として、失業など就労に関する課題のほかに、障害・疾病・DV・虐待を受けた経験や家族の保育や介護、本人の心身の状況など多様であり、生活困窮に陥っている人を含む世帯は複合的な課題を抱えている場合が多い。

例えば、失業している母親と障害のある子どもの母子世帯などへ包括的に対応していくためには、生活困窮者自立支援を実施する機関と障害児・者支援を実施する機関が相互の連携を図っていくことが重要となる。

具体的には、母親や子どもそれぞれに実施される支援のための会議などを合同で実施するなどにより、世帯全体の状況について関係者で共有をして、それぞれの支援の役割を明確化していくことが支援の質を高め効率化を図ることにつながると考えられる。

(3)　地域共生社会の構築に向けた取り組み

①　取り組みの背景

先にも一部述べてきたように、日本の福祉制度は1980年代以降、高齢者介護を起点に整備が進められ、介護保険制度の施行後、障害福祉、児童福祉など各分野において相談支援の充実など、高齢者介護分野をモデルに制度の整備が進められてきた。それにより属性別・対象者のリスク別の制度となり専門性は高まったものの、8050問題[*26]のような世帯内の複合的なニーズや個々人のライフステージの変化に柔軟に対応できていないといった課題が表出していると、国は各地の状況から示している。

また、これらの課題は、誰もが当事者になる可能性のあるリスクといえるが、個別性が極めて高いため、ある程度の典型的な要支援者像を想定している従来の社会保障の仕組みのもとでは十分な対応が難しい場合も少なくない。

さらに、「これまで日本の社会保障制度は、『自助』やそれを支える『互助』を基本としつつ、これらで対応できないリスクには『共助』と『公助』が補完し対応することを基本としてきた。今後も『自助』を重んじ『自律』を可能にするためにも、その基盤の再構築を目指し、国と自治体、地域コミュニティ、市場やNPOなど多様な主体が一層緊密に力を合わせていく必要が高まっている。」[*27]

このような日本の社会保障の成り立ちや社会の変化をふまえて、2016（平成28）年6月に閣議決定された「ニッポン一億総活躍プラン」において「地域共生社会」の理念は提案された。同年7月には具体策の検討を加速化するために、「我が事・丸ごと」地域共生社会実現本部を厚生労働省内に設置した。

国が示す地域共生社会の理念は、「制度・分野ごとの『縦割り』や『支え手』『受け手』という関係を超えて、地域住民や地域の多様な主体が『我が事』とし参画し、人と人、人と資源が世代や分野を超えて『丸ごと』つながることで、住民一人ひとりの暮らしと生きがい、地域をともに創っていく社会」[*28]とされている。具体的な取り組みとしては、制度・分野ごとの

*26　高齢（80代）の親と働いていない50代の子が同居している世帯において、収入や介護について生じている課題をさします。

*27　「地域共生社会に向けた包括的支援と多様な参加・協働の推進に関する検討会（地域共生社会推進検討会）最終とりまとめ」（令和元年12月26日）2項より引用。

*28　厚生労働省「我が事・丸ごと」地域共生社会実現本部「『地域共生社会』の実現に向けて（当面の改革工程）」（平成29年2月7日），2頁。

52

関係を超えた包括的な支援体制の構築とそれを支える環境の整備を一体的に行っていく仕組みが必要であることが示された。

② 社会福祉法等の改正

地域共生社会の実現に向けた地域づくり・包括的な支援体制に向けて、2017（平成29）年6月に公布された「地域包括ケアシステムの強化のための介護保険法等の一部を改正する法律」に基づき、社会福祉法及び介護保険法、障害者総合支援法が改正され、翌2018（平成30）年4月に施行された。このうち、社会福祉法の改正内容は表1-10のとおりである。

表1-10　社会福祉法改正の概要

1. 地域福祉推進の理念を規定
　地域福祉の推進の理念として、支援を必要とする住民（世帯）が抱える多様で複合的な地域生活課題について、住民や福祉関係者による①把握及び②関係機関との連携等による解決が図られることを目指す旨を明記。
2. この理念を実現するため、市町村が以下の包括的な支援体制づくりに努める旨を規定
　○地域住民の地域福祉活動への参加を促進するための環境整備
　○住民に身近な圏域において、分野を超えて地域生活課題について総合的に相談に応じ、関係機関と連絡調整等を行う体制（＊）
　　＊例えば、地区社協、市区町村社協の地区担当、地域包括支援センター、相談支援事業所、地域子育て支援拠点、利用者支援事業、社会福祉法人、NPO法人等
　○主に市町村圏域において、生活困窮者自立相談支援機関等の関係機関が協働して、複合化した地域生活課題を解決するための体制
3. 地域福祉計画の充実
　○市町村が地域福祉計画を策定するよう努めるとともに、福祉の各分野における共通事項を定め、上位計画として位置づける（都道府県が策定する地域福祉支援計画についても同様）。

出典：厚生労働省資料

③ 「地域共生社会」の実現に向けた地域づくりの強化のための取り組みの推進

社会福祉法の改正及び施行に向けて、具体的な施策方針を検討するために、2016（平成28）年10月に「地域における住民主体の課題解決力強化・相談支援体制の在り方に関する検討会」（以下「地域力強化検討会」とする）を設置した。

同年12月の地域力強化検討会における議論の中間とりまとめを経て社会福祉法の改正、2017（平成29）年9月の最終とりまとめを経て「社会福祉法に基づく市町村における包括的な支援体制の整備に関する指針」（平成29年厚生労働省告示第355号）が策定・公表され、関係通知が発出された。

　関係通知のなかでは、地域における住民主体の課題解決力強化・包括的な相談支援体制のイメージが、以下のように示された。

　まず、住民に身近な地域において高齢・障害・子ども（子育て）・困窮などの困りごとを包括的に受け止め、対応できる体制を整備するとともに、地域住民がそれらの地域課題を把握して解決を試みられるような地域づくりへの支援を一体的に実施していく。さらに市町村域等においては、住民に身近な圏域での課題解決のためのバックアップと明らかになったニーズに寄り添いつないでいく支援を医療・福祉・就労などの各専門機関が実施していく。

　こうした議論は継続され、さらなる社会福祉法等の改正や具体的な事業化が実施されていく見込みである。

第 2 章

相談支援の基本姿勢及びケアマネジメントの展開に関する講義

講義 | 2

本人を中心とした支援におけるケアマネジメント及びコミュニティソーシャルワークの理論と方法

第1節　意思決定支援に着目した個別相談支援

> **科目のねらい**
>
> ☐ 相談支援の基本姿勢等を再確認する。
>
> **学習のポイント**
>
> ☐ 個別相談支援の基本姿勢
> ①本人主体、本人中心／②自己決定（意思決定）の支援／③権利擁護／④個別性の重視／⑤生活者の視点・QOLの重視／⑥エンパワメントの視点
> ☐ 相談支援のプロセス
> ①インテーク／②アセスメント／③モニタリング
> ☐ 意思決定支援の展開

講師：彼谷 哲志

1. 個別相談支援の基本姿勢

講師向け

初任者研修の個別相談支援に係る講義（講義1-1）を振り返り、現場で実践できていたかの確認を行います。また、本科目の学びは演習1で深めます。

*1　講義1「7.(3) 地域共生社会の構築に向けた取り組み」では、地域共生社会の構築に関連する政策の歩みについてふれています（52頁参照）。

(1) 共生社会の実現——ノーマライゼーションからソーシャルインクルージョンへ

共生社会と障害のある人への支援について振り返る。特にノーマライゼーションとソーシャルインクルージョンの概念を振り返りながら共生社会について理解を深める[*1]。

① 共生社会

共生社会は、すべての国民が、障害の有無によって分け隔てられることなく、相互に人格と個性を尊重し合いながら共に生きる社会とされる。わたしたちの理念にとどまらず、障害者基本法をはじめとして国の法律や計画において明記されており、障害福祉に関連する法制度のなかで支援を行う相談支援専門員にとって密接にかかわる考え方である。

障害者基本法は、第1条の目的において、すべての国民が障害の有無に

かかわらず基本的人権があり、かけがえのない個人であることを確認している。そして「全ての国民が、障害の有無によって分け隔てられることなく、相互に人格と個性を尊重し合いながら共生する社会を実現」するために施策を講じるとしている。

　障害があるゆえに世間一般では考えられない生活を余儀なくされている障害者は少なくない。障害のある人が、社会の大多数の人たちとかかわることなく、障害がある人たちだけが集まる限られた場所で暮らすことも珍しくない。施設や病院ではそのような側面が強い。もちろん、施設や病院だけの責任ではなく、社会全体で考えるべき事柄である。また、地域で暮らしていながらも社会から孤立している障害のある人は少なくない。基本的人権の尊重と共生社会は、障害のある人への支援を行うわたしたち相談支援専門員にとって、価値観でもあると同時に目指すべきゴールだと考えたい。

②　ノーマライゼーション

　スウェーデンのニィリエ（Nirje,B.）はノーマライゼーションの理念を打ち出した一人として知られる。彼はかつて難民の支援に携わっていた。その後に脳性まひや知的障害者施設のオンブズマンとして活動する。当時の先進国では障害のある人は施設に収容されることがあたりまえだった。そのなかである共通点――建物が新しく魅力的な内装であっても、入所者の孤独さ、計画性のない生活、単純な規則、ゆううつな環境など――に気づく。彼らは社会から隔離された独自の世界をもち、無力感や不安感にさいなまれている生活だった。彼はまた、身近な友人がいたことで入所している人たちよりもずっと障害の程度が重い人が地域で暮らしていることを知った。無力感や不安感といった入所者の雰囲気は、障害があるゆえにではなくて、施設という場所が形づくったもの、社会から隔離されている生活ゆえの文化だと気づくことができた。

　ノーマライゼーションの理念は、障害のある人が「できる限りノーマルな生活を送れるようにすること」。地域社会や文化のなかで、ごくごくあたりまえの生活に限りなく近い状態で、学んだり働いたり暮らすことだ。また、与えられるのではなく、ごくごくあたりまえの生活を過ごせるように権利を行使することでもある。脱施設化にはこのような考え方が背景にある。

　ノーマライゼーションが意味するノーマルとは、障害のある人を社会の大勢の人と同じような習慣や規則に従わせることではない。例えば、歩くことが困難な人を普通の人と同じように歩行させる、精神疾患や難病などで疲れやすい人を普通の社員と同じように8時間労働に従事させる、といったことではない。障害のある人がノーマルな生活を送るためであれば

サービスや支援が提供されるべきだと考える。つまり、障害のある人を、社会がどのように受け入れるのかという点がノーマライゼーションの考え方になる。

　施設において、季節感を失わないようにと季節ごとの行事が行われていることが多い。職員の努力や思いは十分に理解できるが、障害のある人がそもそも季節のある場所で暮らす、暮らすことが難しければ季節が感じられる場所に出かけることも大切な支援だろう。

　現代の日本において、たいていの人の感覚では、家族ではない人と同じ部屋で長期間暮らすことはありえない。しかし、知的障害のある人で施設に暮らす人は1割を超え、精神障害のある人でも入院している人は7%を占める[*2]。彼らがごくごくあたりまえの暮らしを実現することは喫緊の課題といえよう。

③　ソーシャルインクルージョン（社会的包摂）

　ソーシャルインクルージョン（社会的包摂）はソーシャルエクスクルージョン（社会的排除）と表裏の考え方である。戦後ヨーロッパをはじめ各国では福祉制度が整えられてきたが、新自由主義などの経済効率優先が席巻する社会において、貧困や失業、ひとり親、障害などの背景で社会から排除されている人たちが存在してきた。この問題を解決するために、排除されてきた人たちを社会に包摂する（インクルーシブ）施策が進められた。

　ソーシャルインクルージョンは、ノーマライゼーションに置き換わる考え方というよりも、障害を越えてもっと幅広いものを含めると考えるとよい。貧困や失業、ひとり親などを背景にして社会から排除されてきた人たちもまたごくごくあたりまえの暮らしからほど遠い生活を余儀なくされている。日本においてもワーキングプア、ネットカフェ難民など新しい現象はソーシャルエクスクルージョンを象徴する課題である。

　厚生省（当時）が2000（平成12）年に取りまとめた「『社会的な援護を要する人々に対する社会福祉のあり方に関する検討会』報告書」ではソーシャルインクルージョンの理念を進めることが書かれている。報告書では、社会経済環境の変化によって不平等や格差社会という課題が生まれたこと、家族の変化やライフスタイルの都市化によって共に支え合う機能が弱くなったと指摘する。孤独死や自殺という極端な形で目に見えることもあるが、問題が目に見えにくいことも課題だという。

　ソーシャルエクスクルージョンの問題は、いくつもの問題が複合的にからむことが多い。例えば、障害のある女性は、障害があることと女性であることから二重に不利益な取り扱いを受けやすい（複合的差別）。差別という問題だけでなく経済的にも不利になりやすい。障害のある人の収入は相対的貧困ラインを下回ることが多いことから、障害のある女性は貧困に

*2　入所者や長期入院患者の地域生活への移行は、国の計画でもくり返し打ち出されています。障害のある人が、どこで誰と暮らすのか、どのような暮らしをするのか、その人らしい生活を実現できるために支援することは、相談支援専門員にとってごくあたりまえの仕事だと考えられます。

58

陥りやすいことが想像できる[*3]。また、障害者の65歳問題のように、障害と介護保険の制度の狭間で右往左往させられる問題もあり、現場の連携だけでは解決しづらい課題も少なくない。

相談支援専門員にとって、社会的排除の問題を解決するための身近な手段は「連携」である。精神障害のある人が長年ひきこもっていたが、親が高齢化して介護が必要になり、親の支援者とのつながりが生まれ、社会と再び接点がもてたという例は少なくない。このような場合は介護保険の支援者との連携が重要になる。また、障害のある親やきょうだいを介護する子ども、いわゆるヤングケアラーの問題も見過ごせない。介護の戦力になりえるので相談支援専門員の側からは力強い味方に思えるかもしれないが、子どものメンタルヘルスや成長を考えると気がかりである。子ども支援の担当課や子ども食堂を展開するような地域の支援者とのつながりが重要になる。

個別のケースを越えて、誰もが排除されない社会をつくるには、地域において人びとのつながりを再構築していくことが大切になる。制度にのっとり支援を進めていくだけでなく、ソーシャルワーカーとして社会資源をつくることも相談支援専門員の大切な仕事になる。

⑵ 自立と社会参加

障害者の自立は、一人ひとりが責任ある個人として主体的に生きることを意味し、障害者ケアマネジメントは、自立した生活を目指し、社会経済活動への積極的な参画を支援する。

人の助けを借りて短時間で服を着て仕事に出かけられる人は、自分で服を着るために長時間かけて外に出かけられない人より自立している。

エド・ロバーツ（Roberts,E.）に導かれたアメリカの自立生活運動の代表的な思想である。いろいろな文献でたびたび紹介され、21世期の現在では研修などの場面では、あたりまえになっている言葉である。

自立生活運動は、それまでの自立の考え方をぐるっと180度変えた。それまで、いわゆる身辺的自立や経済的自立をもって自立だとみられてきた。そのため、障害のある人がリハビリテーションのような訓練を求められる根拠となり、専門家が障害のある人を指導することがあたりまえに思われていた。

専門家が提供するサービスは、何らかの障害特性や能力を改善するようなプログラムや就労訓練が主だった。身辺的自立、経済的自立の考えだけに基づいて支援したとすると、たいていの障害のある人はどれだけ努力して訓練しても普通の人の水準にたどり着くことが難しい。身の回りのことも自分でできない障害のある人であれば、施設で介助を受けるか、家族か

*3 障害者権利条約においても障害のある女性についてとりあげ、障害のある女性が複合的な差別を受けていると認識すべきだと問題を提起しています（第6条）。

らの世話を受けるしか選択肢がなかった。人の助けを借りること自体は悪いことではないが、施設や家族といった閉じられた環境下では、支援者や家族の都合が優先されることが多く、障害のある人は支援者や家族の顔色をうかがうことになりかねない。

　日本において、大規模な施設で暮らしていた障害のある人たちが、批判や抗議のためにハンガーストライキを行ったりした。大部屋に収容される、起床就寝やトイレの時間に至るまで生活の時間を細かく決められるなどの生活を強いられていたからである。やがて、ボランティアなどの介助を借りて地域で一人暮らしをはじめる障害のある人も出てくる。

　自立生活運動は、ポリオ（小児まひ）による後遺症のあったエド・ロバーツがカリフォルニア大学・バークレー校に入学した1962年にはじまるとされる。障害のある学生が中心となって、他の障害のある学生のアパート探しや介助者の紹介などを行うプログラムを開始した。専門家である大学のカウンセラーが障害のある学生の生活を決めていたことに対抗して、自分たちで生活の主導権を握るようになり、卒業後も地域で生活できるように事業化したことが自立生活センターの誕生につながった。この自立生活運動において、重要なポイントが2つある。1つめは専門家や社会が決める身辺自立、経済的自立ではなく、自己決定に基づく自立という理念を打ち出したこと、2つめは障害のある人をサービスを受けるだけではなく、提供する主体に変えたことである。

　また、介助を受けて生活することと働くことは矛盾していない。社会の一部には、自分の身の回りのことができなければ働くことは早いと考える人もいるが、決してそうではない。自分の身の回りのことを家族に頼りきりにもかかわらず、会社で重要なポストに就いている人が少なくないことを考えると、働くことと身の回りのスキルは別の能力が求められることは明らかである。自分の生活を自分でコントロールしていくのであれば、働くこともあたりまえの選択肢になる。

　ここでの自立とは、自分の人生は自分で決めることを大事にすることである。どこに住むか、どのように住むか、自分で生活をまかなうかどうかを選ぶ自由でもある。また、一人暮らしをするのか、誰と一緒に暮らすのか、食事・睡眠・遊びといった生活そのものを自分で決める。そのなかで過ちを犯す自由もある。社会の側から自立を考えると、自分の人生を自分で決められる人が、社会やコミュニティの一員として参加できているかが大切になる。

(3) 当事者主体、意思決定の配慮

① 当事者主体

　障害のある人のニーズに対応してサービスを提供する際には、一人ひとりの考え方、生活様式に関する好み等を尊重しながら、リハビリテーションの理念からも、本人が自分の能力を最大限発揮できるように支援することが必要である。サービス提供のすべての過程において、利用者の積極的なかかわりを求め、利用者と情報を共有し、利用者（必要に応じて家族または利用者が信頼する人）が望むものを選択し、利用者（必要に応じて家族または利用者が信頼する人）の自己決定[*4]に基づき実施することが重要である。

　ノーマライゼーションの項（57頁）でも述べたが、障害のある人は施設に収容する政策がとられていた。施設における生活は国や規模によってさまざまであるが、悲惨な状況の施設も少なくなかった。社会から隔離された大規模な施設では、結果的に支援者の都合が優先されるために、障害のある人の好みや思いはかえりみられにくい。アメリカでは1960年代に『煉獄のクリスマス（Christmas in Purgatory）[*5]』の写真集によって悲惨な状況が社会に知られた。当時の施設について知識のあるわたしたちにはインパクトが少ないかもしれないが、人は支援という名のもとで非人道的な行いができるのだとあらためて気づかされる。このような大規模な隔離収容は、政策として行われており、施設の支援者も善意をもち必要性を感じて運営していたと想像できる。「障害のある人には支援が必要だから」という理由だけでは、支援は障害のある人を置き去りにして一人歩きしてしまう。

　歴史を紐解かずとも、現在の日本において、支援が必要な理由を考えると、誰のための支援なのか、という疑問をもつことがよくある。家族の困り感が強いためにサービスを入れたり増やしたりすることはあるだろう。やや極端な例だが、就労支援において、本人は「まずは働ければよい」と思っているが、親は「正社員として就職しなければ就職を認めたくない」という例は珍しくない。

　また、自治体が決めた支給量の範囲のなかでサービスを提供する仕組みになるため、相談支援専門員は基準に沿ってサービス量を調整してしまいがちだ。そのような相談支援専門員は本人の相談員というよりも、自治体の代理人になってしまう。

　障害のある人に焦点をあてた支援の考え方が「当事者主体」である。似たような概念として「本人主体」や「本人中心」、「本人が主人公」などがある。どちらかといえば、英語では、"person centered approach"が近

＊4　自己決定の主体（当事者）については、必要に応じて、その利用者の家族または利用者が信頼する人も含めて考える必要がありますが、家族の意思ばかりを尊重することがないよう留意する必要があります。この点については、演習1（144頁）で振り返ります。

＊5　1960年代アメリカにおける大規模な隔離収容の実態を世に知らしめた写真集。その写真は今でもインターネットの検索サイトで見ることができます。

い意味合いといえる。

障害のある人の支援においては、たいてい支援者や家族を含めた複数の関係者がかかわる。本人と関係者の間で、本人がどのような暮らしをしたいのかという思いを共有し、具体的な方法についても話し合っておくことで、本人を置き去りにした支援になりにくくなる。人は聴いてしまった思いを無視しにくい。本人がどのような暮らしをしたいのかイメージを共有することが重要である[*6]。

② 意思決定の配慮の重要性

しばしば、どこで誰と暮らすか、どのような暮らしをするのかを本人が自己決定できるようにサポートすることが相談支援専門員をはじめ支援者の仕事と言われる。本人の思いを関係者が知り共有するプロセスは当事者主体の支援に欠かせない。プランをつくり会議の場で共有することが大事な理由である。しかしながら、どこで誰とどのように暮らすのかはとてもプライベートな事柄でもある。必要もないのに土足で踏み込まないようにしたい。とはいえ、聴かなければ知ることができない。相談支援専門員は、本人の思いを聴く理由をまず最初に説明すべきだろう。

わたしたちが東京までの新幹線の切符を買うとしよう。駅員に旅の目的を伝えることは普通はしない。そういうものだ。のぞみ・ひかり・こだまの列車種別、窓側通路側の座席、乗車する時間帯もいろいろ選べるが、旅の目的を駅員に話したとしても何かが変わることは少ない。ありえそうな話としては、危篤の親族のもとに行くのだと伝えると、乗り継ぎの余裕よりも早めの列車の空席を押さえてくれるかもしれないが。

何泊にもなる旅で、それが記念の旅になれば話が違ってくる。あるカップルがいて旅行代理店に海外のリゾートへの旅のプランを依頼したとしよう。新婚旅行だと言うか言わないかで旅のプランは大きく変わってきそうだ。新婚旅行と伝えることで、団体行動よりも2人のゆったりとした時間を多めにとったプランになるかもしれないし、サプライズでもてなしてくれるかもしれない。もしも、世間的に許されない恋の旅ならば違うプランになるかもしれない。自分たちの思いを反映した旅にするためには、旅の目的を旅にかかわる人たちが知っておくことが大切である。

相談支援についても同じことがいえる。もちろん、相談支援と旅は違う点はいくつもある。相談支援は旅のような非日常ではなく日常のプランであり、生活の質に直結する。また、プランの良し悪しが生存にかかわる人たちがいる。当事者主体であるためには本人の思いを知り、共有することがとても大事になる。

ところで、人は誰でも、自分の本当の気持ちを自分で気づけたり表現したりすることが難しいことがある。障害があってその難しさが強められ

*6 例えば、就労継続支援Ｂ型に通う目的は人それぞれです。「定年」までＢ型で働きたいという人もいれば、再就職までのステップとしてＢ型を利用する人もいます。もしも、Ｂ型を利用する目的が関係者で共有されていなければ、定年まで働きたい人に一般就労を急かすかもしれないし、再就職したい人にＢ型で定年まで働くことを促しかねません。このような可能性にも思いを巡らせられることは、重要なポイントです。

て、自分の人生を自分で決めることや、自分の望むところを他者に伝え実現していくことが難しい人もいる。例えば、精神障害があり気持ちが混乱しているときには自分の思いと違うことをしてしまう人もいる。また、筋萎縮性側索硬化症（ALS)のような進行性の難病がある人は、将来自分がどのようになっていくのか自分でも専門家でも予測しづらい。不確定な未来のなかで自分の人生を決めることは誰にとっても難しい。そのような障害のある人の自立において、自分のことを自分で決めるときに周りの人に相談できたり、考えを整理したりしてくれる人が求められる。そのようなニーズを解決する支援が意思決定支援にあたる。

⑷ 地域における生活の個別支援

① 個別支援

　言葉遊びをする意図はないが、言葉について確認しておく。「個別支援」に「個別」とわざわざ書かれているのはなぜだろうか。言葉のとおり、障害のある人一人ひとりを支援するからだと考えられる。一人ひとりを支援することは当然のことのように思うかもしれないが、社会福祉基礎構造改革以前の措置の時代は、施設での支援が中心であり「集団処遇」があたりまえだった。個別支援計画の作成が法律で定められたのは措置から契約による制度に変わった比較的最近の出来事である。なお、英語で個別支援計画は、"individual support plan"という。individualは、個人の、個別の、という意味合いをもつ。

　個別に障害のある人を支援することは、障害のある人をひとくくりにして集団として一律にとらえるのではなく、一人ひとり違う存在としてみることだ。障害特性や生活歴、生活環境、価値観などは人それぞれ異なる。疾患や障害を治療する場合には、同じような障害特性や疾患に対して共通する医学的、リハビリ的なアプローチが有効かもしれないが、福祉の支援においては、その人の望む暮らし方、働き方を実現するように支援していく。そのため、複数の障害のある人にまとめて適用できるアプローチはあるようでいて、存在しない。

　施設において集団処遇がなされてきた歴史について紙面を割いてきたが、地域では無条件に個別支援が展開されるだろうか。考えてみるとそうではないことがわかる。障害のある人に対して1対1の支援を行うことは、ホームヘルパーのような支援をのぞくとまれである。例えば、日中活動系施設においては利用者数名に対して支援員がつく人員配置であるため、利用者数名から数十名に対して、同じような作業やプログラムを提供する支援になりやすい。集団での効果を期待しての支援であればよいが、人員配置の面から結果的に集団的な支援を行うこともあるだろう。いわゆる重度

の人に合わせるためのんびりとしたプログラムになることもあれば、重度の人が置き去りにされることもあるだろう。集団的な支援はどうしても集団全体での支援を優先しがちになる。もちろん、1対1だからといって無条件に個別支援にならない。この障害特性があるからこのパターンといったように画一的な支援展開をするならば、1対1の支援であっても個別支援にならないだろう。その場合は、きめ細やかな集団処遇よりもよくない支援かもしれない。個別の支援について考えることはとても奥が深い。個々の事例について、どのように個別に焦点を当てた支援だったかを事例検討する機会は大切だと思われる。

②　地域における支援

　地域における個別の支援では、さまざまな社会資源を活用できる。障害福祉サービスを利用することもできるし、インフォーマルな資源を活用することもできる。施設においてはニーズを現場の支援員が受け止めることが多い。地域においては障害のある人のニーズはさまざまな社会資源が受け止めて解決することができる。しかしながら、地域においても障害福祉サービスのなかだけでニーズを解決しようとする事業所も存在する。それは、地域において、福祉サービス事業所と障害のある人が孤立していることを意味する。共生社会の理念からも、ニーズを福祉サービス事業所の外につなげることが重要になる。

　障害者自立支援法（現：障害者総合支援法）の成立前と比較するとサービスの種類は増え、事業所の数も伸びている。サービスには目的があり、事業所ごとの特徴がある。それまで「作業所」と呼んでいたものが、生活介護や就労継続支援、就労移行支援といったように機能に分化している。特に都市部では事業所の数が増えている。サービスを選ぶ際に、選択肢が増えるメリットがある一方で、利用者側からはわかりづらくなったかもしれない。障害のある人から携帯電話のプランのように複雑でよくわからないという声を耳にしたことがある。仲間同士で口コミで情報をやり取りして主体的に事業所を選ぶ本人や家族もいれば、どこに相談に行けばよいのかもわからないまま途方に暮れる人たちもいる。わかりやすいパンフレットを作成する、イベントを企画する、ニーズに合わせた広報媒体を選ぶなど、課題を抱えた人たちがサービスにつながる工夫がよりいっそう求められる。

⑸　エンパワメント

　障害福祉の現場で、利用者やその親が、支援者を「先生」と呼ぶ光景は珍しくない。昔からの慣行があるにせよ、正しい支援を知っているのは支

援者の側だという暗黙の意識がはたらいているのかもしれない。福祉制度は、利用者の側からは複雑でわかりにくく、自分たちに使いこなせないものがあると専門家に頼らざるをえない。しかも、競争が働くほど事業所は多くなく、気に入らないからといってほかに移ることが難しい。

　障害がある人は多かれ少なかれ、「世間でのあたりまえ」を体験できる機会が少ない。みんなと同じ学校に通えていない、みんなと同じように働けていない。あるいは、家庭をもっていない。自分は周囲と比較してできることが少ないことを見せつけられる日々でもある。また、世間であたりまえとされている一般常識を知らないことが多い。差別されているという意識をもたなくても、自己有用感や自尊心がおびやかされていると感じるかもしれない。

　中途で障害をもつと、これから自分はどうなっていくのだろうかと悩み、特に、精神障害や進行性難病のように科学的にも予後を予測しにくい場合には自分の存在がゆらぎ続ける。体調によって、できること・できないことが日々変わることで、どうしていいかわからなくなったり、自分の判断に自信をもてなくなったりするかもしれない。

　エンパワメント（empowerment）を、「能力開発」と訳すことがある。福祉においては、利用者の能力を向上する、スキルアップするという文脈で用いる人もいるが、それだけでは大事な考え方を見落としやすい。エンパワメントの反対は、パワーレス（powerless）といわれる。パワーレスを出発点にエンパワメントを考えるとわかりやすい。

　フレイレ（Freire,P.）は、1960年代の南米ブラジルで、文字を読めない農民の識字教育を実践する。その過程でかかわった抑圧された農民との対話を通じて、教育と社会についての考えを深めていく。農民たちとの対話のなかで、教育とは、読み書きを教えられて身につけることから、対話のなかで学び自分たちの社会を変えていくものだという考え方を打ち出した。ソロモン（Solomon,B.）は、アメリカの社会的な差別や抑圧のなかで、黒人が自分たちのコントロールをするためのパワーを取り戻すという意味でエンパワメントを用いた。

　エンパワメントを考えるうえで重要な要素が含まれている。社会的に抑圧されていたり、差別されている構造があること、スキルを身につけることではなく社会や現実を変えていくこと、対話のような相互のプロセスがある、という点である。エンパワメントの視点で、差別や抑圧されている者にかかわるときには、支援する者にとっても自分たちが社会でどのような立場なのかを問われ続けることになる。エンパワメントは差別やパターナリズムといった力に対抗するものでもあり、現代においては過度な給付管理などで支給量を制限されるような力への対抗も含まれるかもしれない。

　また、障害の社会モデルでは、パワーをその人のもつスキルや能力の意味でとらえるべきではない。能力をICF（国際生活機能分類）の観点でみれば、本人と周囲のさまざまな要素が相互に影響しあい、その人のできること・できないことが起きる。社会モデルでは、障害のある人のできる・できないは機能的な能力ではなく、その人と取り巻く状況における現象ととらえることができる。エンパワメントを能力開発ととらえて、訓練を重視するアプローチをとるのであれば、本来の考え方から遠ざかりかねない。訓練で伸ばすことができる能力はもちろんあって、訓練の意義もある。ただし、訓練は専門家がゴールを設定し、訓練を受ける人がそれに従うような専門家主導の構造になりやすい。ここでのパワーは、障害のある人が、社会的な差別や抑圧によって自分たちに不利な状況に置かれていることを知り、自分たちにも他の人と同じように権利があることを自覚して、権利を実現していくものだと考えたい。エンパワメントは、社会を変えていくという意味では、社会的であり政治的な意味合いをもつ言葉でもある。

2.　相談支援のプロセス

　相談支援の基本姿勢は理解するだけでなく、実践にて具現化することが相談支援専門員には求められる。そのためには、相談支援専門員の実践について、まずは共通認識を図る必要がある。相談支援専門員の個別支援は、サービス等利用計画を作成する場合もあれば、しない場合もあり、計画作成のみを指すものではない。そこで、ここではそれぞれの相談支援専門員に共通し、また最も基礎的になるインテーク、アセスメント、モニタリングの内容について、確認する。

(1)　インテーク

　インテークはケアマネジメントにおいて、「受理」や「受け入れ」と訳されることが多い。これはケアマネジメントを実施することの受理、受け入れといった意味であり、支援の契約を結ぶかを判断することといえる。この意味を広くとらえ、インテークにおける時期を「出会い」「入口」と考える場合がある[*7]。ここでは出会い、入口と広くとらえ、その内容について考える。

　インテークを出会い、入口と考えた場合、主な内容は①スクリーニング、②ケアマネジメントの契約といえる。①スクリーニングはケアマネジメントの対象であるかを判断することを指す。ケアマネジメントの対象は、まず時間的な要素により判断する。今すぐ対応しなければならない、

＊7　『新版・社会福祉学習双書』編集委員会編『新版・社会福祉学習双書2008≪第17巻≫ケアマネジメント論』社会福祉法人全国社会福祉協議会、27〜29頁、2007．を参照。

あるいは数日中に対応しなければならない場合には、ケアマネジメントの手法は適さないとされる[*8]。また課題の重さ、複雑さについても要素となる。課題が単純で軽い場合、ケアマネジメントの手法は多大な労力を要するため適さないとされている[*9]。すなわち、ケアマネジメントの対象は図2-1と考えられ、インテーク場面ではその判断、スクリーニングが行われる。

*8　野中猛『図説ケアマネジメント』中央法規出版、23頁、1997.を参照。

*9　前掲書〔*8〕、23頁を参照。

*10　前掲書〔*8〕、22頁を参考に筆者作成。

図 2-1　ケアマネジメントの対象[*10]

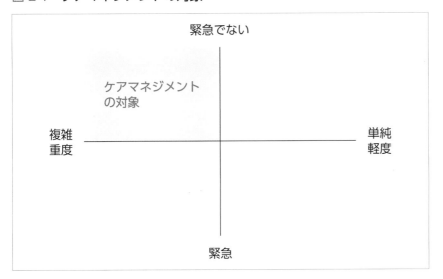

スクリーニングを行うために必要なものは情報といえる。インテーク場面では、その情報が限定されていることが多い。例えば、相談の場面で家族からの話しか聞いていない場合、本人に会うことなく、課題の複雑性や重度性を判断することは困難といえる。そのため、家族からの情報だけでなく、本人からの情報収集は欠くことができない。しかし、初期相談の場合は障害のある人の家族が相談者となることも多い。この場合、まずは家族の主訴を明確化し、そのうえで本人へとアプローチする必要がある。そのため、十分な時間を設け、傾聴の姿勢で対応することが求められる。以上の点をインテーク場面の基本的姿勢としてまとめると、以下の3点に集約される。つまり、十分な時間を取ること、傾聴する姿勢、家族だけでなく本人からの情報収集があげられる。

スクリーニングを行い、ケアマネジメントの対象と判断された場合、②ケアマネジメントの契約を行う。契約の際は、今後のアセスメントのために詳細な情報を収集すること、プランニングを一緒に作成し実施していくといった今後の支援過程を説明することで、利用者に全体の見通しをもってもらい、安心感を提供する。また、支援者側の守秘義務等の説明も行う。

講義2

第1節

＊11　前掲書〔＊8〕、34頁を参照。

＊12　デイビット・P.マクスリー、野中猛・加瀬裕子監訳『ケースマネジメント入門』中央法規出版、23頁、1994. を参照。

＊13　アセスメントを「理解・解釈・仮説」としてとらえる考え方や、情報の主語に対する考え方は、近藤直司『医療・保健・福祉・心理専門職のためのアセスメント技術を高めるハンドブック〔第2版〕——ケースレポートの方法からケース検討会議の技術まで』明石書店、22〜23頁、2015. によっています。

＊14　武川正吾「社会福祉に内在する非対称性:権力と参加」『社会福祉研究』121号、29頁、2014. より引用。

＊15　本項におけるモニタリングの定義、目的に関する記述は、前掲書〔＊12〕、134〜136頁を参考にしています。

(2)　アセスメント

　アセスメントはケアマネジメントの作業全体を通して、最も大切なプロセスである [＊11]。アセスメントとは、明らかになったニーズに関する情報を収集し、また分析や序列化、体系化することをケアマネジャーと利用者が共同して行う過程とされている [＊12]。ここでのケアマネジャーは相談支援専門員と置きかえることもできる。また、ここで注目すべき点は、アセスメントとは情報収集するだけで終わらず、分析、序列化、体系化することであると指摘されている点といえる。この点について近藤 [＊13]は理解・解釈・仮説と表現している。また収集される情報の主語の多くは三人称であるのに対し、理解・解釈・仮説は支援者が主語になる。例えば、本人が「働きたい」と言った場合、主語は本人となり、三人称となる。一方、本人が「働きたい」と言っていることについて、私（支援者）は、"誰かに認められたい"のだと解釈しているといった場合、主語は私（支援者）であり、一人称となる。このように、分析といった表現、理解・解釈・仮説といった表現がされるように、アセスメントとは支援者自身が支援の必要な点をとらえる行為といえる。つまり、ニーズを支援の必要な点と考えると、ニーズとは本人の主訴のみだけでなく、支援者が考えた本人の主訴を達成するために必要だと解釈したものも含まれる。主訴から出発することは言うまでもないが、支援者の解釈次第でニーズが異なり、支援の内容も異なってくるのである。そういった意味で、「福祉サービスの専門職は利用者に対して自分は権力者であるとの自覚をもち続けることが必要である」[＊14]といった指摘を支援者は忘れてはいけない。

(3)　モニタリング

　モニタリング [＊15]とは、サービス計画に基づき、ネットワークのメンバーがどの程度うまく実行しているのかを判断するためのものである。具体的には、サービスと支援についての情報の収集、整理、分析、解釈等が行われる。先述したように、情報の収集だけでなく、その整理、分析、解釈が支援者には求められる。

　モニタリングの目的は以下の4点にまとめられる。

① サービス計画がどの程度適切に実行されているか判断する
② 利用者へのサービス計画の短期目標が達成されているか判断する
③ サービスと支援の結果を判定する
④ 利用者の新しいニーズを知り、それがサービス計画の変更を要す

　るか判断する

　このように、モニタリングはサービス計画を実行したなかで、支援の変更の必要性等を判断するための重要なプロセスである。このモニタリングをいつ行うかについては、ニーズを明確化し、どのような手立てを選択するかを考える段階、すなわちアセスメントの段階で考えておく必要がある。

3. 意思決定支援とは

(1) はじめに

　この項では主に意思決定支援について学ぶ。意思決定支援は比較的新しい言葉であり、職場によっては日常的に用いられていないかもしれないし、研修で耳にするくらいだという人もいるかもしれない。従来から大事だとくり返し強調されている自己決定の権利（あるいは自己決定の尊重）と意思決定支援は同じものなのか、それとも違うのかという声も聞く。ここで、あらためて意思決定支援を学ぶことで、本人の自己決定の権利を保障した相談支援について理解を深める。

　意思決定支援は、障害や認知症のある人などに代表されるように、意思疎通や判断能力に課題がある人を対象にした支援だととらえられがちである。そのような人への意思決定支援の必要性は高い。ただし、意思決定支援は、障害の有無にかかわらず、誰もが日常的に使うものだと理解したほうがよく、そのほうが意思決定支援の本質を深められる。

　わたしたち自身が意思決定をする場面を思い浮かべてみる。朝起きて何を食べるか、お昼をどこで食べようかといった身近な意思決定。家の車の車検が切れるので新しい車に買い換えるかどうかといった大きな買い物の意思決定。結婚しようと思うけれどもこの人で大丈夫だろうか、という人生の意思決定。わかっているけれどどうしてもゲームをやめられないという悩みも意思決定の領域である。私たちの日常生活から人生に至るまですべてが意思決定の場面になる。

　自分一人で決めかねるときには、誰かに相談することが普通である。情報を教えてもらうことで解決することもあれば、問題を整理してもらうことで解決の糸口が見つかることもある。相談という手段ではない方法で意思決定を助けてもらうこともある。例えば、口コミサイトでランチの店を見つけるように、インターネットサイトの情報で解決することもある。

　ふだんは何気なくできていることでも、環境が変わると意思決定できな

くなることもある。言葉の通じない国に出かけると、食事をする場所に苦労することもあるだろう。日本国内であっても、辺鄙な田舎でおばあさんに道を尋ねたら、訛りがキツくてよくわからなかったということは珍しくない。

美味しいものを食べたい、蟹しゃぶを食べたいと意思が明確であっても、財布に先立つものがなければ実現しないだろう。懐具合が厳しい毎日が続くと、ちょっとした自分へのご褒美ですら躊躇する。「資格を取るぞ」と決意したものの、忙しさに追われて勉強する時間がとれず月日が過ぎていき、資格取得が遠いものに思えてきたというのはこの業界ではよくある光景かもしれない。

自分の日常を意思決定支援の視点で振り返ると、全く人に頼らない意思決定は存在しないこと、ある程度の実現可能性があってこそ意思を決定できることがわかる。この点をふまえながら意思決定支援を学ぶ。

⑵　意思決定支援ガイドライン

①　意思決定支援ガイドラインの背景

2017（平成29）年3月、厚生労働省は「障害福祉サービス等の提供に係る意思決定支援ガイドライン」（以下本節において「ガイドライン」とする）を公表[*16]した。

ガイドラインが作成される少し前から、法律は意思決定支援について規定してきた。例えば、2012（平成24）年6月の「地域社会における共生の実現に向けて新たな障害保健福祉施策を講ずるための関係法律の整備に関する法律」による改正を受けて成立した障害者総合支援法では、障害福祉サービスや相談支援の事業者に「障害者等の意思決定の支援に配慮する」ことを求めている（第42条、第51条の22）[*17]。また、障害者基本法は障害のある人に関係する最も上位にある法律であるが、障害者基本法においても「障害者の意思決定の支援に配慮しつつ、障害者及びその家族その他の関係者に対する相談業務」が適切に行われることが明記されており、意思決定支援が重要なものと位置づけている。わたしたち相談支援専門員の立場から言い換えると、相談支援専門員には障害者の意思決定を支援する責務がある。

しかしながら、相談支援や障害福祉サービスの事業者が具体的なサービスを提供する際に、どのように意思決定を支援していくべきか標準的なプロセスを示すものが存在していなかった。そのような背景もあり、ガイドラインが作成された。

*16　「障害福祉サービスの利用等にあたっての意思決定支援ガイドラインについて」（平成29年3月31日障発0331第15号）として通知されています。

*17　この改正では、障害者総合支援法の第1条の2に、障害者基本法の趣旨をふまえた基本理念規定が置かれ、2013（平成25）年4月1日から施行されました。この際、平成23年改正の障害者基本法に盛り込まれた重要な考え方は、障害者総合支援法の第1条の2のほか、指定事業者・施設の責務規定（第42条第1項・第51条の22第1項）にも反映されています。

② ガイドラインの内容

ガイドラインは「障害者への支援の原則は自己決定の尊重」であることを前提にする。そのうえで「自ら意思を決定することが困難な障害者に対する支援を意思決定支援」と位置づける。

> 意思決定支援とは、自ら意思を決定することに困難を抱える障害者が、日常生活や社会生活に関して自らの意思が反映された生活を送ることができるように、可能な限り本人が自ら意思決定できるよう支援し、本人の意思の確認や意思及び選好を推定し、支援を尽くしても本人の意思及び選好の推定が困難な場合には、最後の手段として本人の最善の利益を検討するために事業者の職員が行う支援の行為及び仕組みをいう。

出典：厚生労働省「障害福祉サービス等の提供に係る意思決定支援ガイドライン」(2017年3月)

意思決定が困難な障害者の明確な定義は指し示していないが、ガイドラインでは、①言葉では意思疎通が難しい知的障害者で生活介護事業所を利用するＡさんが日中活動プログラムを選ぶ支援、②障害者入所施設で暮らすＢさんが施設を継続するかグループホームに移るかの意思決定支援、③精神科病院に入院するＣさんの退院についての意思決定支援の3つの例を紹介している[*18]。

枠組みとして、①意思決定支援責任者を配置すること、②意思決定支援会議を開催すること、③意思決定が反映されたサービス等利用計画・個別支援計画（意思決定支援計画）を作成すること、④サービスを提供すること、⑤モニタリングと評価・見直しを行うことの5つの要素から構成される。今後の意思決定支援に役立てるために、意思決定支援の内容とその結果について記録を作成することも含まれている。意思決定支援責任者については、相談支援専門員またはサービス管理責任者との兼務も想定されている。意思決定支援会議はサービス担当者会議や個別支援会議と一体的に実施できるとしている。

また、意思決定支援にかかわる関係者として、本人や事業所、家族、成年後見人などのほかに、教育・医療関係者、行政機関、就労関係機関、ピアサポーターなどの障害当事者、知人といった障害福祉領域以外の関係者にも参加してもらうよう促している。

③ ガイドラインと相談支援専門員

ガイドラインが示す標準的なプロセスは、既存のケアマネジメントプロセスと密接に関係している。例えば、個別支援会議をサービス担当者会議や個別支援会議と兼ねて開催することができる点である。そのため、相談

*18 意思疎通が困難と思われる状況や自分では意思を表明しにくい状況が含まれており、自ら声を上げない人に対しても意思決定を支援することが求められています。

支援専門員は今行っている支援に上乗せするようなイメージで、意思決定支援プロセスを展開できる。

　意思決定支援はすべての支援のプロセスや場面において配慮されるべきものであるが、意思決定支援が何か特定のサービスであるかのように勘違いされる可能性がある。既存のケアマネジメントプロセスを展開すれば意思決定支援を行ったようにみえてしまうかもしれない。例えば、十分な意思決定支援を行わないまま既存のサービス担当者会議や個別支援会議を開き、これをもって意思決定支援会議を開催したと考えるのは問題であろう。

　また、ガイドラインが意思決定支援で重視すべき価値や理念についてふれるかはさておき、「可能な限り自ら意思決定するよう支援」するための手法や尺度は示していない。そのため、意思決定支援の質をどのように担保するのかは解決していない。もちろん、意思決定支援は障害のある人それぞれに合わせるところが大きく、画一的な手法や尺度はなじまない。それだけに、意思決定支援の質を担保するために相談支援専門員やサービス管理責任者など障害福祉にかかわる支援者のスキルや資質の向上に左右されるところが大きい。

⑶　当事者の声から意思決定を考える

①　私たち抜きに私たちのことを決めないで

　障害者権利条約は、2006年に国連において採択された。条約は国際法に基づく国家と国家の合意であり、障害者権利条約をつくりあげることは政策決定の過程そのものである。その条約を審議する場に、障害のある人が参画することができた。審議においては折にふれて「私たち抜きに私たちのことを決めないで（Nothing About Us Without Us）」の言葉が障害当事者の間で使われた。

　それまで、障害のある人やその家族は政策の対象者であっても、政策決定の過程に関与できないことが大半だったが、さまざまな当事者活動の運動や実践が積み重なって、障害のある人が政策決定に影響力を及ぼすようになる。障害のある人は、障害者権利条約の審議に自分たちの問題として、政策決定の場に主体として、かかわることができた。

　障害者権利条約の審議に、肢体に障害のある人は車いすを使うことで集まり、視覚障害や聴覚障害のある人は点字や手話、コミュニケーション支援機器を使うことで議論を重ねた。障害の種別や国、文化など、社会的背景の異なる多様な障害のある人が参加し、関係者らと議論を重ねることで障害者権利条約がつくられた。障害のある人も含めて審議する場が成立した背景には、障害のある人が議論に参画できる環境整備や合理的配慮がな

されたこと、関係者の支援や協力があったことをふまえておきたい。この条約をつくり上げる過程は、意思決定支援を考えるうえでも象徴的な出来事といえる[*19]。

② リカバリーは、一人ひとりのユニークな旅

リカバリーという言葉はとても奥深く一言で表現しにくい。心身の機能や体調が障害や発症の前に戻るという意味合いで用いる人もいるが、ここでは新たな自分を獲得する過程という視点を紹介したい。障害や疾患そのものが治ることを意味しないため、リカバリーのこの考え方はさまざまな障害領域において用いることができる。

ディーガン（Deegan,P.）は、10代の頃に統合失調症と診断され、病の経験を経て臨床心理の博士号を取得した。患者でもあり専門職、研究者でもある。ディーガンはリカバリーについて、「自分で決める癒しと変化の過程」「古い自分から次第に解き放たれ、新たな自分が姿を現すという変化の過程」と語る。この意味でのリカバリーは、精神障害に限定することなしに他の障害分野における意思決定支援を考えるうえで示唆に富むキーワードとなる。

10代のころのディーガンの夢は、運動競技チームのコーチだった。労働者階級アイルランド系カトリックの大家族の長女として生まれ、友人がいて、学生であり、女性でもある、自分なりの価値や信条をもっていた。その頃の周囲の人たちは、彼女に対していろいろな見方をしてきた。教師からは学生として、親からは娘として。いろいろな見方の真ん中には自分がいた。けれども、精神疾患と診断された後は、専門家からは統合失調症患者としてみられて「個人のしなやかなストレングスや才能は無視」されてしまったと語る。ケアや支援を受ければ受けるほど病人としてみられていき、彼女のアイデンティティは病気そのものになってしまった。

ディーガンは、リカバリーは「一人ひとりのユニークな旅」と述べる。そのような旅であり続けるためには、相談支援専門員はどのように支援すればよいだろうか。ストレングスや才能に焦点を当てることは言うまでもない。ここで参考になるのは、リカバリーは「自分で決める癒しと変化の過程」というディーガンの言葉だ。相談支援専門員になじみのある言葉に言い換えると、本人にとって好ましい支援を本人自身が決める過程となるかもしれない（支援という言葉には、癒やし旅という日常の言葉の雰囲気が含まれていないことは意識する必要があるが）。ストレングスや才能に焦点を当てると、障害や疾患ではないところに視点がいき、家族や友人、職場など地域のコミュニティに意識が向く。そうすることで、例えば、教師からは学生として、親からは娘として、友人からは普通の友だちとしてみられるような、いろいろな見方の真ん中に自分がいる生活を取り戻すこ

*19 相談支援や個別支援の場面においても「私たち抜きに私たちのことを決めないで（Nothing About Us Without Us）」を机上の空論にせず、障害のある人が支援を決める場に集まることができること、その人に適切なコミュニケーション手段が保障されることはとても重要です。

講義2

第1節

とができる。

③　自分についての専門家は自分自身

WRAP (Wellness Recovery Action Plan：元気回復行動プラン)はアメリカの精神的に困難な人たちがつくりあげたメンタルヘルスとリカバリーのプログラムで、自分が元気になり、元気であり続けるための、自分のために自分でプランをつくるという特徴をもつ。WRAPには次のような言葉がある。

「あなたは自分についての専門家。何が必要で、何を望んでいるかを知っているのは、あなたです」――これは過去に失った主導権を専門家から自分に取り戻すということを意味する。障害や疾患がある人たちの周りにはたいてい専門家と呼ばれる人がいる。しかも一人ではなく複数の専門家がいる。医療的ケアのような専門家のケアがなければ生存が危ぶまれる人たちもいれば、施設やグループホームのような常に専門家がいる場所で暮らす人たちもいて、就労支援の専門家が介入することによって働き続けている人たちもいる。

つまり、障害や疾患がある人たちは日常生活のさまざまな場面で専門家に頼ることがあたりまえになっている。すると、障害者は決定や選択の場面において、専門家に判断を委ねてしまうことが珍しくなく、時には専門家に丸投げすることさえある。これは専門家が意図しなくても起こりうる。判断を委ねることがあたりまえになると、専門家が意図せずに本人の判断を奪うこともあるだろう。

障害や疾患のある人は専門的な知識やスキルは持ち合わせていなくても、自分の好き嫌いはわかるし、自分が何をしたいのか、したくないのかを考えることはできる。自分についての専門家は自分自身という信念は、自分が人生の主導権を握るうえで大切である。

⑷　障害者権利条約と意思決定支援の展開

①　代行決定から意思決定支援へ

従来のものの見方では、障害のある人（特に知的障害や精神障害）や認知症のある高齢者は、判断能力が十分でなく、そもそも判断能力がないとみられてきた。自分のことや周囲のことを適切に判断することができないので、その人たちが日常生活や社会生活を送るうえで困ることになる。そのために、他の人がその人の代わりに、その人について判断したほうがよいとされてきた。この見方は、判断能力の有無に重きを置くこと、判断能力が乏しいとされた場合には第三者が代わって決めることが特徴で、代行決定中心の支援になる。

　ここで、社会モデルを学んだ相談支援専門員ならば、「おや？」と思われるかもしれない。判断能力というものが仮に医学的や生物学的にあったとしても、その人の置かれた環境によって大きく左右されるのではないかという疑問である。知的に障害のある人でもわかりやすい説明や資料があることで自分一人で決めることができるかもしれない。高学歴で周囲から一目置かれる人が過労でうつ状態になれば判断しづらくなる。過度なノルマに追い立てられる相談支援専門員は、適切な支援方針を決められないかもしれない。判断能力というものは状況によって曖昧であるということもふまえておく必要がある。

　また、社会正義や公平な社会を考えた場合に不思議なことが起きる。最近、オレオレ詐欺などの特殊詐欺が増加しているが、そのような犯罪から障害や認知症のある人を守るために、金銭管理を第三者が行うことがある。お金は守られる反面、判断能力が乏しいとされる人が自由にお金を使うことを制約される。そもそも、いったい誰が悪いのかを考えると、悪いのは判断能力が乏しい人ではなく、詐欺によって騙す人だ。オレオレ詐欺のような出来事がある場合に、そもそも何が悪いのか、守ろうとするものは何か、不利益を被るのは誰かを考慮すべきで、判断能力の有無や程度によって障害のある人が制約されることは間違っていると思える。本来制約されるべきは詐欺を働く人だろう。

　最近はこのようなものの見方が変化してきた。障害や認知症の重い人で、周囲から自分では適切な判断ができないと見られてきた人でも、支援さえあれば、その人なりの判断ができると考えるようになった。その人なりの判断ができるかどうかは、その人の判断能力の問題ではなく、どのような支援ができるかにかかっている、という考え方だ。判断することについて、その人の能力の有無や程度よりも支援がどのように展開できるかに重点を置く。意思決定支援が中心になる。

　例えば、障害のある人と財産について考えてみる。障害のある人が財産をもつことは社会的にみてもあたりまえのことで、障害の有無にかかわらず誰でも財産をもつことが法律で認められている。しかし、障害のある人が売買を含めて財産を使うことは制約を受けることが多い。例えば、成年後見制度では代理権や取消権が定められている。どのように財産を使うのかは意思決定そのものであり、意思決定への支援があることで、財産の使い道を障害のある人が自分で決められるようになる可能性が広がる。

② 障害者権利条約

　代行決定から意思決定支援の流れにおいて、障害者権利条約は意思決定支援を中心に考える。重要な条文である第12条を引用する[*20]。

*20　法律的な用語が一般には理解しづらいことや国によって解釈が違うことをお断りしておきます。世界の国によって前提とする法体系（日本やドイツのような大陸法の国は法的能力の概念をもちますが、イギリスやアメリカなどの英米法ではもたない）が異なることもあり、国によって第12条の解釈が異なります。ここでは、法解釈や制度に深入りせず、代行決定と意思決定支援について簡単に説明していきます。

第12条　法律の前にひとしく認められる権利

　1　締約国は、障害者が全ての場所において法律の前に人として認められる権利を有することを再確認する。

　2　締約国は、障害者が生活のあらゆる側面において他の者との平等を基礎として法的能力を享有することを認める。

　3　締約国は、障害者がその法的能力の行使に当たって必要とする支援を利用する機会を提供するための適当な措置をとる。

　4　締約国は、法的能力の行使に関連する全ての措置において、濫用を防止するための適当かつ効果的な保障を国際人権法に従って定めることを確保する。当該保障は、法的能力の行使に関連する措置が、障害者の権利、意思及び選好を尊重すること、利益相反を生じさせず、及び不当な影響を及ぼさないこと、障害者の状況に応じ、かつ、適合すること、可能な限り短い期間に適用されること並びに権限のある、独立の、かつ、公平な当局又は司法機関による定期的な審査の対象となることを確保するものとする。当該保障は、当該措置が障害者の権利及び利益に及ぼす影響の程度に応じたものとする。

　5　（略）

　第1項は、障害のある人にすべての場所において法律の前に人として認められる権利があること、第2項は、生活のあらゆる場面において他のものとの平等に法的能力を享有することを認めている。これを素直に読むと代行決定は認められないことになる（代行決定の禁止ではなく極めて例外的に許容する説もある）。

　障害のある人が「他の者との平等を基礎として法的能力を享有する」ならば、障害のある人の法的能力を制約することは許されない。つまり、この人は判断能力がない、意思表示ができないなどの理由で権利を取り上げることはできない。障害者権利条約は、障害のある人の法的能力を制約したうえでの代行決定は認められないと解釈できる。諸説あるが、障害者権利条約は代行決定を全く禁止しているか、代行決定を原則禁止しており厳格な基準に従って運用することを条件に例外的に認めているといわれている。

　第3項は、障害のある人に法的能力が行使できるように支援することを締結国に求めている。普通に読めば、障害のある人への意思決定支援と合理的配慮の必要性の根拠になる。

　障害者権利条約の考え方は、障害のある人への権利や能力を制約することは許されない。意思決定においても同様である。第三者が代行決定することは禁止あるいは極めて例外的な立場をとる。そのうえで障害のある人

が権利や能力を行使できるための意思決定支援を求めている。

(5) 意思決定支援の用語と考え方

① 用語の整理

　あらためて、意思決定支援に関する用語を整理しておく。知識として深めるよりも、考え方の違いを意識してもらいたい。誰が、誰のために、どのように行うということが意識するポイントになる。話をわかりやすくするために、以下Aさん・Bさんではなく、日本在住の人なら比較的よく知っているキャラクターを使って説明していく。

1．意思決定支援 (Supported Decision Making)

> のび太くんのことをのび太くんが決めること。それを支援すること。

　支援付き意思決定、あるいは支援された自己決定と呼ばれる。意思決定は本人が行うものだが、そのためには支援が必要だと考える。のび太くんは自分一人で決められない場合であってもドラえもんの支援があれば意思決定できる。ポイントは、のび太くんがのび太くん「自身で」決めることだ。のび太くんは支援を求めることも、支援を求めないこともできる。ドラえもんが支援していくことは、のび太くんが自分で意思決定できるようになるという意味でエンパワメントと重なる。

2．代行決定 (Substitute Decision Making)

> のび太くんのことをドラえもんが決める。ただし、ドラえもんの思いではなく、のび太くんにとっての最善の利益に基づく。

　代行決定は、最大限努力しても意思決定や意思確認が困難な場合に、本人に代わって、本人の最善の利益を判断するものとされる。本人以外が最善の利益を判断することは最後の手段になる。代行決定はどうしても保護的な支援になり、社会参加の機会が失われることを意識しておきたい[*21]。

≪他者決定としての代行決定≫

> のび太くんのことをジャイアンが決める。のび太くんの思いではなく、ジャイアンの思いで決める。

　代行決定では、本人の思いに立って代行決定しているのか、本人以外の思いで他者決定されているのか区別がつきにくいことがある。特に、代行決定にかかわる人が少数の場合には、支援者が限られた情報に基づいて決定せざるをえず、しかも周囲が決定を検証することができない。

＊21　ガイドラインは「可能な限り本人が自ら意思決定できるよう支援」するよう支援者に求めていますが、最後の手段として例外的に代行決定を認めており、最初の選択肢として使われることに対して歯止めがあるわけではない点に注意が必要です。

　意思決定支援においても他者決定のリスクが伴う。本人の意思決定にかかわるときに、支援者が決定を誘導してしまうことが起こりえる。人の意思決定は目に見えるものではなく、そのプロセスは複雑である。例えば、情報の見せ方や出し方次第で意思決定は大きく変わる。意思決定支援をしているつもりが支援者による誘導になる可能性を常にはらんでいる。

3．最善の利益 (Best Interests)

> 　のび太くんにとってのベストな利益。長い目でみて、のび太くんの福祉に適切なもの。

　代行決定は、本人の生活環境のなかでの最善の利益を求めることにある。最善の利益を考えるポイントはいくつかある。単なるメリット・デメリットを超えたものであって本人の福祉にとって適切かどうか、現在だけでなく長期的な視点に立ったものか、ベターな選択肢ではなくベストな利益かなどがあげられる。

　そもそも、最善の利益をどこまで客観的に判断できるだろうか。緊急的で選択肢が限られている場合は判断しやすいかもしれない。例えば、のび太くんが行き倒れていて意識がないとしたら救急車を呼ぶことは当然のことだ。のび太くんがケアを受けて回復しても元気がなく、これから何をしたらよいかわからず悩んでいるとしよう。のび太くんが小学生ならば選択肢が限られてくるが、のび太くんが大人になっていたらどうだろうか。のび太くんの最善の利益に基づいて住まいや就職先を考えることができるだろうか。一時的な住まいや就職先ならばともかく、長期的な観点でのび太くんに適切かどうかを考えることはとても難しい。おそらく不可能だろう。

4．意思と選好の最善の解釈 (Best Interpretation of Will and Preference)

> 　のび太くんの思いと好みを最大限くみとる。のび太くんが大事にしているものは何？

　障害者権利条約第12条は、意思決定支援をするうえで「意思及び選好を尊重すること」を求めている。あたりまえのことであるが、社会的に妥当だと思われることと本人の意思や好みはしばしば違う。例えば、痩せたいと思ってダイエットをしていても、あるいは、健康上の理由で食事制限を課せられていたとしても食べたいものは食べたいのが人の本性である。本人がどうしたいのか、趣味嗜好はどういったものかを考慮しながら意思決定を支援することは言うまでもない。代行決定においても、意思と選好の最善の解釈が求められる。

5．本人から表出された意思 (Express Wish)

> のび太くん自身の言葉やボディランゲージで表された意思や希望。

　自分のことは自分で決めることが自己決定の基本である。本人にかかわることを決める場合には、本人が参加していること、表出された意思を尊重することは言うまでもない。ただし、判断能力の状態や置かれている環境によっては、表出された意思は本人の本当の思いとは限らない。また、自分の思いがわからないこともある。ともに丁寧に本人の思いを探る作業が大切になる。

⑹　意思決定支援の視点

　意思決定支援を具体的に行うために、①意思形成の支援、②意思表明の支援、③意思実現の支援の3つに分けて考えることができる。

①　意思形成の支援

　意思形成において、適切で十分な情報提供が大前提になる。障害特性に応じたわかりやすい説明がなされるべきだろう。従来からの紙のパンフレットに加えて、ホームページで情報提供することもあたりまえになり、グループホームでの生活や作業の様子を動画で提供する作業所も増えてきた。

　本人が十分に検討できるだけの選択肢を示したり情報を整理したりすることが大事な支援になる。比較材料があることで意思決定が促進されることもあるだろう。

　意思決定は、いろいろな生活体験を重ねることで可能になる。施設や病院のように食事が提供される環境で長い間暮らしていると、自分で食事を選ぶことができないことが起こる。例えば、ファミリーレストランで、自分でメニューから選んでいるようでいて、周囲と同じものを注文しているだけということがある。わかりやすい写真つきのメニューがあっても、食べたことがなければ明確な意思をもって選びにくい。

　施設や病院を出て、一人暮らしやグループホームに暮らすという選択肢を示されても、経験したことがなければ、現実的に検討することが難しい。グループホームについては支援者から聞く情報しか知らないということがある。一人暮らしもテレビなどでしか見たことがない人もいる。かつて一人暮らしを経験していても、病気や障害を伴った人生が続くことで、自信をなくしてしまい一人暮らしを検討できないことも起こる。そのような場合は、見学や体験を重ねることで、そこでの暮らしを現実的にイメージすることができるようになる。経験を積み重ねることで、一人暮らしや

グループホームを選ぶという意思がつくられて、周囲が受け止めることで意思決定が行われる。生活体験の積み重ねがない状態での選択は、単なる選択であって意思決定とはいえない。

　同じような経験のある人から話を聞くことも有効である。事業所によっては、ピアサポーターやピアカウンセラーがいる。障害の種類によってはセルフヘルプグループや当事者会、本人活動などのグループがあり、同じような障害のある人に出会うこともできる。自ら経験を積み重ねなくても、似たような経験のある人と接することで、具体的なイメージをもつことができ意思決定の助けになる。

②　意思表明の支援

　意思表明の支援は、意思疎通、意思確認、意思決定機会の保障の3つに分けて考えられる。

　意思決定は自分の力で行うものであっても、誰かの助けを借りることがほとんどである。その前提としての意思疎通が欠かせない。意思疎通の方法が社会の多数と異なる場合、意思疎通の機会が限られるため、さまざまな支援が得られにくくなる。そのため、意思疎通の支援は極めて重要になる[＊22]。

　音声言語によらないものとしては、聴覚障害のある人への手話や要約筆記、補聴器・人工内耳などのデバイス、視覚障害のある人への点字や指点字、代読や代筆などの方法があげられる。また、知的障害や発達障害のある人へのコミュニケーションを支援することも意思疎通の支援に含まれる。また、吃音などの理由でコミュニケーションに不安を覚える場合は合理的配慮が求められることがあるだろう。言語によらない絵カードといった手段を使うこともある。

　また、意思を確認すること、例えば、表情や仕草、眼の動き、体の動きなどから、本人が何を伝えようとしているのか、感じているのかをくり返し確認することも大切である。考えを変えてもよいことを保障することは大事である。考えを変えてもよいと安心できるからこそ「〜したい」という希望を口にすることができる。考えを二転三転する利用者に苦慮する相談支援専門員は少なくないと思う。そのような場合、意思表明の課題よりもむしろ意思形成の支援に課題があるのかもしれない。

　先の施設の例では、食事を選ぶ機会がないために、レストランでメニューから選べないことが起きていたが、食事を選ぶといった日常での意思決定の機会が少ないままで、一人暮らしやグループホームを選ぶような人生の意思決定を行うことにも無理がある。

　例えば、地域移行の支援では、支援者から一人暮らしやグループホームを選んでよいと言われているが、決めることが難しいことがよくある。経

＊22　障害者基本法では、地域社会における共生等の実現に向けた観点の一つとして、「全て障害者は、可能な限り、言語（手話を含む。）その他の意思疎通のための手段についての選択の機会が確保されるとともに、情報の取得又は利用のための手段についての選択の機会の拡大が図られること」と規定されています（第3条第3号）。

験が少ないことに加えて、施設や病院では、決まった時間に食事が提供されるなど、1日のスケジュールが決まっている。自分で決めることが限定されている環境だ。そこで暮らす人は自分の意思を表明することに慣れていない。意思を表明するためには、日常的に意思決定の機会を保障することも大切である。日々何気ない意思決定を積み重ねているからこそ意思表明できる。このことは大切であるが見過ごされがちである。

　また、施設や作業所などを長く利用していると、支援者の言うことに従うことがあたりまえに思ってしまうことがある。「あなたには自分の気持ちや希望を伝える権利がある」ことを伝えることも大切である。

③ 意思実現の支援

　意思形成と重なるが、表出した意思を実現するための手段を提供することも大切である。働きたいという希望は自宅勤務やテレワークなどがない限りは職場までの通勤手段があってこそ可能である。例えば、自分一人では移動することができない場合、誰かが介助することではじめて意思がかなう（意思実現）。

　また、自分のために使えるお金があるからこそ、施設や実家を離れて一人暮らしやグループホームでの暮らしを決断できる[*23]。その意味では、障害年金や生活保護の受給を支援することも、広い意味での意思決定につながる大切な支援である。

　たいていの人は、頭の中で思い描いたことを現実的に実現できる可能性がなければ、真剣に考えることはしない。実現できる可能性があるからこそ意思決定ができることもある。ただし、実現する可能性がとても低いからといって、判断能力が乏しいと決めつけることは間違っている。実現可能性が低いことでも貫き通して夢を叶える人たちは存在し、「芸能人になりたいから東京に行く」と宣言して上京する人が後を絶えない。障害のあるなしにかかわらず起こりうる現象だ。その場合、そのリスクを丁寧に説明するといった支援が必要になってくるかもしれない[*24]。

(7) 意思決定支援の場面

　意思決定支援が提供される場面で大きく分けると、①家庭、友人、ピアサポート、地域、福祉サービスの事業所や施設において提供されるような日常生活における支援、②成年後見制度などの制度化された支援の2つがある。

　職種ごとにみると、①生活支援の支援員がかかわる直接支援の場面、②相談支援専門員などソーシャルワーカーがかかわる相談支援、③弁護士や司法書士などがかかわる法的支援がある。本人を中心としたさまざまな場

*23　お金がなければ財布の紐を握る人の顔色をうかがうことになるので、結果として自己決定から遠ざかるケースがあります。

*24　ここまで、意思決定支援を3つに分けて説明してきましたが、実際には、意思形成→意思表明→意思実現の順番で進むとは限らず、同時並行的に進みます。日々の意思決定の機会が保障されることで、他の意思決定が促されるように、意思決定支援は重なり合います。

面で、多職種がかかわって意思決定支援が展開される。専門職以外にも、家族、友人、ピアサポートの当事者、地域住民といった人たちがかかわる。

障害者総合支援法では、障害福祉サービス事業所に対して意思決定支援の努力義務を課しているが、サービスの支援者だけがもっぱら意思決定を支援するのではなく、家族、友人、地域コミュニティといった幅広い人がかかわる必要がある。

何に働きかけるのかという違いもある。本人に直接働きかける意思決定支援では、意思疎通の支援、信頼関係の形成、わかりやすい情報提供、意思形成と意思表出などのキーワードがある。環境に対しては、制度の整備、偏見や差別へのアプローチ、社会資源の開発、ソーシャルアクションなどのキーワードが重要になる。

⑻ 意思決定が困難と思われる状況で、本人が主体でいられるには

一例ではあるが、「クライシスプラン」という事前に対処を考えておくという方法がある。クライシスプランは福祉サービスに限らず当事者のコミュニティにおいても用いられている。支援のなかでは、地域移行支援や心神喪失等の状態で重大な他害行為を行った者の医療及び観察等に関する法律（医療観察法）のなかで使われている場合が多い。

元気な状態や意思表明ができているときに、具合が悪くなるなど意思表明がしづらい状況を想定して、本人とサポートする人たちと事前に話し合って、どのような場合に、どのような支援を望み、望まないのかをプランにしておく、というものである。

本人の具合が悪いようなときに、自分では判断できないときにプランを使う。ただし具合が悪いと判断できない状態は周囲が決めるのではなく、事前に話し合って決めたサインによる。こうすることで、意思表明が困難と思われるときでも、本人が主導権を発揮し続ける可能性が高くなる。

危機介入の手段として位置づけられることも多いようだが、自分では判断できないとか、意思表明ができないとお互いに話し合って決めたサインならば場面を問わず有効である。周囲が大丈夫だと思っていても、本人が意思表明できていないと思っているときもある。

クライシスプランづくりはお互いを知るプロセスでもあり、プランそのものよりも、プランをつくるプロセスが重要だといわれている。支援者が本人を知るだけでなく、本人が支援者について、あるいはサービスや支援の内容について知らなければ、自分以外の人にプランを委ねることができない。支援の専門家だからプランを委ねられるのではなく、本人と支援者がお互いをよく知っているからこそ委ねられる。

　サービス等利用計画に盛り込むことも可能と思われるが、意思決定が困難と思われるような状況でのプランだからこそ時間がかかるのではないか、と思われる。サービス等利用計画に盛り込んだからといって実効性があるとはいえない。

　支援者が直接クライシスプランづくりにかかわらなくても、本人と信頼する人たちでクライシスプランをつくれるような支援を行うことも大切である。そのほうが本人を取り巻く支援に広がりができる。その場合の相談支援専門員の役割は、意思決定支援をコーディネートすることになる。

講義
2

第
1
節

参考文献
・日本福祉大学権利擁護研究センター監修、平野隆之・田中千枝子・佐藤彰一・上田晴男・小西加保留編『権利擁護がわかる意思決定支援──法と福祉の協働』ミネルヴァ書房、2018.
・藤井克徳、日本障害者協議会編『私たち抜きに私たちのことを決めないで──障害者権利条約の軌跡と本質』やどかり出版、2014.
・チャールズ・A・ラップ／リチャード・J・ゴスチャ、田中英樹監訳『ストレングスモデル〔第3版〕──リカバリー志向の精神保健福祉サービス』金剛出版、2014.
・岩崎香編著『障害ピアサポート──多様な障害領域の歴史と今後の展望』中央法規出版、2018.
・竹端寛『「当たり前」をひっくり返す』現代書館、2018.
・北野誠一『ケアからエンパワーメントへ──人を支援することは意思決定を支援すること』ミネルヴァ書房、2015.

第2節　多職種連携及びチームアプローチ

科目のねらい

☐　多職種連携及びチームアプローチ、サービス担当者会議の展開方法、チームにおける意思決定支援について理解する。

学習のポイント

☐　多職種連携及びチームアプローチの意義・目的
☐　チームアプローチの実践
☐　多職種連携とケアマネジメントプロセス
☐　サービス担当者会議の準備、進め方
☐　障害福祉サービスの枠組みを超えた展開
☐　多職種連携の課題や促進方法
☐　チームにおける意思決定支援の展開

講師：鈴木 智敦

1.　多職種連携及びチームアプローチの意義・目的

講師向け

　初任者研修の多職種連携に係る講義（講義2-1第2節）を振り返り、多職種連携の展開方法の理解と技術の獲得に向けた講義を行って下さい。また、本科目の学びは演習2で深めます。

(1)　意義や目的

　相談支援専門員の日々の実践は、多職種連携とチームアプローチのくり返しである。障害者・家族の抱える複合的なニーズに対して、医療・保健・介護・福祉・教育・雇用・司法など多面的な視点や専門性からその本質を見極め、多様なサービスにより、本人・家族を支えていく必要がある。

　日頃の業務を少し振り返ってみよう。電話や来所、訪問などで話をうかがい相談を受けていると、単なる情報の提供だけならいざ知らず、基本的には、自分一人で解決できることは多くない。相手の話を聴き、ニーズや課題を整理し、アセスメントをしつつ、確認しておくべきことやわからないことは、先輩や関係機関に問い合わせをし、必要な支援先やサービスに連絡を入れ、コーディネートしているのではないだろうか。

　連携の目的は「共通の目標達成」——すなわち障害当事者・家族への支援、ニーズの充足——であり、「相互関係性」(相互の利益・相互共有・相互作用)により進められている。

⑵　基本姿勢と役割

　「障害者総合福祉法の骨格に関する総合福祉部会の提言」のなかには、「相談支援を実践する相談支援専門員は、すべての人間の尊厳を認め、いかなる状況においても自己決定を尊重し、当事者(障害者本人及び家族)との信頼関係を築き、人権と社会正義を実践の根底に置くことを基本理念とする。その役割は、本人のニーズを満たすために制度に基づく支援に結びつけるだけでなく、制度に基づかない支援を含む福祉に限らない教育、医療、労働、経済保障、住宅制度等々あらゆる資源の動員を図る努力をする。また、資源の不足などについて、その解決に向けて活動すること」[*1]と記されている。

　すなわち、フォーマルだけでなくインフォーマルも含め、相談支援専門員に求められる「連携」は、単に連携（リンケージ）や連絡というレベルではなく、調整を含めたコーディネーション、マネジメントを含めた協働、そして課題解決のための、多職種を含めたチームアプローチが求められている。

⑶　連携不足は最善の利益を提供できていない──重要性を認識する

　多職種連携とチームアプローチの重要性について、①多元性への対応、②限界性への対応、③可能性の拡大、④相互補完性、⑤付加性の5つの観点から、日頃の実践と結びつけて少し整理をしてみたい。

①　多元性への対応

　子どもには子どもの、大人には大人の、高齢者には高齢者のライフサイクルに応じた必要となる支援や本人のニーズがある。また、療育や教育(学校)、就労(働く)に関すること、あるいは疾病や障害、お金に関すること、生活の困窮や住宅に関することなど、多様で複合的なニーズを充足していくためには、さまざまな機関やサービスが連携をしていく必要がある。

〈例〉

> ・本人のもつニーズ、人の人生を多面多様にとらえ、応えていくことができる。
> ・同じものを見ていても、視点の違いにより気づくことが異なる。

*1　障がい者制度改革推進会議総合福祉部会「障害者総合福祉法の骨格に関する総合福祉部会の提言－新法の制定を目指して」(2011(平成23)年8月30日)

講義
2

第
2
節

85

② 限界性への対応

　毎日の対応は一つの事業所では難しくても、いくつかの事業所で協力をしあうことで対応が可能となる、専門的な評価や練習を他の事業所にお願いするなど、単独の機関や組織、事業所では支えきれない限界に対応できることもある。

〈例〉

- ・毎日の訪問による支援が難しいが、2つの事業所で協力して提供した。
- ・事故により記憶力等が落ちているようだが全体的な障害の状況がわからないため、高次脳機能障害に関して、高次脳機能障害支援拠点機関に評価依頼をした。

③ 可能性の拡大

　自分の事業所にないメニューや作業内容の依頼や協働での提供、福祉用具やICT（情報通信技術）を活用をすることにより、本人の力を引き出し、環境を整えることにより目標達成の可能性が高まる。

〈例〉

- ・本人のやってみたい内容がありモチベーションが上がった。また、道具の工夫により苦手な部分が少し解消され、できることが増えた。
- ・いつの間にか事業所内で、抱え込みや過剰な支援が普通になっていたようで、本人ののびしろを阻害していたことに気づかされた。

④ 相互補完性

　相互の協力や協働による支援は、ニーズを充足し目標を達成していくための、それぞれの事業所の不足部分について、相互に補完しあうことが可能となる。

〈例〉

- ・サービス側があわない、その他の対応方法や他のサービスのほうがよい場合（事務系作業はあるが、飲食系作業がないなど）
- ・得手不得手をカバーしあえる。

⑤ 付加性

　連携によりニーズの充足を図ること、チームアプローチを実践していくことは、連携先の知識や技術を学ぶことにもつながり、支援者や事業所の

質の向上や地域のネットワーク力を含めた支援力、問題解決力の向上にもつながる。

〈例〉[＊2]

> ・チームによるモニタリングを通じて、さまざまな視点が入りサービス等利用計画や個別支援計画をよりよいものに変更することができたため、サービスの検証をする力量が上がった。
> ・相互に視点や考え方の理解が進み、協力関係がよりスムーズになることにより、新たな取り組みがしやすくなった。

⑷ 多職種連携の難しさも理解する──多職種で地域を支援するということは

　医療・保健・介護・福祉・教育・雇用・司法など、さまざまな分野、領域、組織、職種のかかわりは、ニーズのとらえ方、支援の方法、着目する視点が異なり、それがチームになるところが非常に大きなメリットになる。しかしながら、それぞれ受けてきた教育や背景が異なることから、大切にするポイントや優先順位が異なること、自分たちの守備範囲の考え方、さらには共通言語も違ってくるため、それらが大きなハードルや歪みになることもある。共通認識や情報の共有化、役割分担などを明確にしていくなどにより、隙間を埋め、チームづくりをしていかなければならない[＊3]。

　みなさんが、現場実践をしていくなかで、多職種連携・チームアプローチで苦慮している点はどのようなことか、日頃の実践を振り返り、課題等を整理し、対策を考えることも必要である。

　現任者研修では、初任者研修で学んだことを今一度思い出し、これまでの実践を振り返るところから始まる（表2-1）。

表 2-1　実践の振り返り

> 1.　チームアプローチの視点と意思決定支援
> 　□本人の周辺にいる人々や地域の関係機関を把握することの必要性の理解
> 　□本人を中心としたチームアプローチの必要性の理解
> 　□本人を中心としたチームを構成するための必要な手段
> 　□本人を中心としたチームのなかでの自分の役割の確認
> 　□チームアプローチを通した今ある社会資源の活用と新たな社会資源の創出方法
> 2.　チームアプローチの展開
> 　□支援目標の共通理解を得るための会議の実施
> 　□支援の経過や本人の満足度、チームアプローチの評価のための会議の実施
> 　□危機介入や緊急時の支援体制やリスクマネジメント

＊2　例示の部分は、複数の側面をもつ場合もあります。すなわち、単独では困難な支援の幅を広げ、本人の可能性を伸ばし、支援力や地域の福祉力の向上にもつながります。逆を言えば、多職種連携やチームアプローチが十分でない場合、本人・家族にとって最善な対応ができていない可能性があるということです。

＊3　このあたりについては、本節の後半で少しふれることにします（104頁参照）。

講義 2

第 2 節

□地域資源（地域のなかにあるあたりまえの資源）の活用方法
□地域を巻き込んだ支援の検討
□本人の意思を確認しながらチームでかかわる

出典：「相談支援従事者研修のプログラム開発と評価に関する研究（研究代表者：小澤温）」平成28年度〜29年度総合研究報告書、74頁より作成

2.　多職種連携・チームアプローチとケアマネジメントプロセス

⑴　ケアマネジメントプロセスからみた多職種連携

　もともとのケアマネジメントのプロセスは、図2-2で示されるとおりであり、「障害者ケアガイドライン」、そして障害者総合支援法における「サービス等利用計画と支給決定」の流れと類似する。また、多職種連携やチームアプローチは、このプロセス（展開過程）のそれぞれの場面においてとても重要であり、特に、図2-3のサービス等利用計画と支給決定の流れにおいては、多職種連携の一つの形として、サービス担当者会議や個別支援計画作成会議など重要なものとして明確に位置づけられている。目的・目標や課題の整理・確認等を行い、さまざまな視点でのアセスメントを実施し、アイデアを出し合い、それぞれの役割を活かす。これらの継続的なくり返しがよりよいチームアプローチにつながっていくのである。

　ケアマネジメントプロセスを追いながら、日頃の業務を振り返り、チェックしてみよう。

＊4　本図の左側のプロセスは、野中猛『図説ケアマネジメント』中央法規出版、28頁、1997．を、右側のプロセスは小澤温監修・埼玉相談支援専門員協会編『相談支援専門員のためのストレングスモデルに基づく障害者ケアマネジメントマニュアル——サービス等利用計画の質を高める』中央法規出版、5頁、2015．を参考にしています。

図2-2　ケアマネジメントプロセス[＊4]

図 2-3　障害者総合支援法上のサービス等利用計画と支給決定の流れ

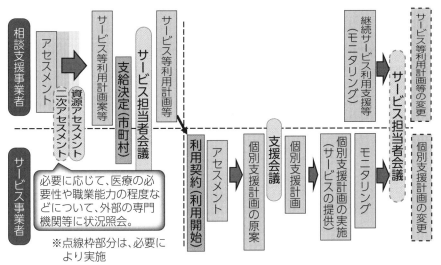

出典：厚生労働省資料

① **インテーク（受理：であい）／入り口（把握）**

　第一段階の本人の状況把握をするところであり、本人の思いや訴えを聴き取る。

〈振り返りポイント〉

> Q：相談支援専門員であるみなさんの所属機関にスムーズにつながっているか。
>
> □疾病や事故により中途で障害になった人が、病院からみなさんのところにスムーズにつながっている。
>
> □精神科の病院等から問い合わせや紹介があり、いくつかは定期的に連絡が入る。
>
> □相談を受け止め、必要に応じて適切なところに丁寧につなげていける、多くのパイプがある。

② **アセスメント（事前評価・査定：みたて）／（対象者の真のニーズの把握）**

　インテークや面接をふまえ、本人のニーズを把握し、必要な情報収集をしていく。

　本人やその周辺のことをよりよく知るためには、どこと連携が取れるといいのか、常に考える。ただし、評価至上主義となるのではなく、面接等を実施していくなかで、本人の訴えをよく聴き、こちらからも上手に引き出し語ってもらう。そのうえで、日常的な状況の確認から、専門的なアセスメントや、緊急度が高く急ぐ必要性のあるもの、あるいは時間をかける必要のあるものまで、優先順位をつけて対応することが大切である。

＊5　本人のニーズや本
　人の状況、信頼のおけ
　る人間関係や周辺環境
　を把握すると同時に、
　こうしたアセスメント
　情報やアセスメント自
　体について、多職種連
　携のなかで、スムーズ
　に得られる仕組みや関
　係性、つながりがある
　ことが大切です。

＊6　障害者総合支援法
　上の流れでは、支給決
　定後にサービス担当者
　会議が位置づけられて
　います。

＊7　「3.(3)多職種連携
　での会議の技術」(99
　頁)を参照。

〈振り返りポイント〉

Q：自分だけでは得るのが難しい情報収集や評価のための連携が取れているか[＊5]。
□コミュニケーションの力、意思疎通や意思表出等の把握や対応手段について不得手な部分を依頼が可能である（意思伝達、手話や盲ろう者とのコミュニケーション手段など）。
□必要に応じて、医療情報（治療や薬、禁忌な事項等）や評価情報を取り寄せている。
□本人の住む地域におけるインフォーマルな資源や周辺環境の情報を得られる手段や連携先がある。

③　プランニング（計画策定：てだて）／支援の目標設定と計画の作成

　本人のニーズを満たす支援を展開するために、どこにどのような人やサービスがあり、どのような支援を利用したらよいのか、また、どこと連携をしたらよいのかを、本人とも十分に話し合い、時には見学し、体験しプランを組み立てる。

　これまでの、本人の語り、周辺のさまざまなアセスメント情報をふまえ、多職種連携及びチームアプローチをしていくメンバーとも話し合う。相談支援専門員は話し合いのベースになるたたき台（サービス等利用計画案）をもち、サービス担当者会議を実施する[＊6]。

　多職種連携によるサービス担当者会議では、それぞれの専門性の違いから、支援内容等に関しても、時には議論が白熱することがあるだろう。あるいは、視点・価値観の違い、専門用語の壁、所属する組織の違いなど、事前の準備や会議等での取り回し運用等によっては、できないことや、お互いの押し付け合いになってしまうこともあるかもしれない。そのような経験はないだろうか。

　適切に実施していくためには、目的や目標の一致、役割と責任の相互確認、情報の共有、連続的な協力関係の展開が欠かせない。こうしたポイントを押さえた手続きや段取りをコーディネートしていく力が求められる[＊7]。

〈振り返りポイント〉

Q：サービス担当者会議や事例検討会などは多職種で実施されているか。
□多職種連携を含め、支援目標等を明確にし、共有化してサービス等利用計画を作成している。
□多職種連携でのサービス担当者会議や事例検討など、丁寧に実施

できている。

④ インターベンション（介入：はたらきかけ）／ケア計画（サービス等利
用計画）の実施

　障害福祉サービスの提供事業所のみに限らず、生活場面では、フォーマ
ル・インフォーマルを含めさまざまな社会資源を活用することになる。相
談支援専門員の大きな役割は、基本的に直接的なサービス提供の実施では
なく、個々の支援が、チームの支援として有効に機能するようにしていく
ことである。24時間365日の安心や息抜き等を含め、トータルな支援を
実施していくなかで、特に、サービス提供の関係機関それぞれの支援や対
応方法にずれはなく適切に実施できるかなどをみていく。

　本人の特性によっては、ちょっとした対応方法のずれが、混乱を引き起
こしたり、本人の能力を十分に引き出せなくなってしまうこともある。

　それぞれの事業所では、サービス等利用計画を全体マップとして、それ
ぞれの個別支援計画が作成され支援の提供が行われているはずであり、実
際の状況等についても確認していく。サービス管理責任者との連携が重要
になる。

〈振り返りポイント〉

> **Q：インフォーマルを含めたサービス調整や連携ができているか。**
> 　□サービス提供等については、フォーマル・インフォーマルを把握
> 　　し、コーディネートを実践している。
> 　□サービス等利用計画の実施については、サービス管理責任者や担
> 　　当者との連絡を密に実施している。

⑤ モニタリング（追跡：みなおし）／サービス提供状況の監視及び
フォローアップ

　サービス事業者側から、適宜、本人の様子等についての連絡が入るよう
な関係性であることが大切である。相談支援専門員も、事業所に足を運ん
で様子をのぞき、サービスの進捗状況や本人の状態などの現状を確認して
いく。また、自宅での様子や家族状況の変化など事業所外での必要な出来
事の情報については、サービス事業所等と情報共有をしておく。サービス
事業所側から、「あそこの事業所の相談支援専門員は、全然様子も見に来
ないし連絡もほとんどない」とか、「サービス等利用計画を見たことがな
い」「変更があったことを知らなかった」などと、いまだに耳にすることが
あるが、みなさんのところは、大丈夫だろうか。

〈振り返りポイント〉

> **Q：利用者へのモニタリングの平均月数はどのくらいか。**
> □サービス提供事業所や自宅などに適宜訪問を実施している。
> □それぞれの事業所等で確認した情報は全体で共有できている。
> □連携に関する加算や、自立生活援助などをうまく活用している。

⑥　エバリュエーション（事後評価：ふりかえり）／再アセスメント

　一つひとつのニーズが充足していくなかで、新たなニーズが生じてきたり、次のステップへとサービスの内容を変化させる必要があるため、本人の希望や状況の変化などを確認していく。サービス内容がミスマッチになっていないか、さまざまな立場で再アセスメントを行い情報の共有をしていく。逆に、ニーズが充足できていない場合や対応で苦慮している内容など課題の洗い出しも重要である。

　それぞれの事業所等において、日頃からコミュニケーションをとり、丁寧な面接をしてニーズの変化等の確認を行う。⑤のモニタリングからの情報収集やサービス担当者会議等、連携・協働により、再度③プランニング→④インターベンション→⑤モニタリング→⑥エバリュエーションとくり返されることになる。

〈振り返りポイント〉

> **Q：本人とサービス、本人と環境について、丁寧にマッチングさせているか。**
> □支援者側の知識・技術不足や、支援者と本人が合わない、作業内容が合わないなどの状況を把握し、サービスの調整を図っている。
> □ICTや福祉用具、自助具等をマッチングし、十分活用ができている。
> □本人の状況に応じた手順の見える化や、例えば、机の高さ、室内の明るさなど環境面とのマッチングも、計画や会議の中で情報共有している。

⑦　ターミネーション（終結：わかれ）／終了

　相談支援専門員による支援が必要なくなるときが終了であるが、本来は、必要に応じて近くで寄り添い、不要であれば遠くで見守る、困ったときにはいつでも相談にのってもらえるという安心感と信頼感のある関係性が大切になる。

　しかしながら、制度上はサービス等利用計画が必要な状況かどうかで、

ある意味分けられてしまう。就労をすることにより、サービスを利用しなくなった場合などがそれにあたる。そうした場合でも継続的な相談や、いざというときの相談を受けられるように、委託の相談支援事業所や基幹相談支援センターなどを含めて、地域としての相談支援の仕組みや体制をどのようにしておくのか、市町村で整理しておく必要がある。

　もう一つ、65歳になった際の介護保険制度への移行、すなわち介護支援専門員との引き継ぎが必要な場合がある。ここにも、多職種の連携がある。

　例えば、本人・家族には、半年から1年ほど前から制度等についての説明を実施し、希望を聴き取ると同時に理解を深めてもらう必要があるだろう。手続き等がスムーズに流れるよう、また、制度説明についての漏れがないように、各市町村ごとの全体的なマニュアル作成も必要である[*8]。
〈振り返りポイント〉

> **Q：担当地域の市町村では、どのような整理と手順が行われているか。**
> □市町村を通じて障害者の高齢化、介護保険制度への引き継ぎ手順
> 　等スムーズな流れができるよう、マニュアル化や説明がなされ、
> 　周知されている。
> □相談支援専門員と介護支援専門員が地域で集まり、情報共有や研
> 　修会等が実施されている。

(2)　範囲からみた連携・チームアプローチ

　私たちの連携の範囲は、大きく①事業所（組織）、②関係機関（組織間）、③地域（コミュニティ）の3つに分けられる（図2-4）[*9]。

　ただし、こうした範囲の仕切りが明確にあるわけではなく重なりや曖昧性がある。それぞれに、多職種での連携があり、利用者支援に関して、直接的あるいは間接的に支援をしていくために実践が必要になる。

　相談支援専門員が日常的な業務において中心となる連携の範囲は、②を中心に、①や③を含んでいくイメージである。

*8　なかには、いったん地域包括支援センターで引き継ぎを行い、介護支援専門員との橋渡しを実施している市町村もあります。

*9　④圏域や県単位での広域的な連携（例：地域生活支援事業の県単位のもの）や、⑤災害対応や制度・政策など全国単位のものを含めると5つに整理することもできます。

図2-4　範囲からみた連携・チームアプローチ

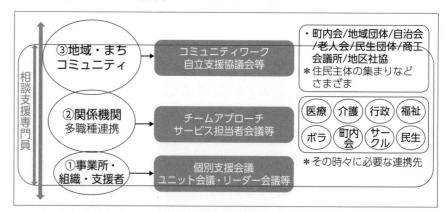

出典：「相談支援従事者研修のプログラム開発と評価に関する研究（研究代表者：小澤温）」平成28年度〜29年度総合研究報告書、70頁を改変

3. 多職種連携とチームアプローチの実践と展開 ──サービス担当者会議にとどまらない会議等を活用した実践（事例を通して）

利用者の生活のしづらさや必要なニーズに対応していくために（目的や目標の明確化）、さまざまな人や機関（主体）が協力し（連携）、実態（チーム）を組んで協働し、具体的な手立てを図り、問題を解決（目的を達成）していく[*10]。こうした一連の動きをスムーズに展開し、チーム活動を強化・実践することがチームワークであり、その働きがチームアプローチである。

日頃から、スムーズな実践をしていくための活動や配慮、対応のなかでいかに連携をつくり上げ強めていくか、チームを形成していくかが、大きな肝になる。段取り準備やフォローアップなども大切にしなければならない要素である。

⑴ 組織における実践と展開

〈多職種連携の基礎段階〉
① 事業所内

多職種連携やチームアプローチの実践のベースには、職場や組織のなかでいかに仕事を取り回すかに近いところがある。同一職種での連携やチームアプローチ、職場内での実践がうまくいかない場合、職種が異なり組織が異なる実践は、さらにハードルの高いものとなる。

相談支援専門員は、訪問等により事業所を留守にしがちになるため、事業所としての情報交換や相互の利用者の把握に意図的に努める必要がある。

*10　多職種連携を行うのは、地域にあるあらゆるフォーマル・インフォーマルなサービスなどが対象となります。それらを通じて、"人・物・場所・情報・金……"を、上手に活用することにつながります。それぞれの実践と展開に知恵と工夫が必要です。

　例えば、以下のような実践をしているところがある。

・20分の朝礼では、必ず昨日対応した利用者の報告と本日の予定を
　伝えている。
・利用者の記録は、ケースファイルや電子媒体化され、問い合わせ等
　にも対応できる形で情報共有をしている。
・感じること、違和感等について、正しいか正しくないかではなく、
　疑問をその場に出せる、コミュニケーションの起点となる雰囲気づ
　くりを職場のメンバーでしている。

　結果として、挨拶、声かけ、気遣いなど職場の雰囲気づくりと情報共
有、疑問や感じたことを伝え職場のメンバーで考えられること、見えな
いことや何が起きているのかわからないことなどをできる限りなくし見える
化すること、そして何よりわたしたちの実践、相談支援の大切なことにず
れがないことなど、事業所における環境や連携の基礎となる姿勢の醸成を
することがとても大切である。われわれは、どうしても目の前の課題のみ
に目を向け、連携やチームアプローチのうまくいかない理由を整理しがち
になるが、実は、こうした足元の丁寧な積み重ねがチーム形成につながっ
ているのである。
　特に、現任者は、中堅・リーダー等での実践者になるため、こうした
日々の取り組みを考え振り返ることをおすすめする。

② 組織内
　もう一つは、事業所といっても職場の組織全体を見ることである。法人
の規模等にもよるが、ここにも多職種連携がある。予算や支出管理、人事
労務管理を行っている事務部門、あるいは他の事業を実施しているため、
介護職や看護職、栄養士などさまざまな職種の人たちとの連携が必要にな
る。
　情報共有や報告がうまくいっていないと、利用者や家族からの苦情、対
応や伝え方が異なることによる本人の迷い、混乱、不信感……。こうした
積み重ねがいつのまにか、利用者を困難な事例にしてしまう。
　「それは、看護師の仕事ではない！」「それは、事務がやること！」「それ
は、現場でしょ！」「なぜそんなことまでしなくちゃいけないの！」……と、
なぜかいつのまにか押しつけあいになり、雲行きがなんとなくあやしくな
り……といったことはないだろうか。
　職種や役割が異なることで、見えるものや価値観が異なる。日々のコ
ミュニケーションの積み重ね、お互いの業務の状況や内容の理解、何のた
めに、なぜ実施していくのかの目標や目的、プロセスの丁寧な積み重ねに
よるベクトル合わせが、お互いの連携・信頼関係の構築やチーム力につな

講義
2

第
2
節

がっていく。日々の積み重ねがとても大切になる。職場での役割は違うのかもしれないが、こうした組織内連携も、関係機関との多職種連携やチームアプローチと類似している。みなさんの職場ではどのような工夫をしてチームをつくり上げているだろうか。

⑵　多職種・他機関における実践と展開

①　さまざまな関係機関と多職種とは

　地域にあるあらゆる"人・物・場所・情報・金……"が生活上の社会資源であり、そのコーディネートをしていく。そうしたなかで、必要な多職種連携とチームでの支援を実践していることと思う。

　障害福祉サービス事業所はもちろん、行政職員や医療機関における医師・看護師や医療ソーシャルワーカー、保健所の保健師、教育委員会や学校の教員、保育所の保育士、司法や成年後見等における弁護士や警察や検察、あるいは住居確保のための不動産業者、地域の大小のショッピングセンター、コンビニエンスストア、居住地周辺の民生委員や地域住民等々……さまざまなものがあげられる。切り分けることは困難だが、ここでは、主として機関・組織としてサービスを提供しているところを考えてみる。

②　多職種連携のポイント

　多職種連携の成功への道程は、多職種連携の難しさを理解するところから始まる。冒頭にお伝えしたように、それぞれの分野、領域、組織、職種のかかわりは、ニーズのとらえ方、支援の方法、着目する視点が異なり、それがチームになるところが非常に大きなメリットになる。しかしながら、それぞれが受けてきた教育や背景が異なることから、大切にするポイントや優先順位が異なり、自分たちの守備範囲の考え方、はたまた共通言語も違ってくる。それらが、大きなハードルや歪みになることもある。共通認識や情報の共有化、役割分担などを明確にしていくなどにより、隙間を埋め、チームづくりをしていかなければならない。そのために、やらなければならないことは簡単でない部分はあるが、実は非常にシンプルである。以下、そのポイントを「導入」「実践」「フォロー」の3つの段階に分けて説明する。

〈多職種連携のポイント　導入段階〉

　　①　自分の行う内容を伝え理解してもらうこと。
　　②　相手の領域・分野・業務内容・組織等々を正しく理解すること。

③　場を共有し、顔の見える関係づくりを丁寧にし続けること。

どの機関も、どの職種も、基本的に連携や協働は重要だと思っている。ただ、わたしたちが、何をしてくれる人なのか、どのようなときにどのように相談し紹介したらいいのか、介護支援専門員と何が違うのか、まだまだ知られていない。

> Voice①：ある特例子会社の担当者にこんなことを言われたことがある。「とにかく、よくわからない。本人さんや会社の困りごとを相談したいのに、それは相談の仕事だとか、移行やナカポツ（＝障害者就業・生活支援センター）の仕事だとか、役所の窓口の仕事だとか……、なかにはよくわからないが、委託だとか基幹だとか……。そんなことは、どうでもいいので困ったときにワンストップでしっかりと聞いて丁寧にコーディネートをしてくれれば……」
>
> Voice②：ある医師にはこんなことを言われた。「なんなんだ。あの相談何とかって。診察時間中に、電話で10分も15分も話してきて……。他の患者を待たせてしまうじゃないか。個人情報を電話で誰かもわからないのに答えられん」「まずは窓口で確認して、診療情報提供書を依頼すればすむ内容なのに……、本人が了解すれば診察に同席することもできる。聞きたいことをもう少し整理してくれないと、何が聞きたいのかよくわからん」

連携先のことを知らなさすぎると、時には相手にとって対応がとても失礼だったり、相手から常識外れに思われたり、ということさえある。

私たちは、相談支援のプロである。相手のことをしっかりアセスメントし、自分たちを知ってもらい信頼関係を築き上げること、そしてどのように関係づくりを行い連携を強めていくのかというプランを立て実践していく。それは、ある意味、関係機関に対するケアマネジメントである。

〈多職種連携のポイント　実践段階〉

①　場を共有し目的や目標をすりあわせ、役割と責任を相互に確認すること。
②　情報を共有化し、多元性、限界性、可能性、相互補完性、付加性のメリットを共通理解していくこと。
③　お互いの得意分野を活かし、一緒に何ができるか考え工夫し、実

践に結びつけること。

　導入段階では利用者を通した関係づくりについて説明したが、ここでは、こうした関係づくりを進めていくなかで集約されたアセスメント情報等を出し合う、ケア会議、サービス担当者会議や事例検討等といった具体的な支援体制や支援プログラムを考えていくなかで、連携を強めていくポイントを押さえておく。

　あたりまえの実践があたりまえになるためには、段取りやプロセス、チームづくりの工夫が必要になる。ここでは、会議の取り回しの技術も重要な要素である。利用者の生活に対するニーズや困難などを共有し、知恵を出し合い、利用者支援に向けたプログラムを考えよう。課題や問題が一つひとつ解決していくことが連携のための大きなモチベーションになる。

> Voice③：サービス担当者会議を実施していると、終わった後にこんな声が……。「この人の会議、何も準備がされてなくて議論の論点がよくわからないのよね〜」「いつも、話が横にそれて無駄話になり……、それはそれで時間のある人たちで、後からやってくれればいいのに……」「いつまでに、どうするのか、それぞれの役割と期間が少し曖昧で……、いつも無理な注文が多くて……」

　しかしながら、会議そのものの取り回しや運用の方法、時間の使い方が悪いと、本人のニーズ解決以外のところで、連携が崩れることになりかねない。

　だんだん、会議の参加が減ってきたり、意見がほとんど出てこなくなったり、そんなことはないだろうか。

〈多職種連携のポイント　フォロー段階〉

① 連携先の情報を適宜収集・集約し共有化すること。
② 各連携先の本人支援に関する必要なフォローを実施すること。
③ 各連携先間でのずれや対応に関する意見に対応し、適切なプロセス管理をすること。

　何となく、チームとして支援が開始され回り始めたとしよう。相談支援専門員は、本人の状況を把握し、それぞれの社会資源やサービスを利用している様子やその情報を集約し共有していく必要がある。例えば、「元気に楽しく通えています」「少し落ち着きがなくイライラしているようです」など。

本人の状況変化や環境の変化をチームで共有しておく必要がある。日常的に本人の様子を観察、確認するのはどうしてもサービスを提供している事業所のほうが有利である。日中の様子は通所系の事業所であったり、家庭での様子は訪問系の事業所であったりする。こうした情報を適宜収集・集約し共有化することも、相談支援専門員の役割の一つである。

> Voice④：事業所を運営していると、現場の職員からこんな声が聞こえてくる。「家庭の様子がよくわからないのよね」「最近何かあったのかしら。○○事業所の悪口ばかり言ってイライラしてるけど」「あの相談支援専門員、一度ものぞかないのよね。それどころか途中経過を何も聞いてこないし、連絡もない……」

丸投げ感満載で、これでは連携どころか、信頼やチームプレーでもない。そうならないためには、連携先の情報を適宜収集・集約し共有化したうえで、各連携先の本人支援に関する必要なフォローを実施したり、各連携先間でのずれや対応に関する意見に対応し適切なプロセス管理を実施したりするなど、チームによる支援が一つのチームとして継続し強化していけるように意識し働きかけをしていく必要がある。

ある意味、本人中心支援を実施していくためには、連携機関間の隙間を埋めヒビや隙間が広がらないようにすること、責任をもち信頼を得ていくことがとても重要で大切なこととなる。みなさんは、どのようなフォローを継続しているだろうか。

⑶　多職種連携での会議の技術

会議の準備や運営がチームをつくり上げ、連携をより強固なものにしていく。しかしながら、会議の開催に向けての調整や会議自体のファシリテーションがうまくなければ、会議全体が活性化せず発言が少なくなったり、逆にいつも発言力の強い人の意見や考えに押し切られたり、お互いにできないことを並べ始めてしまったりと、参加したくない会議になってしまう。

会議や集まりがくり返し実施され適切な運営が図られていくなかで、連携やチームが醸成されていく。そうした意味でもサービス担当者会議のみでなく、さまざまな会議や集まりでの進行や取り回しが非常に重要である。

また、地域へ展開していくなかでは、サービス担当者会議ではなく、民生委員の集まりのなかで話をすすめることや、さまざまな立場の人たちの

集まる自立支援協議会のなかでファシリテーション役を担うこともあるかと思う。

①　参加者のアセスメント

　多職種連携における連携の肝の技術の一つは、参加者の「顔ぶれ」を理解し、それに応じた対応を図ることである。着目するのは、相手の職種による視点や優先順位、背負っているものや組織でのポジションなどである。少し例をあげてみよう。

〈職種や専門性〉
・命を守る、治療（医師としては）
・健康管理（服薬や運動）
・栄養指導（食事制限や塩分制限を優先する）
〈立場（背負っているもの）〉
・組織の実情（によって受け入れが難しい）
・財源の観点（から緊縮を進めざるを得ない）
・地域の住民の声（十分な理解が得られていない）
・制度・ルール・枠組み（公式には守らなければならない）
〈個別の要因〉
・思考や性格（ポジティブ、ネガティブ）
・世代や性別（それは、こうあるべき）
・能力や経験（実践経験や情報不足、洞察力や構築力）

②　配慮する力

　お互いがお互いの立ち位置や視点を尊重しあえるように、参加者のアセスメントした内容について十分に配慮をしていく。時には議論が白熱してしまう場合もあるかもしれない。誰かが悪者にならないように進めたり、話を変えたり、通訳したりする[*11]。また、答えを出してしまう前に個別にゆっくり話をしてみる必要もあるだろう。

・禁忌なのか厳禁なのか、少しなら大丈夫なのか
・代替え手段や工夫の余地はあるのか
・守るべきことを守り、工夫や方法をうまく引き出せるか
・財源をかけなければ可能なのか
・反対している人が誰なのか

③　フラットな関係性とバランスの重視

　さまざまな立場や立ち位置があるため、その立場等を尊重し失礼のない

*11　丁寧にかみ砕く、参加者の前で恥をかかせないように顔を立てたまとめというものが求められます。そのため、事前説明や他の地域での取り組み事例を伝えるなど情報を入れておくとよいでしょう。また、公式な場面で伝えにくいような事情がからむ場合には、事前説明や事後確認が必要になるかもしれません。

対応を図りつつも、会議のなかでは上下の関係になったり、お伺いを立てたりするような進行にならないよう気をつける必要がある。

　連携を進めていくためには、縦の関係ではなく横の関係を意識し、一体感を大切にした雰囲気をつくり出していくことが重要になる。また、一人がいつまでも発言をしつづけたり、他の人の意見を否定してしまったりすることはよくみられる場面だが、他の人からの意見が出にくい会議にならないように十分配慮することが必要である。少し幅広の団体が入るような会議の場合は、一つの声の大きな団体に発言や決定が偏らないようにバランスを重視することが大切になる[＊12]。

④　具体的な会議のために

　会議を進めていくためには、①基本的な段取りと準備、②メンバー構成の選定と確認、③基本的なルールの設定、④流れのコントロール、⑤会議後のまとめ、⑥次回までの実施事項の確認、がとても大切である。

　また、会議の重点的な要素として、①議論の見える化と情報共有、②認識と思いの一致、③問題発見と原因分析・解決策の確認、④調整と交渉と役割の確認、⑤ブレイクスルーとポジティブシンキング（できる方法を考える）、⑥よい発言を引き出す、⑦次回までの実施事項と方法・工程表の確認、などを流れのなかに盛り込むことがあげられる。

　さらに、進行役は、①おしゃべりからの切り抜け、②悪循環の話し合いからの脱出、③苦情やクレームへの対処、④独演会の取り回しなど、会議中の対応技術などの学びも必要になる。

　ファシリテーションの技術や取り回しについては、現任研修内の講義や演習で学びます。

(4)　地域での実践と展開[＊13]

　本人支援を考えるとき、本人のアセスメントを実施すると同時に、環境・地域のアセスメントを実施する。本人の住んでいる地域にあるさまざまな社会資源をみていく。

　例えば、よく利用しているスーパーマーケットやコンビニエンスストア、そしてその店員や店長、美容院や床屋など個のつながりや、隣近所の住民から、隣組、町内会、マンションの管理組合など住民主体の集まりなど、本人から出発する個人的なつながりがある。もう一つは、その地区、その町のなかで、その地域に住む障害者が、共通してつながる可能性の高いものがある。例えば、地区の民生委員、婦人会、老人会など地域の団体の集まり、商工会や青年会、タクシー組合やバス会社など。どちらも、地域による特性がある。

＊12　研修の演習や現在の会議の状況等を振り返り、自分自身がどのような傾向で会議を展開しているのか振り返ってみましょう。

＊13　地域での展開については、次節で取り上げますが（109頁参照）、多職種連携に必要な技術を少し整理してみます。

いずれにしても、さまざまなインフォーマルなサービス、地域をアセスメントしていく。よく利用している、利用できると助かる、理解度や可能性なども……。そんな、地域まるごとの連携・協力体制の展開を考え、工夫し、実践していける力量が必要になる。

地域とのゆるやかなネットワークや見守り、地域への働きかけは、自立支援協議会を通じたり、他の相談支援専門員や組織と連携して実施したりすることもあるだろう。一方で、思うように進まない、断られてしまう、受け入れてもらえないといった難関も待っている。

そのようなときは、「人から見習う」ということも大切になる。あの人が動くとうまくいくのに、あの人の人脈だと動いてくれるのに……。個のつながりでの多職種連携、見習うべき先輩や顔の広い人の動き。その人たちが築き上げてきたプロセスや実践、日頃の動きや心配りはどのようにしているのだろう。見習うべき、学ぶべき、まねるべき価値あるヒントがたくさんあることだろう。電話一本する、事業所をのぞく、声かけ一つにしても、自分にはできないと思わずに、一緒について行き学んでいこう。

地域で暮らすいろいろな人たちを知ること、つながること、顔の見える関係性を築くこと、知ってもらえること、声をかけること、かけてもらえること──。地道で無駄と思えるほど動くことにも必要なことが多くあるはずである。

＊14　チームにおける意思決定支援の展開については、演習2の導入講義で詳しく説明します（163頁参照）。

⑸　チームにおける意思決定支援の展開 [＊14]

多職種連携・チームアプローチを実践していくなかで、いつのまにか本人不在、あるいは本人のニーズや思いがどこにあったのかが見えなくなってしまっていることがある。

アセスメントシートには、本人の言葉なのか家族の言葉なのか、周辺から得た客観的な情報なのか、推測や職員の考えなのか。聞き取ったときに「誰の言葉か」の記載がなく、同一に並んでいるため、いつのまにか、本人の言葉になってしまっていることもある。

意思決定を支援することは、わたしたち相談支援専門員の業務の根幹である。しかしながら、最近は意思決定支援という言葉が一人歩きをし、人によってそのとらえ方にばらつきがある。自ら意思決定をすることが困難な障害者についてはもちろんであるが、それだけではなく、自ら決めるということをあまり経験してこなかった場合や、障害だからと遠慮、あるいは我慢をして従ってしまう場合等もある。

また、意思決定をするためには、次の条件が基本的にすべてそろう必要がある。

①　意思の疎通

② 意思の表出（アイコンタクト、言葉、言葉にならない言葉、言葉の表裏）

③ 決定を下す十分な体験や経験（決定する経験）がある

④ 決定に必要な情報の入手・理解（統合）・保持・比較・活用あるいは結果が推測できる力

⑤ 決定した意思が表出できる

こうしたことも含め、少し広くとらえて整理をしておく。

① 日常における意思決定のための支援

わたしたちの生活は、日常の中でさまざまな選択をして自分の意思を決定していくことのくり返しである。障害のある人についていえば、これまであまり自ら決めてこなかった、家族の意向に従ってきた、これはだめ、こうしなさい・ああしなさい、あるいは体験や絶対的な経験が不足している場合など、いろいろな場合がある。

必要な情報をわかりやすく整理して説明をすることや、実際に体験をする機会をつくること、成功や失敗を含めた経験を積み重ねることなど、これからを決めたり考えたりするための時間が必要なこともでてくる。こうした支援計画をチームとして考え、共有していくことも重要である。

② チームにおける権利擁護

面接場面やサービス担当者会議等、本人を含め今後について考えたり話したりする機会が不可欠である。そうした場合に、本人が多くの関係者や専門職に取り囲まれた印象を受けてしまうことで自分の思いや伝えたいことを十分に発言できないこと、あるいはベターだと専門職が考える方向で話が進んでしまいそうになることがある。相談支援専門員は、本人の権利を擁護し、代弁者として本人の思いに寄り添い守ること、そして本人自らの意思の決定を支援していくことが重要である。

③ 自ら意思決定をすることが困難な障害者についての意思決定支援

障害者への支援の原則は自己決定の尊重であることが前提である。「意思決定支援ガイドライン」においても「意思決定支援とは、自ら意思を決定することに困難を抱える障害者が、日常生活や社会生活に関して自らの意思が反映された生活を送ることができるように、可能な限り本人が自ら意思決定できるように支援し、本人の意思の確認や意思及び選好の推定に、支援を尽くしても本人の意思の確認や意思及び選好の推定が困難な場合に、最後の手段本人の最善の利益を検討するために事業者の職員が行う支援の行為及び仕組みをいう」と定義されている。

最善を尽くしたうえで、チームとして最終的に意思決定支援を行うこと

もある。チームの意識として、常に最善を尽くすことができたのかを議論し、検証することが重要である。

---

4. 多職種連携・チームアプローチの課題と促進方法

(1) よくある課題

さて、相談支援専門員であるみなさんが、多職種や他機関と連携するときに苦慮することや、どうもうまくいかない、ハードルや壁が高いと感じることは、どのようなことだろうか。

① 阻害するもの、やりにくいもの

最近うまくいかなかったことや、みなさんがもつ違和感や壁だと感じていることをあげてみよう。漠然と考えるのは難しいので、少し分野を整理して記載してみる。一例として、医療機関との連携の場面をみてみたい（表2-2）。

表 2-2 医療機関との連携における阻害要因①——相談支援専門員の視点

- どこへつなげばいいのかわからない。
- 電話をかけても、あちらこちらに回されて待たされる。
- 何度も同じ説明をしなければ、話が通じない。
- 素っ気ない。迷惑そう。出た看護師がいばっている。
- 「主治医に確認します」ばかりで話が進まない。
- 個人情報なのでお答えできませんと電話で断られる。
- 退院の連絡はもっと早くしてきてよ。手続きが間に合うわけがない。
- 専門用語や略語が多くてよくわからない。
- その他

筆者の所属する機関には病院が併設している。ある意味、「う～ん、ありがち、ありがち」と思えてしまう内容である。この背景には、次のような事情がある（表2-3）。

表 2-3 医療機関との連携における阻害要因②——医療機関側の視点

- 医療は医師の指示のもとで行われるので基本的には医師にすべての決定権がある。
- 外来の新患受付なのか、入院窓口なのか、文書に関する窓口なのか、患者に関することなのか……。大きな病院になればなるほど分業体制になっている。

- 病院にもよるが、医師は10分前後で1名の診療枠がとってあり、そのなかで診察、検査を行い、もう一度その結果や診断等を伝える。時間をオーバーすれば次の患者をどんどん待たせてしまうことになる。予約に加えて、当日飛び込みの患者もいるため、午後まで食い込んで、食事をとるヒマさえない。その後は、病棟回診とカンファレンスがある。
- 患者から、家族から、知ってほしくない人から、弁護士から、会社から、保険会社から、時には、不動産や投資会社のセールスマンまでさまざまな人が医師をめがけて電話をしてくる。フィルターをかけなければ診察にならない。
- 診療報酬上の仕組みで入院の期間が限定されている[*15]。期間を過ぎれば単価が下がり、そういう人が増えれば病院経営は赤字になる。
- その他

このように、医療機関には医療機関の事情があるのだ。

実際に医療機関の側からみれば、相談支援はわかりにくく、「いろいろな相談があってわからない」「どこに連絡するのか」「いつも留守でつながらない」「担当者でないと詳しくわからない」「折り返しが出られない時間にかかってくる」「落ち着いた患者が、浮き足だって混乱してしまう」と思っていたりする。

(2) 改善策

一つひとつの課題や違和感には、改善策がある。確かに、それはそれで個性として受け入れなければいけないこともあるだろう。

まずは、双方がお互いを知らなさすぎる、理解をしていないということを解決するために、お互いがお互いを知ろうとすることや、相手の特徴を掴むことなど、相談支援専門員から丁寧に近づき、思いやりをもって受け入れるところから始めてみよう。

(3) 促進・解決に向けて

① 促進するもの・やりやすいもの

それでは、逆に、この医療機関とはうまくいっているという例を考えてみよう。そして、うまくいっている相手とはどのような手順や段取りで課題を解決してきたかを思い出して記載してみよう。

表2-4 医療機関との連携における促進要因（例）

- 電話でよくやり取りをするなかで、受付に話しやすい人がいる。
- 同様に、MSWで話のしやすい人ができた。

*15 診療報酬上の仕組みとして、入院期間が180日を超える患者に係る報酬は、特段の必要性が認められる場合を除き、通算対象入院料の基本点数の85％相当に減算されます（入院基本料等が保険外併用療養費化され、保険外併用療養費として支給される額を超える部分は患者負担となります）。

講義 2

第 2 節

・話をしたい医師の診察時間や、比較的連絡の取りやすい時間の確認ができた。
・診察等に同席を何度かするうちに、医師とも話のしやすい関係ができた。
・あそこの医師は訪問診療や在宅医療に積極的だ。あそこの医師は全く興味がない。
・その他

　記載をした後は、その内容について複数で少し話し合ってほしい。同様の内容や新たなアイデアをもらえるかもしれない。

②　強化策

　連携することは連携先により個別的で、マニュアル化やルーチン化することは難しいかもしれない。病院により、医師によりその対応が異なることも多いだろう。

　積み重ねや経験、そして自分の事業所だけでない先輩たちのアドバイスや働きなど多くのヒントや実践知を自分自身のものにしていくことが重要になる。

　今回は医療機関について例示をしているが、同様に教育機関や学校、行政など、さまざまな連携先について、苦手や困難に感じているところ、疑問に思っているところを出し合い、得意な分野との連携について記載してみてほしい。（表2-5・表2-6）

　グループワークを実施することで、きっと共通の課題や他者から大きなヒントがもらえることと思う。

表 2-5　多職種連携を阻むもの

・阻害するもの ・やりにくいもの	改善策

出典：「相談支援従事者研修のプログラム開発と評価に関する研究（研究代表者：小澤温）」平成28年度〜29年度総合研究報告書、106頁

表2-6 多職種連携を促進するもの

・促進するもの（要因） ・やりやすいもの	強化策

出典：「相談支援従事者研修のプログラム開発と評価に関する研究（研究代表者：小澤温）」平成28年度～29年度総合研究報告書、106頁

講義
2

第
2
節

5. これからに向けて（まとめ）

　多職種連携及びチームアプローチの基本、その最初の一歩は、連携先を知ることから始まる。

　実際には、共通の事例を通じて、少しずつ少しずつ、溝や隙間を埋めていく必要があるかもしれない。また、特にわたしたち相談支援専門員が間に立ち、コーディネートを実施し、連携とチームをつくり上げていくための地道な努力がとても大切である。

　利用者のニーズを充足するためには、地域を含めたさまざまな連携が不可欠である。多職種が時間と空間を共有することで共通認識が生まれ、異なった視点や考え方を表明することで新たな発想が得られる。こうした相互関係が発展すると、利用者支援に向けた当事者意識と参画意識が生まれ強化されていく。

　そこに至るまでのプロセスは、人や組織の入れ替わりや変更も含め、簡単なものではないかもしれない。わたしたち相談支援専門員は、思いやりと相手を受け入れる度量をもって、ベクトル合わせと土壌づくりの開墾をしつづける。率直に話し合いを重ねること、協働をくり返すことで、人や機関のつながりを実感でき、利用者のニーズの達成に寄与できるという共通の喜びにつながっていくのである。

コ|ラ|ム サービス担当者会議によらない地域連携

　地域の関係機関を含め、フォーマル・インフォーマルなサービス、人等とのつながりやその深さを振り返りチェックしてみよう。

　例えば、自分が知っている地域の社会資源をピックアップし、以下のように採点をしてみる。

> **評点1**…事業所やサービスの実施内容や電話番号を知っている
> **評点2**…連絡をしたことがある
> **評点3**…担当者の名前や顔が一致し、会ってサービス調整をしたことがある
> **評点4**…お互いがよい方向に話のできる関係がある
> **評点5**…お互いにちょっとした無理をききあい、いざというときにもお願いできる関係にある

　つながり具合はどうか、平均評点4以上を目標とする。特に地域のインフォーマルな情報やつながりも含めて振り返り、これを他者と比較してみると連携の度合いがよりはっきりとみえてくるだろう。ベテランの相談支援専門員は、インフォーマルなサービスとのつながりも多くある。

　例えばインフォーマルなサービスを、具体的なAさん、Bさんで考えた場合には、
・よく面倒をみてくれるいとこ
・昔から気にしてくれている新聞屋さん
・地域の情報をよく知っている理髪店
・電気店やスーパーマーケットを経営している小中学校の同級生
といった、情報や人とのつながりも、本人支援には大切になってくる。

　過去や生活歴をたぐりよせ、エコマップを作成し、本人の支援隊になりうる可能性も含めてつくり上げてみるのもよいだろう。

第3節　地域を基盤としたソーシャルワーク

科目のねらい

☐　本人の地域生活支援をする上で必要となる個別支援と地域支援の一体的展開と具体的方法について理解する。

学習のポイント

☐　地域を基盤としたソーシャルワークの意義と機能
☐　自立支援協議会の活用と展開
☐　コミュニティ・ソーシャルワークのプロセス

講師：島村　聡

1. 地域を基盤としたソーシャルワークとは

(1)　地域を基盤としたソーシャルワークの意義

　まずはじめに、なぜ、地域を基盤としたソーシャルワークなのかについて考えてみたい。相談支援の利用者は、障害者であると同時に地域の生活者であり、その家族も何らかの課題を抱えていることがほとんどである。この「生活のしづらさ」は、実にさまざまで複雑な課題を含んでいて、個別支援だけでは継続的に安心で安全な生活を保障していくことは難しく、利用者が生活する地域をつくる支援を並行して行う必要がある。大橋(2005)は、コミュニティ・ソーシャルワークを「地域において個別支援と地域組織化を統合化させる実践である」「地域自立生活上サービスを必要としている人に対し、ケアマネジメントによる具体的援助を提供しつつ、その人に必要なソーシャルサポートネットワークづくりを行い、かつその人が抱える生活問題が同じように起きないよう福祉コミュニティづくりとを統合的に展開する」[*1]ものと位置づけている。また、岩間（2011）は、地域を基盤としたソーシャルワークを「ジェネラリストソーシャルワークを基礎理論とし、地域で展開する総合相談を実践概念とする、個を地域で支える援助と個を支える地域をつくる援助を一体的に推進することを基調とした実践理論の体系である」[*2]と定義した。両者は表現が異なるものの、共通して個別支援と地域支援の一体的展開が必要であることを主張している。そのため、本稿では、地域を基盤としたソーシャルワークとコ

ソーシャルサポートネットワーク　福祉課題や社会生活上のさまざまな問題に対して、地域住民や地域自治組織と福祉の関係機関や施設などの専門職が、個人や組織を問わず協力し合って解決にあたるネットワークをさします。

＊1　大橋謙策「コミュニティ・ソーシャルワークの機能と必要性」『地域福祉研究』33巻、12頁、2005. より引用

ジェネラリストソーシャルワーク　ケースワーク、グループワーク、コミュニティワークを

講義2

第3節

融合させ、個別支援から地域づくり支援までを一体的に進めることで、より効果的に地域生活支援を進める方法です。

＊2　岩間伸之「地域を基盤としたソーシャルワークの特質と機能─個と地域の一体的支援の展開に向けて─」『ソーシャルワーク研究』37巻1号、7頁、2011．より引用

ミュニティ・ソーシャルワークを同義として取り扱う。

(2)　個別支援と地域支援の一体的展開

　ここで、相談支援専門員が従前から行ってきた個別支援とこれから行う地域支援の関係について考えてみたい。

　相談支援専門員は、利用者のアセスメントを行い、その想いを聴き、利用者に最適な方法で、エンパワメントにつながる社会資源を適用することを業務としている。ところが、本人の意思が確認できないとか、支援を受けることに拒否的あるいは周囲に対して攻撃的であるとか、家族も含めて本人との接触を避けているといった事案に対して相談支援専門員が個々の力で対処することは難しい。また、地域の理解と協力を抜きにして上記のような個別の課題をどれだけ自立支援協議会で議論しても解決には至らないことになる。つまり、個別の支援を積み上げてその課題を普遍化してから、地域の課題解決のネットワークを構築するという従来の考え方ではなく、岩間が指摘するように、利用者個々に対する支援と利用者を支える地域に対する支援を同時並行的に実施する必要がある。

　具体例をあげよう。ひきこもりの状態にある20代のＡさんの母親が精神的に不安定になり、身寄りのない2人だけの暮らしが困難になっているが、何の支援も受けないという。母親を支えることがまずは必要であると感じた相談支援専門員は、母親からつらくて同窓会に出られないという話を聴き、同窓生であるＢさんに依頼して同窓生に声かけをして集まってもらった。相談支援専門員はそのなかにひきこもりの子どもをもつ同窓生がいることを見出し、その同窓生の働きかけにより母親が親の会に参加することになった。親の会で自分を見つめ直すことができた母親は、Ａさんに対する対応を変え、Ａさんが希望していた地元の特産品を使ったアクセサリーづくりについてＡさんと考えるようになった。相談支援専門員は地元の商工会に掛け合い、企業が集まる会合で事情を説明する機会を得た。そこにＡさんを伴った母親が出席し、直接状況を訴えたことで、インターンシップでＡさん親子を受け入れる企業が現れた。ここまでの場面を振り返ると、相談支援専門員は母親のアセスメントの際に地域の資源である同級生の存在をキャッチし、その資源を動かして母親の変化を引き出している。このさりげない母親の言葉を逃がすことなく母親のソーシャルサポート・ネットワークに結びつけるという視点が大切なのである。

(3)　ミクロ、メゾ、マクロの支援展開

　地域を基盤としたソーシャルワークでは、利用者の個別課題の解決とい

うミクロの視点、利用者を取り巻く地域との関係づくりを行うというメゾ
の視点、これらに対する行政的あるいは組織的なかかわりを引き出した
り、政策的な反映に結びつけるというマクロの視点の3つの視点を常に意
識しておかなければならない。しかも、この3つの視点は重層的なつなが
りをもっているので、そこで行われる支援技術であるケースワーク、グ
ループワーク、コミュニティワークにも一体的な運用が求められる[＊3]。
先の例では、母親に対する個別支援でケースワーク、同窓生たちを集めて
意向を集約する場面におけるグループワーク、商工会を巻き込むためのコ
ミュニティワークが使いこなされているのがわかる。そこでは、親子の課
題を解決しようとするミクロの視点とこの課題を同窓生にも共有してその
解決に動員していくメゾの視点、そして商工会組織を動かして企業による
課題解決を引き出したマクロの視点が同時並行に備わっているのである。
　このように複数の支援技術を使いこなし、個別の課題を糧にして地域変
革を起こしていくことが必要になる背景には、制度が当てはまらず対応が
困難となっている事案が顕在化してきたことがある。相談支援専門員が遭
遇する事案もそうした傾向にあり、ケアマネジメント（個別支援）を基本
技術としてもちながら、コミュニティ・ソーシャルワークの技術の習得を
することで地域における支援を完結できる力を身につける必要がある。

⑷　自立支援協議会の活用及び展開と地域づくり

　自立支援協議会[＊4]は地域を基盤としたソーシャルワークを展開するう
えで欠くことのできない「協議の場」である。

図 2-5　ケアマネジメントの流れと自立支援協議会

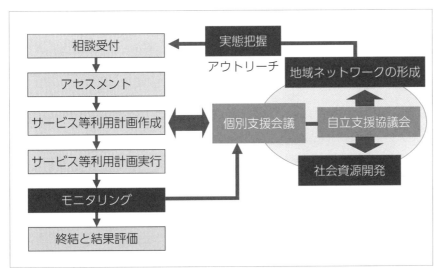

出典：「相談支援従事者研修のプログラム開発と評価に関する研究（研究代表者：小澤温）」平
成28年度〜29年度総合研究報告書、39頁を一部改変

コミュニティーワーク
　直接援助技術である
　ケースワークやグルー
　プワークとは異なり、
　地域を対象とした間接
　援助技術である。その
　目的は、地域を組織化
　して新たな活動を展開
　する土壌をつくった
　り、社会調査を実施し
　て地域の課題を明らか
　にしたり、福祉人材を
　育成して地域のニーズ
　に対応するなど、個別
　援助や集団援助がス
　ムースに行える環境を
　つくることにある。

＊3　ジェネラリスト
　ソーシャルワークにお
　ける個と地域の一体的
　な支援をさします。

＊4　自立支援協議会の
　意義については、『自
　立支援協議会の運営マ
　ニュアル』（財）日本障
　害者リハビリテーショ
　ン協会、2008．を参
　考にするとよいでしょ
　う。

講義
2

第
3
節

　図2-5の左側にある相談受付→アセスメント→サービス等利用計画作成→サービス等利用計画実行→モニタリング→終結と結果評価という縦の流れと、個別支援会議から自立支援協議会、そして社会資源開発や地域ネットワークの形成へとつながる右側の流れは不可分である。この左右をつないでいるのが個別支援会議であり、利用者個別の課題を地域の課題として並行して解決していくために、最も重要なカギとなる。個別支援会議の議事が不十分だとそこから明確な制度や地域の対応に関する課題が上がってこなくなり、自立支援協議会の運営会議や専門部会の協議が不完全なものとなってしまい、課題解決が進まなくなる（図2-6）。

図 2-6　自立支援協議会の機能と役割

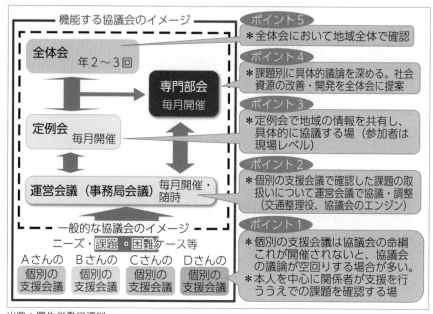

出典：厚生労働省資料

　個別支援会議には、①地域の諸情報やお互いの関係性を確認する情報共有機能、②地域の支援力を高めるための役割分担と調整を行う調整機能、③地域資源の開発や改善を行う開発機能、④個別支援会議のメンバーや関係者のモチベーション向上や資質の向上の場とする教育機能がある。個別支援会議は、利用者本人、その家族、支援にかかわる福祉サービス事業所に加え、利用者の課題解決に重要な役割を果たす地域資源（地域の自治会や住民、事業者、関係者など）を集めて開催する。相談支援専門員は、会議の趣旨・目的をあらかじめ構成員に説明しておき、特に重要と思われる本人、家族や地域住民には会議の流れも含めて理解してもらえるよう準備をする。会議が始まると相談支援専門員は本人の近くにいて、事業所などから発言された専門用語を説明したり、本人に理解しやすいよう説明するように指示するなど本人の権利擁護をはかるように全神経を集中する。また、常に参加者が本人に対して言葉を発するように促し、会議中に本人の

自己肯定感を維持するように配慮する。個別支援会議の活性化のポイントを表2-7にまとめる。

表2-7 個別支援会議の活性化のチェックポイント

> ① 何のために開催しているかという目的が共有されているか
>   事前に会議の目的を本人・家族や参加者に周知しているか、そもそも何のために支援をしているかを参加者全員が共有できているかなど
> ② 本人中心の会議となっているかどうか
>   本人・家族の情報保障があること、本人に都度、理解度を確認して会議を進めているか、参加者が本人にわかりやすい提案ができているかなど
> ③ 具体的な調整ができているかどうか
>   結果的に何の進展もないで終わっていないか、事前に具体的な解決方法について本人・家族や参加者と根回ししているかなど
> ④ 次へのステップを示しているかどうか
>   会議の結果を受けて具体的な役割分担やスケジュールを確認しているか、次回の会議の方向性を示しているか、自立支援協議会にあげる課題を確認しているかなど

　個別支援会議だけでは解決が難しい地域共通の課題や制度の改善を要する点は自立支援協議会に提案する。自立支援協議会には、①困難事例への対応のあり方を共有したり、地域の諸情報を共有する情報機能、②地域の関係機関によるネットワークを構築したり、地域の支援力を高めるための役割分担と調整を行う調整機能、③地域の状況を診断して、地域の社会資源の開発や改善を行う開発機能、④自立支援協議会を構成するメンバーや関係する機関のモチベーション向上や資質の向上の場とする教育機能、⑤権利擁護に関する取り組みを展開する権利擁護機能、⑥中立・公平性を確保する観点から、相談支援事業者の運営評価や市町村の相談支援体制の評価をする評価機能の6つの機能がある。

2. 地域を基盤としたソーシャルワークのもつ機能

(1) 並行的ニーズ（想い）検討機能

　個別的課題や想いを地域的にとらえ直すと、他でも似た課題や想いがあることに気づく。それらをバラバラに検討せず、共通の手段や資源を活用し解決していくことでより効果的に解決を図ることができる。

> **内 容**
>
> 　地域のなかで個別の課題を解決するときには類似の課題にも着目

講義2

第3節

し、両課題の背景の共通点に着目しながら、同時並行的に検討を加えていくことで、本人と地域との接点を増やし、地域住民の参画を高めて、より協働的な関係のなかで解決を図る。

具体例

　高次脳機能障害者の生きづらさは、若年性認知症の問題と重なる。両者とも制度の狭間にあり、この地域では両者で課題を共有し解決に向けていくべきだ。そう感じた相談支援専門員は地域包括支援センターの保健師と連携して、両団体のニーズを調査し、共通で抱えている点が昼間の充実した居場所にあると気づいた。民生委員と地元に住む作業療法士を加えて、ボランティアを募集し、地元の農場を借りたミニファームと小さなカフェを始めることになった。

　並行的ニーズ検討を可能とする技術として、①個別課題と地域課題を関係づける発想（個別支援⇔地域支援）と、②「地域」のアセスメントをする力（地域診断）がある。①については、個別の支援をしながらもその課題は地域のどこかにあるし、地域の課題として解決すれば個別の支援も進むという思考が重要になる。また、②については、地域の状況（専門機関の状況、地域の地理、歴史、経済、文化、組織や人、資源となるものなど）をあらかじめ把握しておくことが大切である。

⑵　専門機関による地域連携機能

　専門機関がその機能を利用者個人だけに集中させるのではなく、地域の資源も含めた全体を見て発揮することで、より効果的に地域の力を引き出す支援につながるというものである。

内　容

　各専門機関が本人に個別的かつバラバラにかかわるのではなく、本人とその地域の関係者を含めた協議の場に積極的に参加し、地域の対応力を向上させたり、地域の資源がうまく機能したりするように支える。

具体例

　就労を希望する発達障害のある本人に、就労移行支援事業所の就労支援ワーカーがかかわってきたが、遅々として就労先の希望がみえない。民生委員の発案で、本人がなじみの地域の洋菓子店の主人を入れて個別支援会議をもつと、その洋菓子店での手伝いを希望していることがわかった。小さな店なので雇用の見通しがすぐには立たないが、就労支援の実習先として受け入れてもらい、町内にある取引先のスー

パーでの販売を目標に頑張ることになった。

　専門機関による地域連携を可能とする技術として、③「地域を変革する」相談援助（地域連携による支援）と、④地域生活力を向上させるアプローチ（自己決定が可能な環境づくり）がある。

　③は、地域の関係者と積極的なコミュニケーションをとるなど、本人だけでなく本人を取り巻く地域の人々や関係者を含めて丸ごと働きかけることで地域力の向上を図るものである。

　④は、専門職主導ではなく、本人や家族の意思決定を大切にするための環境づくりを指す。意思能力が低下した障害者の胃瘻造設の是非について、本人の生き方に照らして決め、その結果生じるサービス量の調整を前向きに進める姿勢や雰囲気づくりがこれにあたる。

(3) 住民主体の問題解決機能

　住民や関係者を巻き込み主体化することで、個別の課題に住民の関心を引きつけ、問題解決のプロセスに巻き込んで地域力で解決することにつなげることである。

内　容

　本人の周囲を丁寧にアセスメントし、本人と本人を支える人たちの課題をともに主体性をもって解決するプロセスを通して、両者がエンパワメントを図り、その結果として本人の地域生活を豊かなものとする。また、同時に、地域の自己効力感の向上につなげる。

具体例

　希望する植栽の管理の仕事が見つからず、その原因が自分の障害に対する周囲の理解が得られないためと考えた本人が相談支援専門員のあなたに愚痴をこぼしている。丁寧に本人と地域とのかかわりをアセスメントしてみると、自治会の会計をしているＡ氏が「高齢者が増え、その庭の植栽ができずに困っている」と話していたことがわかる。自治会の集まりに本人とともに参加してみて、本人に一部その役割が果たせる可能性を感じた相談支援専門員は、本人のような立場にある障害者の存在を説明し、協力を求めた。自治会では高齢者がともに植栽の手入れを行うことで何軒もある課題を一緒に解決すると決議し、植栽業で経験のある本人を迎え入れることになった。今では、定年後の高齢者の大切な仕事として障害のある人と一緒に植栽作業を行うことがこの自治会の誇りになっている。

講義
2

第
3
節

　住民主体の問題解決を可能とする技術として、⑤当事者組織化（セルフヘルプ）、⑥住民活動組織化（地域の組織化）、⑦福祉教育（地域の理解力向上）、⑧支援ネットワークづくり（地域支え合いの輪づくり）がある。

　⑤は同じ境遇をもつ本人や家族が協働して課題解決に取り組むことで支え合いの基礎をつくることにつながる。⑥は、住民個々の活動をつなげることで地域独自のサービスの担い手をつくっていくことである。⑦は地域にある誤解や偏見を解消し、住民が地域課題を認識できるように講習会や取り組みの可視化を行うことである。⑧は個別の問題を住民が中心となって発見・対応・見守りにつなげていくために本人を中心とした小さな支援の輪をつくることである。

⑷　予防的地域課題解決機能

　地域で起こりそうな問題を事前に防ぐものである。地域での問題発見や解決機能の向上により、予想される課題の芽を摘み取ることができる。

内　容

　個別支援のつながりは、本人専属的になりやすいが、（地域懇談会などを通して）そこに幅広く地域住民がかかわることで、住民のネットワークが課題発見や見守りなど福祉的なかかわりを果たし、本人以外の人たちに起こっている問題に気づき、解決に向けて起動していく。

具体例

　長期ひきこもりの原因が親の抱え込みにあると感じた相談支援専門員が、学校に教員と親が協働して問題を解決することを提案し、ひきこもりの居場所を運営するNPOのノウハウを活用して、PTAに対して情報提供を行ってきた。今ではPTAが自主的にNPOを招き学習会を定例で開催して、親同士の情報交換を行うようになっている。これにより、ひきこもりの長期化が減り、早期の対応がとれるようになった。

　予防的地域課題解決を可能とする技術として、⑨地域ケアシステム（大きなケアマネジメント）と⑩市町村の計画的な行政推進（制度とマンパワーの向上）がある。⑨は地域包括支援センターや基幹相談支援センターの圏域において、課題発見→ケア会議→介入→見守りを行う仕組みをつくることである。⑩は市町村域において地域福祉計画等により地域ケアシステムを支える人材確保・育成・システム支援を進めることである。

3. 地域援助技術としてのコミュニティ・ソーシャルワーク

　前述したとおり、コミュニティ・ソーシャルワークは、個に対する支援と個を支える地域をつくる援助を同時並行で行うものである。そのためには、利用者とだけの個別的な関係から視点をひろげて、利用者を取り囲む地域にまるごとかかわる必要がある。そこでは、利用者の地域生活を支えるために、地域資源のもつ力を活用することが不可欠となる。どのようにして地域資源の力を引き出しながら利用者の想いを実現していくのか、コミュニティ・ソーシャルワークの具体的な進め方を説明しながら理解を深めたい。

(1)　地域アセスメントの方法

　個別支援では利用者やその環境をアセスメントすることになるが、コミュニティ・ソーシャルワークでは地域の状況をしっかりと把握したうえで、利用者と地域との関係性に着目しながら、①地域の概要→②社会資源状況→③地域の詳細の順でアセスメントを進めていく（図2-7）。

図 2-7　地域アセスメントの手順

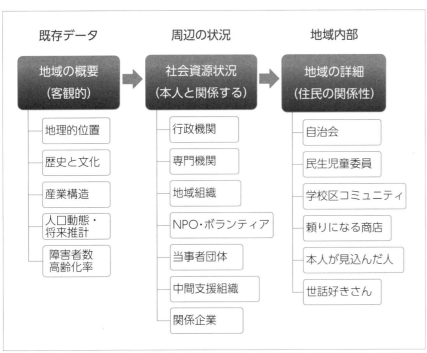

出典：「相談支援従事者研修のプログラム開発と評価に関する研究（研究代表者：小澤温）」平成28年度〜29年度総合研究報告書、92頁を一部改変

①　地域の概要を把握する

　地域の地理的位置、歴史や文化、産業構造、人口動態、障害者数や高齢

化率など統計的なデータとして取得ができるものを集めることから始める。地理的位置は生活の利便性を把握するために、歴史や文化は地域の人々が大切にしているものを知るために、産業構造は利用者の就労可能性や地域の人々の暮らしを知るために、人口動態は地域の活性度を知るために、それぞれ把握をしておく。

②　地域の社会資源の状況を把握する

　地域で活動している関係機関（行政機関、専門機関）や団体（地域独自の組織、NPOやボランティア、当事者団体、団体や個人を支援する中間支援組織、福祉などに協力的あるいは活動的な企業）の活動内容や担当者を把握する（図2-8・表2-8）。機関や団体の住所や連絡先は行政機関やWEB上でも取得できるが、実際に行っている活動や詳細な条件などは出向いて聞かなければわからないため、担当者との顔つなぎをかね、訪ねて回ってみる。そこで担当者と行った意見交換から多くの地域の情報が得られるだけでなく、地域が抱える課題や資料にはない資源が見つかるため、ぜひとも行うべき作業である。利用者が特定できているなら、具体的なかかわりがどの程度可能なのかを探る機会になる。

図 2-8　関係機関と専門職の例

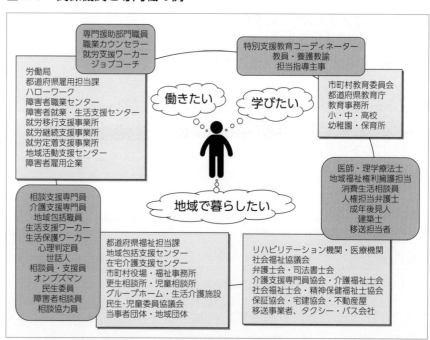

出典：「相談支援従事者研修のプログラム開発と評価に関する研究（研究代表者：小澤温）」平成28年度〜29年度総合研究報告書、41頁を改変

表 2-8　地域の資源の例

① 民生委員協議会、自治会、PTA 等の地域組織
② 障害者、高齢者等の福祉・当事者団体
③ 小・中・高等学校、専門学校、大学等の教育機関
④ 商店街、商工会、農協、漁協、工業会、銀行、郵便局等の企業・金融・
　　経済団体
⑤ 弁護士会、司法書士会、社会保険労務士等の法曹関係団体
⑥ 医師会、社会福祉士会等の医療福祉専門職団体
⑦ 芸術、文化、工芸等の特殊技術をもった職能団体・個人
⑧ 助成金交付、物的・人的支援を行う公益団体
⑨ 新たに福祉向上を目的として結成された NPO・個人
⑩ その他問題解決に役立つメンバー

③ 利用者がかかわる地域の詳細について把握する

　利用者が生活するうえで直接かかわる地域住民や自治会といった人たち
の関係性を知ることが最後の段階である。この段階では、人々のつながり
に踏み込むことになるので、利用者はもちろん、地域住民らとある一定の
関係性がなくては、安易に進められない。表2-9に、具体的なアセスメン
ト項目の例をあげる。

表 2-9　アセスメント項目の例［＊5］

【1】 利用者が参加・所属している地域組織または参加したがっている組織
　　　について
【2】 利用者の交友相手〈友達〉について
【3】 利用者が所属している当事者組織について
【4】 利用者に（福祉的に）かかわっている人や組織・企業〈商店〉・隣人に
　　　ついて
【5】 利用者が見込んでいる相手〈相談に乗ってくれたり、困ったりしたと
　　　きに助けてくれる人〉・行きつけの商店・診療所の医師・隣人について
【6】 利用者の親族で、利用者が頼りにしている相手について
【7】 利用者の〈これから戻る〉近隣は、利用者にとってよい近隣か
【8】 利用者の周囲で、活用できそうな福祉資源はあるか
【9】 利用者にとって「隠れた資源」となっているもの〈利用者を元気にさ
　　　せているもの〉について
【10】 利用者は地域に対して、どのような資源性を有しているか
【11】 利用者にとっての資源同士のネットワークの状況はどうか
【12】 利用者の自宅〈居住場所〉は、どのような資源となるか
【13】 利用者のセルフケアマネジメント能力〈自分の状態を正確に把握・ハ
　　　ンディの中身も客観的に把握・その克服策の工夫・必要な資源を発掘・
　　　活用する資質等〉の評価をする

＊5　本表は、地域変革
のためのヒアリング
シート（書式2）をもと
に、利用者と一緒に資
源探しを行ううえで重
要な視点をまとめたも
のです。本研修では、
2日目の事前課題（8
頁参照）や4日目の地
域支援の展開に関する
演習（200頁参照）を
とおして、具体的な展
開法を学んでいきま
す。

講義
2

第
3
節

⑵ 地域を巻き込んだ支援会議

　計画相談支援にあたる相談支援専門員は、利用者のサービスを選定するにあたって、利用者や家族、サービス管理責任者あるいはサービスを提供する担当者といわゆるサービス提供者会議を開催しているだろう。コミュニティ・ソーシャルワークにおける支援会議は、必ずしもサービスの調整だけを目的としておらず、前述したソーシャルサポート・ネットワークを活かして住民主体で地域の福祉課題を解決しようとする力をいかに引き出すかが目的となる。利用者の想いの実現が福祉サービスの利用を伴うとは限らず、支援会議では、利用者の支援にとって必要な地域の資源を活用することや住民の協力を得ることが話題の中心となる。サービスを利用するとしても地域の資源を活かせるようにサービス内容の向上や提供方法に工夫が要望されることもある。

　参加するメンバーも多彩で、利用者を支える地域のキーマン（利用者の可能性をひろげてくれそうな人物）のほか、自治会長や民生委員は参加者に名前を連ねていることが多い（図2-9）。テーマに応じて、利用者の居場所となる地域の商店や働く場となりそうな企業などが参加する可能性があるが、いずれにしても地域の横のつながりがあるメンバーで利用者の地域生活をともに支える想いのあふれる場をつくる必要がある。そのためには、相談支援専門員はキーマンとの綿密な調整を行い、参加者全員に事前に十分に趣旨を説明しておくことが重要である。

　支援会議を円滑に進めるための注意点は、表2-10のとおりである。

図 2-9　地域の支援会議

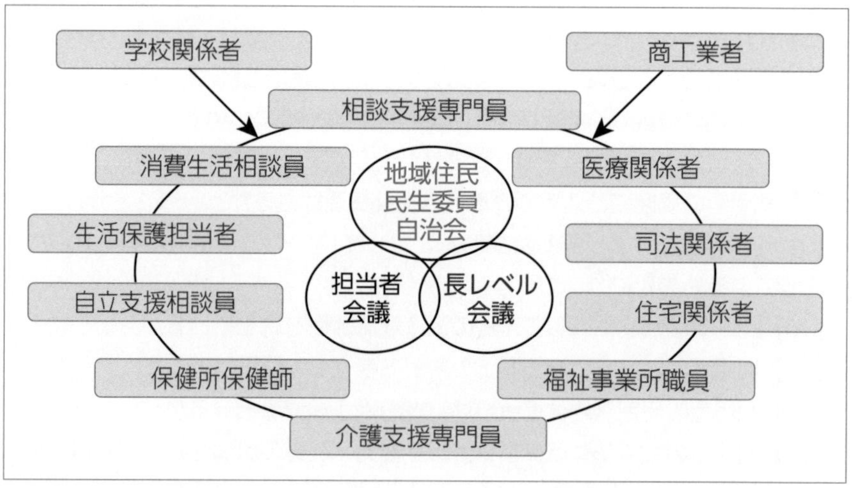

表 2-10　**支援会議の注意点**

(1)　利用者主体であることを忘れず、地域住民や支援にあたる職員が勝手にさまざまな提案をしないように、利用者に確認しながら議事を進めること
(2)　利用者も住民も同じ地域の生活者であるので、お互いにできることあるいは役立つことを出し合うこと
(3)　地域や住民にある流儀に沿って、住民の普段の生活の流れのなかに利用者が居心地よく入れるよう注意を払うこと
(4)　住民から発せられる課題提起を支え合いの改善の機会として、逆に利用者の参画の可能性を検討すること
(5)　福祉サービスの事業所や専門機関は、ソーシャルサポート・ネットワークを後から支えることに徹し、むやみに介入しないこと

(3)　地域資源を活かした支援方法

　地域資源を活かした支援とはどのようなものなのか。相談支援専門員の業務は、本人の相談援助を行うことであるが、そのときに、本人だけでなく、本人を取り囲むさまざまな人や組織といった関係性をも含めてかかわっていくという考え方が必要である（図2-10）。その専門的な働きかけは、単なる個別支援とは異なるものである。以下、その注意点について述べる。

図 2-10　**地域資源を活かした支援**

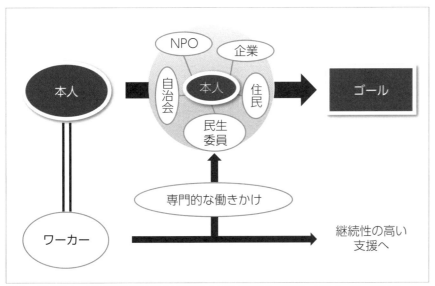

出典：岩間伸之・原田正樹『地域福祉援助をつかむ』有斐閣、53頁、2012. を一部改変

①　地域にもともとある支え合いを活かす

　地域には自治会や住民同士でもともと行っている支え合いがある。形態もご近所同士の「お裾分け」や「留守番」といった小さなものから、自治会

による「地域見守り隊」といった組織化されたものまでさまざまである。障害を抱えるとその輪のなかから外れてしまうことが多くあり、また、民生委員や福祉委員など地域を見守る立場の人とも関係が切れていて、状況不明者として扱われている場合もある。相談支援専門員は利用者が地域の人々とどのような関係にあるのかをアセスメントしておき、利用者の了解を得て、一緒にこれらの地域の人たちとあらためて会い、状況を話す必要がある。地域の人たちに「気に留めて」もらうことから始め、地域の居場所となっている商店や利用者のお気に入りの場所で、同級生など利用者とかかわりのもてそうな人との出会いや声かけといった「小さな接点」を意図する。このようなかたちで利用者の孤立を防ぎ、居場所などでの役割を見出すことでパワーを引き出すことができる。

②　地域の既存の団体を活性化する

　自治会が高齢化により担い手不足に陥っているといった問題を抱えているが、そうした自治活動から切り離されている障害者が、担い手として活躍することも考えられる。知的障害のある人が自治会祭りの準備から片付けまですべてを担っているとか、車いす利用者が自治会の会計処理をパソコンで行うことで、数字の苦手な自治組織が助かっているという例もある。相談支援専門員は、地域の既存の団体の強みと課題を知り、そこに利用者の活躍の場を見出していくことで、利用者の自己実現と地域の活性化を目指すことが可能である。

③　新たな目的をもった活動を生み出す

　地域のなかに利用者の想いを実現できそうな資源が見当たらないときに、利用者が起点となって地域を変えていくような活動に発展させることも考えられる。地域に唯一あった商店が店主の高齢化で閉店となったが、障害のあるＡさんがこのままだと地域の高齢者たちが買い物難民となり、集う場所も失うという想いから何とか店を再生させたいと考えていた。それを聞いた相談支援専門員は、Ａさんとともに店主の家族に掛け合って店舗を無償で借り、地元の地域活動支援センターにＡさんのサポートを依頼して店を再開させることになった。このようなかたちで利用者の主体的な取り組みを側面から支援して、新たな活動により地域の変革と本人の自己実現を図ることも考えられる。

⑷　おわりに

　コミュニティ・ソーシャルワークを進めていくということは、
・隙間のないニーズキャッチ

・寄り添い型の個別支援の仕組み

・利用しやすい社会資源の開発

・協働的な協議の仕組み

・積極的な社会連帯の推進

といった仕組みを地域のなかに成立させていくことに他ならない（図2-11）。

図 2-11　地域課題解決に必要な 5 つの仕組み

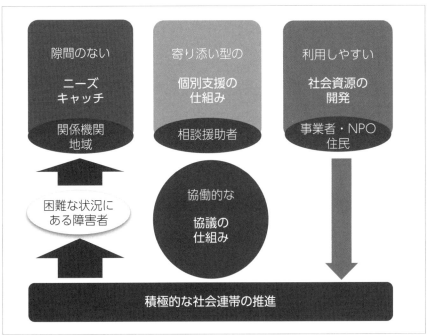

出典：「相談支援従事者研修のプログラム開発と評価に関する研究（研究代表者：小澤温）」平成28年度〜29年度総合研究報告書、97頁を改変

　これらは、決して相談支援専門員が個々に行うものではなく、ニーズキャッチは本人がかかわっている関係機関や地域住民が行い、社会資源の開発は関係の近い事業者や自治会、NPOが中心となるといった役割分担が行われる。また、地域包括支援センターの職員や社会福祉協議会のコミュニティ・ソーシャルワーカーとは困難な課題を抱えた利用者や家族に同時に対応する可能性が高く、地域にともにかかわることが必要となるため普段から関係づくりが大切である。

　相談支援専門員は、あくまで利用者のエンパワメントを図ることが使命であり、これらの職種と住民の協力を本人の自己実現に活かすことを目指していただきたい。もちろん、それが地域の変革につながることで本人のさらなるパワーアップとなることが、地域を基盤としたソーシャルワークの目指すところであることを忘れてはならない。

講義
2

第
3
節

参考文献
遠藤英俊監修『2訂／介護支援専門員研修テキスト　主任介護支援専門員研修』(第6章「地域援助技術」)、一般社団法人日本介護支援専門員協会、2016.

第3章

人材育成の手法に関する講義

講義｜3

実践研究及びスーパービジョンによる人材育成の理論と方法

講師：小澤　温

1. 実践研究の理論と方法

⑴ 実践研究の目的と意義

実践研究に関しては、大きく、「支援の実践に関する研究」と「支援者に関する研究」の2つに分けることができる[*1]。

「支援の実践に関する研究」は、実践における対象事例を通して、支援方法を研究し、よりよい支援方法についてグループ討議を行うことも多い。支援方法を通して、実践現場における実践知を明らかにするのに適している。一般的に、「事例研究」と呼ばれることがある。

これに対して、「支援者に関する研究」は、ソーシャルワーカーや相談支援専門員等として支援を担う専門職を「振り返りの専門職」「気づき・発見の専門職」としてとらえ、事例を介在して、支援者の振り返り、気づきに重点を置く点で、「スーパービジョンを用いた事例の検討」ということができる。

*1　実践研究を2つに分ける考え方については、「かかわり続ける」ケアマネージャーの会・空閑浩人編『ケアマネージャーのための事例研究の方法——主体的な研究会の運営から実践の言語化まで』ミネルヴァ書房、1〜4・10〜14頁、2018.によっています。

⑵ 実践研究を深めるためのスーパービジョン

　スーパービジョンにはさまざまな定義がみられ、明確に定められたものはあまりないが[*2]、ここでは、スーパービジョンの機能を勘案して、端的にまとめているものとして、以下の定義を示す。

　「対人援助におけるスーパービジョンとは、当事者により質の高い援助を提供するために、人材育成と人材活用を目的として明確な目標を掲げ、スーパーバイザーによって行われるスーパーバイジーの成長を支援する、また、その体制を整えるプロセスである。」[*3]

　この定義をもとに、スーパービジョンに基盤を置いた事例の検討を考えてみる。スーパーバイジーが利用者（当事者）にどのようなかかわりをしているのか。そこで、スーパーバイジーが何を考え、何を感じ、何を学ぼうとしているのかを、スーパーバイザーがくみ取り、スーパーバイジーの学びをより深めていく作業になる。事例の検討はそのための素材として使用される点が、先にふれた「支援の実践に関する研究」としての事例研究とは異なる。この事例を用いた検討作業はスーパーバイジーの学びを深めていくことに力点を置いているため、時間をかけながら人材育成をするのに適している。

2. スーパービジョンによる人材育成

⑴ スーパービジョンの考え方

　スーパービジョンには、「管理的機能」「教育的機能」「支持的機能」の3つの機能がある。以下、それぞれについて説明する。

① 管理的機能
　これはスーパーバイザーが所属する組織・機関の目的や役割を十分理解して、その業務を遂行しているのかを確認する機能である。相談支援専門員において考えると、職場における相談支援ミッションの理解、相談支援の価値観、実践の目的の理解を深めることが重要である。

② 教育的機能
　スーパーバイザーの専門知識、技術の向上を目指すために教育的なかかわりをする機能である。相談支援専門員においては利用者（当事者）のエンパワーメントに関して理解を深めることが重要である。利用者のリカバ

*2　スーパービジョンに関して明確な定義のないことは、福山和女・渡部律子・小原眞知子・浅野正嗣・佐原まち子編著『保健・医療・福祉専門職のためのスーパービジョン――支援の質を高めるための手法の理論と実際』ミネルヴァ書房、2018. の「4章 スーパービジョンを説明するためには」（47〜62頁）に詳しく記載されています。

*3　この定義は、植田寿之『日常場面で実践する対人援助スーパービジョン』創元社、213頁、2015. の定義を引用しています。

講義3

＊4　「リカバリー」に関
して多様な考え方があ
るが、ここでは、小澤
温監修・日本相談支援
専門員協会編『相談支
援専門員のためのスト
レングスモデルに基づ
く障害者ケアマネジメ
ントマニュアル──
サービス等利用計画の
質を高める』中央法規
出版、2015. の「第
1章　新しい生き方の
再発見：ストレングス
モデルの基盤」(52〜
57頁)を参考にしてい
ます。

リー[＊4]に関しての共感性を養うことも必要である。

③　支持的機能

スーパービジョンの重要な役割として、スーパーバイザーとスーパーバイジーの信頼関係をつくり、さまざまなケースを担当している相談支援専門員への励まし、共感的理解をスーパーバイザーが行うことが重要である。これによって、バーンアウト、業務意欲の喪失、マンネリ化を防ぐことができ、相談支援専門員の人材育成の基盤となる。

これらの機能が円滑に働くためには、スーパービジョンにおいてスーパーバイザーとスーパーバイジーの関係が上司と部下といった上下関係的ではなく、お互いに相談支援の専門職種間同士で、一定の約束（契約）に基づいて行われることが必要である。

この3つの機能をもとに考えると、相談支援の現場におけるスーパービジョンにおいては、表3-1に示す5点が重要な取り組みとしてあげられる。

表3-1　スーパービジョンの重要な取り組み

① スーパーバイジーと利用者（当事者）とのかかわり方、支援方法、支援目標の確認
② スーパーバイジーの相談支援の専門家としての自信の向上、意欲の向上、不安の解消に関する働きかけ
③ スーパーバイジー自身の個人的な課題（適性、ライフスタイル、仕事と家庭のバランスなど）への対応
④ スーパーバイジーの職場での人間関係、職場環境への不満への対応
⑤ スーパーバイジーと他職種（あるいは、多職種）との関係づくりと連携に関しての働きかけ

(2)　スーパービジョンの場と方法

スーパービジョンの場に関しては、大きく職場内におけるスーパービジョンと職場外におけるスーパービジョンの2種に分けられる。職場内でのスーパービジョンでは、上司による部下のトレーニングと混同しやすいので、先にふれた3つの機能（管理的機能、教育的機能、支持的機能）に十分留意して進める必要がある。職場外のスーパービジョンでは、相談支援の現場での実践力の向上だけでなく、地域における研修に用いられることも多く、人材育成に有用である。ただし、取り扱う事例などの情報に関しては十分注意して守秘義務を守る必要がある。

スーパービジョンの方法に関してはいろいろな分類があるが、ここで

は、一般的に相談支援の現場に用いられている取り組みを中心に説明する。

① 個別スーパービジョン

スーパーバイザーとスーパーバイジーとが1対1で行い、スーパーバイジーの個別的に思っている課題、気づきを深く洞察して、その内容をスーパーバイザーと共有しながら振り返ることに関して適している。そのためには、スーパーバイザーとスーパーバイジーの信頼関係の基盤が重要であり、そのうえで、この取り組みは効果的なスーパービジョンになる。

② グループスーパービジョン

相談支援専門員がより専門性を高め、日々の業務の振り返りを行うために、その思いを共有した相談支援専門員同士でグループを形成し、グループとしての専門性の向上、気づきの共有を図る取り組みである。

③ ピアスーパービジョン

グループスーパービジョンに似ているが、同じような経験、教育、専門性のある相談支援専門員が行うため、全員がスーパーバイザーになり、スーパーバイジーにもなることができる点が特徴的である。そのため、同時にスーパーバイザーとスーパーバイジーの異なる視点に立つことができ、気づきの共有がしやすい点で教育効果の高い方法である。

④ ライブスーパービジョン

新人の相談支援専門員の研修において、実践事例を用いながら振り返りと気づきを深めることが困難な場合に用いる方法である。面接場面を録音、録画した教材などを用いながら、スーパーバイザーが参加している新人のスーパーバイジーに対して、意見を交換しながら気づきを促し、深めていくことに適した方法である。

(3) グループスーパービジョンの2形態

一般的には、スーパーバイザーが教材となる事例を提供し、スーパーバイジーとして他のメンバーが参加し、意見交換をしながら進める形態が多い。この場合、スーパーバイザーが、ある程度全体の流れを把握し、提供した事例に沿って、スーパーバイジーにとってどのような掘り下げ、気づきがあると望ましいのかという一定のモデルをもっていると、参加したスーパーバイジーの振り返りに効果的な示唆を与えることができる。ただし、この取り組みの前提としては、スーパーバイザーが事例を提供しなが

ら、参加したスーパーバイジーの気づき、振り返りを効果的に進めていくファシリテーションの技術が必要であるため、スーパーバイザーにかなりの熟練度が求められる点で課題がある。

　これに対して、スーパーバイジーが現場実践で体験している事例を提供し、その他の参加者がスーパーバイザーとして参加し、意見交換しながら進める形態がある。この形態は事例に対しての支援方法を多角的に考えるのに適している。この取り組みはピアスーパービジョンの要素も入っている点で、参加者の教育効果の高いことが特徴的である。ストレングスモデルにおけるグループスーパービジョンは、この形態をとることが多い[*5]。

⑷　グループスーパービジョンの意義と進め方

①　グループスーパービジョンの意義

　ここでは、グループスーパービジョンのうち、ストレングスモデルにおけるものを中心にその意義を考えていく。

　相談支援の実践の現場で、グループスーパービジョンが定着しにくい理由としては、以下の点が考えられる。

＜グループスーパービジョンが定着しにくい理由＞

・なぜスーパービジョンが必要なのかについて相談支援事業所の理解の不足
・相談支援専門員自身の置かれている立場の振り返りの機会の乏しさ
・相談支援専門員と利用者（当事者）とのかかわりの悩みを打ち明ける場の乏しさ
・相談支援というケアマネジメントプロセスにそった取り組みに対する評価、効果について他者と共有しにくいこと（伝えにくさ）

　このような相談支援専門員にかかわる課題に加えて、以下のように、相談支援専門員を取り巻く職場環境にかかわる課題もある。

＜相談支援専門員の職場環境にかかわる課題＞

・相談支援の実践現場における多職種連携を含んだチームアプローチの必要性の認識不足
・スーパービジョンが相談支援の現場実践の業務としてみなされないこと
・効果的なスーパービジョンができるスーパーバイザーの人材不足

　このような課題を考えると、熟練したスーパーバイザーを前提とするグループスーパービジョンの遂行は、相談支援の実践現場では困難な状況が

*5　ストレングスモデルにおけるグループスーパービジョンの考え方に関しては、小澤温監修・日本相談支援専門員協会編『相談支援専門員のためのストレングスモデルに基づく障害者ケアマネジメントマニュアル——サービス等利用計画の質を高める』中央法規出版、34〜36頁、2015. を参考にしています。

みられるため、ピアスーパービジョンの要素の入ったストレングスモデルにおけるグループスーパービジョンの方法を用いることは極めて重要である。

　この形態（ストレングスモデル）のグループスーパービジョンの意義としては、以下の点をあげることができる。

＜ストレングスモデルのグループスーパービジョン＞

- ・利用者（当事者）と直接的なかかわりのない相談支援専門員の視点から新たな支援のアイデアが示されること
- ・支援に行き詰まったスーパーバイジーへの創造的な代替策のためのアイデアの源泉となること
- ・スーパーバイジーの思い込んでいる利用者（当事者）の行動理解に対して利用者（当事者）の生活者としての内面的な理解を促すこと
- ・相談支援専門員の同僚からの励ましと支持による同じ支援チームとしての共感性の形成
- ・スーパービジョンによって提案されたアイデアがうまくいった場合の喜びの分かち合いがグループスーパービジョンの参加者間で生じること
- ・グループスーパービジョンの取り組みを通して行う介入や困難な決定を、相談支援専門員個人の責任で行わない安心感を生み出すこと
- ・担当の相談支援専門員だけでなく、支援チーム全体が利用者（当事者）をよく知るため、同じ組織内の担当者の幅を広げること
- ・グループスーパービジョンで検討した事例の支援のアイデアが他の事例に関しても応用可能になること

② グループスーパービジョンの進め方の特徴と留意点

　グループスーパービジョンの進め方の特徴としては、以下の点をあげることができる。

＜グループスーパービジョンの進め方の特徴＞

- ・通常のスーパービジョンと異なり、スーパーバイジー（事例提供者）とスーパーバイザー（その他の参加メンバー）との意見交換によって進めていくこと
- ・スーパーバイザーとスーパーバイジーの意見交換を効果的に進めるために、両者の関係が上下関係的な指導関係ではなく、同じ立場にたった水平的な関係になること
- ・グループスーパービジョンのファシリテーターが水平関係（対等な立場）を維持することに留意しながら進めていくことに注意を払う

講義 3

必要があること

　このグループスーパービジョンの進め方にとって、支援に関するアイデアを徹底的に出し合うブレーンストーミングでは、これまでの支援の枠にとらわれない創造的なアイデアを数多く出し合うことが必要であり、また、アイデアを数多く出していく雰囲気をつくり上げるファシリテーションの技術が必要である。最後にスーパーバイザーから出された多様なアイデア、解釈、意見に対しての事例を提供したスーパーバイジーからの応答があり、それをまとめることもファシリテーターにとって重要な役割である。ファシリテーターによるまとめとあわせて、アイデアから実効性の高いものを事例提供者であるスーパーバイジーがいくつか選び、実行計画を表明し、次回のグループスーパービジョンの折に、フォローアップ報告を行うこともある。

③　具体的なグループスーパービジョンの進め方
　グループスーパービジョンの一連の流れは、図3-1の7つのステップによってなされる。

図 3-1　グループスーパービジョンの 7 つのステップ

ステップ 1　スーパーバイジーによるストレングスアセスメント票の作成と提出

ステップ 2　利用者（当事者）の（本人にとっての）目標は何かを説明する。次に、相談支援専門員（スーパーバイジー）がグループスーパービジョンの参加メンバー（スーパーバイザー）から特に必要としている助言、あるいはアイデアは何かを説明する。

ステップ 3　相談支援専門員（スーパーバイジー）が取り組んでいる現状の説明とすでに取り組んだことは何かを説明する。

ステップ 4　グループスーパービジョン参加メンバー（スーパーバイザー）はストレングスアセスメント票から明らかにされていることを整理する。さらに、ストレングスアセスメント票だけでは把握できない利用者（当事者）のストレングスの理解、支援のためのアイデアを考えるうえで必要としている情報を補うために、スーパーバイジーに質問を行う。＜質問セッション＞

ステップ 5　グループスーパービジョンの参加者（スーパーバイザーとして参加しているメンバー）を中心に、与えられている情報でブレーンストーミングを実施する。

ステップ 6　提案されたアイデアに基づいた相談支援専門員（スーパーバイジー）の支援に関するプランを明らかにする。

ステップ 7　その後、グループスーパービジョンの機会を活かしながら、フォローアップ報告でアイデアが活かされた場合（活かされなかった場合）の分かち合いを行う。

講義3

　次に、それぞれのステップに沿って、進め方の留意点について記載する。

ステップ1：提供する事例の概要とストレングスアセスメント票を提出する
　→　スーパーバイジーは、提供する事例の概要とストレングスアセスメント票を作成し、グループスーパービジョンの際に提出する。参加メンバーに配布し、グループスーパービジョン終了後に回収する。

ステップ2：利用者（当事者）の目標は何か、スーパーバイジー（事例提供者）が、支援において特に必要としている助言、アイデアは何かを説明する
　→　例えば、「太郎は仕事に戻りたい目標をもっています。わたしは彼の本当に関心のあった仕事についての示唆がほしいと思う」「和子は

もっと友人がほしいと思っています。わたしは彼女がもっと人に会って友人をつくる場所に関してアイデアがほしいと思う」といった簡潔な説明である。利用者（当事者）の目標がこのステップの中心である。もし、利用者（当事者）が明確な目標をもっていないなら、利用者（当事者）にとって意味のある目標を見出すようなかかわり方について、気づきを与えるようなアイデアを参加メンバー（スーパーバイザー）は考える必要がある。このステップで重要なことは、スーパーバイザーが、スーパーバイジーの現状で成し遂げられることは何かを考えることである。

ステップ3：スーパーバイジーが取り組んでいる現状は何か、すでに取り組んだことは何かについて説明する

→　スーパーバイジーは、利用者（当事者）とのかかわりの現状とすでに取り組んだことについて、短時間で説明する。

ステップ4：事例の概要とストレングスアセスメント票[＊6]を読み込んで、スーパーバイザーとしてよりよいアイデアを考えるうえで必要としていることについて質問を通して明らかにする

→　ここでは、最初に、事例の概要を含めてストレングスアセスメント票を、スーパーバイザーが数分で読み込んで、その後、一定時間、参加メンバー（スーパーバイザー）は、ストレングスアセスメント票に書かれていること、完全に掘り下げられていないことをより深く明らかにするためにスーパーバイジーに質問する。例えば、「ここに、近所の民生委員が協力的と書かれています。この人の生活において近所の民生委員の役割をもっと知りたいと思います」。このステップでは助言やアイデアを述べてはいけない。ここの目的は、利用者（当事者）の目標を達成することを支援するために、これまでスーパーバイジーが取り組んだことをふまえて、創造的なアイデアが提供されるために、利用者（当事者）についてより深い理解をすることを目的とする。

ステップ5：スーパーバイザー間のブレーンストーミングにより、アイデアを出し合う

→　スーパーバイザーがストレングスアセスメント票と質問によって得られた情報をもとに、ブレーンストーミングを行って、幅広い観点でアイデアを出し合う。これらのアイデアは利用者（当事者）の目標に関連していることが重要である。

　このとき、スーパーバイジーは発言をせずにスーパーバイザーのブレーンストーミングを見守っている。スーパーバイザーは、他のスー

パーバイザーのアイデアの評価をしてはいけない。「そのアイデアは
もっともだが、しかし、現実をみると……」といったことを言わずに、
ファシリテーターは、すべてのアイデアを（ホワイトボード等に）書
き留めなくてはいけない。このステップの目的はグループスーパービ
ジョンの参加メンバーがこれまでの見方にとらわれない創造的で解決
的指向であることが重要である。いくつかのすばらしいアイデアは、
しばしばブレーンストーミングの終わりに向かって出てくる。よいブ
レーンストーミングは20〜40のアイデアを生み出す。

　ブレーンストーミングで提案されたアイデアは、以下の4つに分け
て整理すると今後の取り組みを明確化しやすい。

〈アイデアの整理のポイント〉

・時間的に、スーパーバイジーがすぐ実現できそうな内容（ささやか
　なアイデア、提案するのがはずかしいと思われる小さな工夫も含
　む）に関するもの
・スーパーバイジーが少し時間（2〜3か月間ぐらい）をかけないと実
　現できそうにないもの
・スーパーバイジーがかなり時間（6か月〜1年間ぐらい）をかけない
　と実現できないもの
・事例を通しての気づきと地域にかかわるまちづくり的なアイデアに
　発展しそうなもの（おもしろく、大胆で、これまでの固定観念にと
　らわれないアイデアを含む）

ステップ6：提案されたアイデアに基づいた相談支援専門員（スーパー
　バイジー）の支援に関するプランを明らかにする
→　スーパーバイジーは、提案されたアイデアを検討し、それから次に
　取り組むステップを明確に表明する。
　　例えば、「今度の水曜日に真由美に会います。わたしは、もし、彼
　女が仕事に就きたいと考えていることにアイデアを求めているなら
　ば、このアイデアリストをもって見せたいと思います」「わたしは、一
　郎がプラモデルが好きなので、プラモデル売り場に連れていくアイデ
　アを実行したいと思います。わたしたちがそこにいる間、彼の親子関
　係の改善の目標について話し合いたいと思います。わたしはまた彼が
　親子関係の悪くなる前がどうだったのかを聞き出してストレングスア
　セスメント票をあらためて作成するつもりです」。

ステップ7：フォローアップ報告でアイデアが活かされた場合（活かさ
　れなかった場合も）の分かち合いを行う

→　スーパーバイジーのフォローアップ報告の際（次のグループスーパービジョンの取り組みのときが有効である）には、**参考資料3-2**（138頁）のようなグループスーパービジョンワークシートを作成しておくと効果的である。

④　**グループスーパービジョンを円滑に実行するために**

　普段から職場、組織内のチームづくり、相談支援の同僚（ピア）の関係づくりをし、信頼関係を構築しておくことが重要である。上司と部下の指導の取り組みとスーパービジョンを混同しないことが重要である。

　多くの相談支援事業所では相談支援専門員が一人職場の場合が多いが、その場合には、地域の相談支援事業所間のネットワークにより、複数の相談支援事業所の相談支援専門員によるグループスーパービジョンの実施が重要である。

　グループスーパービジョンを、研修だけでなく日々の業務の振り返りにも応用している相談支援事業所（基幹相談支援センター等）は、フィールドメンター活動（一人職場の相談支援事業所に出向いてのスーパービジョン活動）の取り組みを強化していくことが重要である。

参考資料 3-1：事例の概要とストレングスの整理を用いた簡便な様式例

スーパーバイザー養成研修・報告様式①

年 月 日	提出者		・A4サイズ1枚に過不足なく（5分で読める程度に）記入
（通称）			

年齢		性別		障害名	

家族構成（ジェノグラム）	エコマップ

提出理由（提出者自身の困っていること、検討してほしいこと、アイデアのほしいこと）

本人の目指す暮らしや目標・夢・希望、生活に対するイメージ（できる限り、本人の言葉そのもので）

経過と現状（概要）

ストレングス	性格・人柄／個人的特性	才能・素質
	環境のストレングス	興味・関心／向上心

出典：「令和元年度埼玉県相談支援従事者専門コース別研修（スーパーバイザー養成）」資料（作成：埼玉県相談支援専門員協会）を一部改変

講義 3

参考資料 3-2：ワークシート例

グループスーパービジョンワークシート

利用者（当事者）　　　　氏名：＿＿＿＿＿＿＿＿＿＿＿
ストレングスアセスメント票の作成日付：＿＿＿＿＿＿＿＿＿
グループスーパービジョン実施日：＿＿＿＿＿＿＿＿＿

1.　　利用者（当事者）の目標は何か？　利用者にとって重要で意味のあること、あるいは、利用者にとって意欲のもてる目標を反映する必要がある。もし、利用者に明確な目標がないならば、この場所で、そのことを明記することができる。

2.　　わたし（相談支援専門員、スーパーバイジー）がグループスーパービジョン参加者（スーパーバイザー）から受けたい助言は何かを記載する。スーパーバイザーに対しての説明は、ブレーンストーミングを円滑に進めるためにも簡潔な文章が必要である。

3.　　あなたと利用者との現在の状況の概観について記載をする。これは、利用者の目標と、あなたがこれまで取り組んできた支援に関連するあなたが感じてきたことに関する記載である。

4.　　ブレーンストーミングでスーパーバイザーから出されたアイデアリストの作成
　①
　②
　③
　　　・
　　　・
　　　・
　⑳
　　今回のグループスーパービジョンから次のステップに向けて：これは、あなたが利用者に対応するために、次回に向けて何をするつもりなのか、あるいは、次回この利用者に対応するのに重要なステップは何かを検討する。

II

演習編

第4章

相談支援に関する講義及び演習

演 習 | 1

個別相談支援とケアマネジメント

科目のねらい

☐ 本人を中心とした個別の相談支援の実践に必要な相談支援の技術について説明できる。

☐ 振り返りを通して、維持向上すべきことに気づく。

☐ 振り返り、検討することで、個別相談支援の能力向上を図る。

学習のポイント

☐ 知識と実践（事例）の結びつけ

①意思決定支援の展開／②インテーク／③アセスメント／④モニタリング

☐ 個人演習・セルフチェック

①意思決定支援のポイント／②インテークのポイント／③アセスメントのポイント／④モニタリングのポイント

☐ 実践報告・検討を通した個別相談支援の能力の向上

①意思決定支援のポイントとの結びつけ／②信頼関係の構築や自己肯定感を高めていく支援展開／③助言や指導を受けることの重要性

研修の構造

※　1グループの人数は標準を示したもの。

講師：相馬　大祐

1. ガイダンス

　研修を進めるにあたって、研修2日目の獲得目標とカリキュラムの説明を行う。

　1日目では現任研修全体の説明が中心となったが、ここでは2日目の内容を中心に説明をする。

2日目

1 講義

　1日目の講義をふまえ、事例に置き換えて説明することで、より知識を実践に結びつけること、つまりは自分の支援に置き換えて考えていくことで、より専門的な理解を深めていくことを目的としている。ここでは、①インテーク・アセスメント・モニタリングの展開、②相談支援のプロセスのなかで行われる意思決定支援、③演習時に行うチェックシートを開いて行う振り返りの仕方についての講義を行う。

2 セルフチェック

　セルフチェックシート（書式4：216頁）の記入は、講義や日頃の支援に照らし合わせて自己の振り返りを行う[*1]。

3 演習1-1 （アイスブレイク、実践報告・検討）

1. アイスブレイク

　　自己紹介に続けて、演習時の報告者、進行役、記録、質問者の4つの役割[*2]を決める。経験年数等によって発言が偏ってしまうことを避け、演習は全員参加型で行うために演習役割シート（書式5：217頁）で演習時の役割を決める。

　　また、演習では積極的な発言が望まれるが、研修受講者の経験の範囲の幅によっては意見が一部の人に偏ってしまうことがある。そのため、演習のなかで留意すべき事項をまとめたグランドルール（巻末資料3：221頁）を共有する。

2. 実践報告・検討

　　書式1-①を用いて事例報告を行い、必要な支援について検討する。事例報告の際は、①事例の概要、検討課題、アセスメント状況、支援経過を報告、②意思決定支援の確認や報告者が抱えている検討課題に対して支援の妥当性や支援方法を検討・助言する。

　　①の報告は、支援経過前までの内容を報告する。報告を受けて、検

講師向け
　2日目で行われる個別相談支援の講義及び演習の意図を理解したうえで研修に参加することは、研修の理解度を深めることにもつながります。くり返しの説明になっても、ここは省くことなく丁寧に行う必要があります。

*1　講義内容に留意し、自身の支援に照らし合わせ、セルフチェックシート（書式4）に記入します。難しく考えずに記入してください。

*2　実践場面では担当者会議等の司会進行を行う場面も多いと思いますので、進行を持ち回りで行うことで会議進行の技術を身につけることも意図しています。

*3　質問ばかりに偏らないようにしてください。また、ここで時間を使いすぎると、その後の検討が短くなってしまうため、進行役は時間配分に気をつけてください。

演習
1

討課題が漠然としている場合は検討課題を明確にし、そのうえで不明なか所の質問、利用者の印象 (感想) を述べる[＊3]。

　②の検討・助言は、講義で説明された意思決定支援のポイントについての確認を行う。また、検討課題に対して支援がどのように行われていたか、支援がふさわしいかどうかを検討し助言を受ける。

4 演習1-2 (インターバル整理と共有)

　インターバルでは、事例報告・検討での助言や自身の気づきを参考にしながら整理する。その際、複数出された助言に対して優先順をつけ、インターバル期間中に行えるものを選んで記入する。

5 本日のまとめ

　インターバル時の実地研修の説明を行う。実地研修は基幹相談支援センターが望ましいが、地域の状況に応じて、委託相談支援事業所や市町村行政、圏域アドバイザーなど、可能な場所を選択する。また、基幹相談支援センター等に訪問する際の方法 (例えば「アポイントメントを取る」といった方法) について説明する。

2.　講義（1日目の講義の振り返り）

(1)　意思決定支援

①　意思決定支援とは

　意思決定支援とは、一言でいうと、本人のことを本人が決めることであり、それを支援することといえる。意思決定支援は大きく分けて、「支援付き意思決定」と「代行決定」に区別される。「支援付き意思決定」はAさんのことをAさんが決めるということで、そのときに支援者は本人から表出された意思・希望を重要視する。一方、「代行決定」はAさんのことをBさんが決めることを意味し、支援者は最善の利益を重要視することになる。この第三者による代行決定について、障害者権利条約第12条では、禁止あるいは極めて例外的に認める立場をとり、障害者が権利や能力を行使できるための意思決定支援が求められている[＊4]。

②　意思決定支援の3つの要素[＊5]

　意思決定支援には、①意思形成、②意思表明、③意思実現といった3つの要素がある。具体的に、3つの要素を確認してみよう。

　多くの人は今まで経験してきたこと、体験してきたことをもとにして意

＊4　障害者権利条約と意思決定支援の関係については講義2第1節3.(4)で説明されています（74頁参照）。

＊5　意思決定支援の詳細については、講義2第1節3.(6)（79頁）を参照して下さい。

思決定をする。しかし、経験や体験が不足していて選択肢のない場合、その選択肢をまずは獲得する必要がある。「意思形成」支援とは、まさにそういった選択肢を獲得するために、本人の理解できる形で情報提供することや体験の機会の提供を行うものである。また、ピアサポートも重要な視点といえる。

次に、「意思表明」とは、自身の意思を表明することを意味する。そのためには、①意思決定の機会の保障、②意思疎通の支援、③意思確認の支援の3つが必要になる。

最後に、「意思実現」があげられる。今までのように意思決定に配慮したかかわりを行い、意思を把握したとしても、それを実現しなければ、絵に描いた餅といえる。

⑵ ケアマネジメントのプロセス

次に、ケアマネジメントのプロセスを確認する。ここでは、インテーク、アセスメント、モニタリングについて、先にふれた意思決定支援の要素ごとに考えていく。特にここでは、意思形成支援、意思表明支援に着目する。

① インテーク

「インテーク」は、受理や契約を意味するが、ここでは支援の入口として考えることとする。別の言い方をすると、インテークは本人や家族と、支援者が初めて出会う場面といえる。そのため、支援者はケアマネジメントの必要性の有無を判断し、必要であると判断された場合はケアマネジメントの契約をすることになる。ケアマネジメントの必要性の有無を判断するためには、傾聴の姿勢で、十分な時間を取り、家族だけではなく本人からの情報収集をすることが求められる。

次に、意思決定支援に着目した支援を考えてみよう。まず意思形成支援としては、本人にとってわかりやすい情報提供の方法を考えることである。例えば、自らの紹介をはじめ、事業所の紹介等を本人にわかりやすい形で伝えるといったことがあげられる。また、もし相談者が本人ではない場合、相談者と本人双方との関係性の構築が支援の基盤になるといえる。

② アセスメント

ケアマネジメントのプロセスで最も重要なものは、アセスメントであるといわれる。アセスメントとは、情報収集だけを指すのではなく、収集した情報をもとに、本人に対してどのような支援が必要なのかを、支援者が評価・解釈し、仮説をたてることを意味する。

演習
1

145

次に、アセスメントの場面における意思決定支援に着目した支援を考えていこう。意思形成支援については、情報収集がまずはあげられる。過去に本人が意思決定した機会があるのであれば、その情報を収集することが今後の支援の参考になる。本人の意思表明の機会や方法についても情報を収集することで、意思表明支援についても考えることができる。ただ、これらの情報を収集していくなかで重要なのは、インテークの項でも触れた相談者との関係性の構築が基盤となる点である。また、意思形成支援の必要性を判断する。これは、それまでの意思決定の情報を収集し、情報提供や、選択肢獲得に向けた支援について考えることを意味する。意思表明支援については、まず、機会がどの程度保障されていたのか把握する。また、意思表明の方法を試行し、情報を収集していく。例えば、言葉だけでなく、写真や絵、表情や目の動きで本人が意思表明している可能性を探る。

③　モニタリング

最後にモニタリングについて考える。モニタリングとはインテーク、アセスメントをして作成した支援計画の見直し、追跡を意味する。

モニタリング場面においては、新たな経験値を獲得したなかで、意思決定支援の内容を見直していく。成功経験を蓄積することでの本人の変化はもちろんのこと、失敗経験をすることでの選択肢の獲得も考えられる。意思形成支援、意思表明支援ともに、本人の変化を把握し、必要であれば再アセスメントをしていくことが求められる。

(3)　事例からみるケアマネジメントと意思決定支援

1日目の講義の振り返りとして、さらに実践事例[*6]を参考にしながら、ケアマネジメントプロセスと意思決定支援について確認する。

> **実践事例の概略**
>
> 就労していたが、家庭内暴力頻発、閉じこもるようになり失職。家族関係調整・障害受容を図り、就労移行支援事業の利用を経て就労に至った事例
>
> **利用者のプロフィール**
>
> 　性別：男性
>
> 　年齢：29歳
>
> 　障害：療育手帳B2、身体障害者手帳2級（両上下肢痙性麻痺）
>
> 　家族構成：父（無職）、母（内職）

講師向け
　実践事例の講義を行うにあたっては、それぞれの地域における実践事例を取り扱うとよいでしょう。

＊6　本実践事例は、「相談支援従事者研修のプログラム開発と評価に関する研究（研究代表者：小澤温）」平成28年度〜29年度総合研究報告書（資料2-1）に掲載の図表に記述を加える形で作成しています。

その他：障害受容ができず、コンプレックスが強い

　　　　家庭内暴力あり

事例の概要

○ 高校卒業後（専修高校）、障害者職業センターを経て一般就労するが、仕事の内容についていけず1年で退職。

○ その後、在宅で過ごすが、家庭内暴力が始まり、両親がA市の相談センターに相談、紹介を受けてB事業所に通うことになった。

○ しかし家庭内暴力は止まらず、作業所の利用も困難となったため、両親が当相談室へ来所するようになった。

主訴

父・母：「本人が暴れて困る。どこかに就職してほしい」

本　人：「仕事したいけど、うまくいくかわからない」

支援のタイムライン

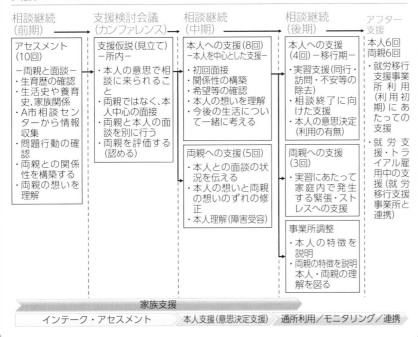

演習
1

① インテーク

1. 基本的視点

インテークの基本的視点として、以下の3点があげられる。

> ・信頼関係の基礎を構築するための重要な場面である。
> ・福祉サービスに限定したやり取りではなく、主訴等の背景を丁寧に聞く。
> ・今後の相談支援の見通しを説明し、利用者から同意を得る。

2. インテークの展開

先ほどの事例の登場人物ごとに支援の展開を整理してみよう。まず、両親の来所訪問があり、両親の希望、本人の状況の情報を収集することができた。この段階は図4-1のようにまとめられる。この時期はまだ本人と直接話すことができていないことから、本人の主訴は示すことができず、両親の主訴が示されている。このまま支援を開始すると、本人不在の支援に陥る可能性がある。

図 4-1 インテークの展開 1

	相談前期 （潜伏期）	相談中期 （模索期）	相談後期 （模索期）	アフターフォロー
両親 （暴れて困る）	来所・訪問 両親の希望・本人の状況確認			
本人				
事業所				

そこで、相談支援専門員は自宅を訪問し、本人と直接話すために行動する。また、本人の主訴を把握するように努めた。

この段階を整理すると、図4-2になる。本人の情報が追加されていることがわかる。

図 4-2　**インテークの展開 2**

	相談前期 (潜伏期)	相談中期 (模索期)	相談後期 (模索期)	アフターフォロー
両親	**来所・訪問** 両親の希望・本人 の状況確認 （暴れて困る）			
本人	**訪問** 相談員に つながるための 支援	**来所** 今後の生活を 一緒に考えていく 「仕事をしたいけど、 うまくいくか わからない」		
事業所				

　このように相談者（本事例では両親）だけでなく、本人へアプローチをすることで、相談者と異なる本人の主訴を明らかにすることができた。インテーク場面では、相談支援専門員にはこの主訴を中心に話を展開していき、主訴の背景を丁寧に聴き取ることが求められる。

② **アセスメント**

1. **基本的視点**

　アセスメントの基本的視点として、以下の5点があげられる。アセスメントは詳細な情報収集が重要ではあるが、それだけを意味するのではない。その情報を支援者が整理し、統合していくことが求められる。

・利用者から表出されるすべての情報が大切である。
・生活歴を丁寧に聴くことは、利用者への理解が深まる。
・ストレングスは「本人のポジティブなところ、強み」であり、支援には欠かせない視点であり、対話のなかで常に意識する。
・利用者から得た情報をその都度整理し、エコマップやジェノグラム、ストレングスアセスメント票等のツールを活用する。
・アセスメントの能動性・構成力を高めるには、事例検討やGSVなどの場面に参加する。

2. **情報収集の方法（能動性）**

　情報収集の方法として、まずは主訴を中心とした本人や家族への聴き取りから、徐々にその内容を広げていくことも重要になる。これら

演習 1

149

は支援の契約をした後に行うことが望ましい。なぜなら、インテーク場面では面接の時間設定や回数等の制約があると考えられるからだ。

　本人や家族との面接を行うなかで、支援者は頭の中で仮説を立て、探りを入れながら能動的に聴く必要がある。情報収集は支援の能動的な行為、言い換えると、支援者が自ら働きかける行為である。また情報収集の方法は面接だけでなく、今までの支援機関や関係者からの情報収集や本人の様子を直接観察するなど、さまざまな方法があることは言うまでもない。

3. 情報の整理・統合の方法（構成力）

　今まで生きてきた1人の人の情報をすべて把握するのは並大抵なことではない。そのため、同時並行的に情報を整理していく必要がある。

　その際、インテーク場面で把握した主訴を端緒とし、それに関連する課題、あるいは困っていることを理解しながら行う。面接等で得られた情報を整理・統合しながら、さらに次回の面接等で把握すべき情報を考え、収集した情報を加えていく。エコマップやジェノグラム、ストレングスアセスメントの4つの視点（表4-1）等のツールを活用することで、情報の過不足に気づくことができるだろう。

表4-1　ストレングスアセスメントの4つの視点（実践事例の場合）

性格・人柄／個人的特性	才能・素質	環境のストレングス	興味・関心／向上心
・正直、うそをつかない ・思いやりがある ・勤勉、よく働く ・我慢強い ・繊細、神経質 ・両親に感謝している	・自分の好みに合わせて服を選べる ・自動車の免許を持っている ・就職経験あり ・ロックミュージックについて詳しい	・家が居心地のよい安心できる場所である ・親身になって心配してくれる両親がいる ・地域社会に溶け込んでいる	・働きたい ・友達がほしい ・映画を観に行くのが好き ・おしゃれをするのが好き ・洋服に強い関心がある ・コンサートに行きたい

　このテキストでは、上記のほかに、家族のライフストーリーの整理図（図4-3）、ICFを活用した相互関係図（図4-4）を紹介する。

図 4-3　家族のライフストーリーの整理図

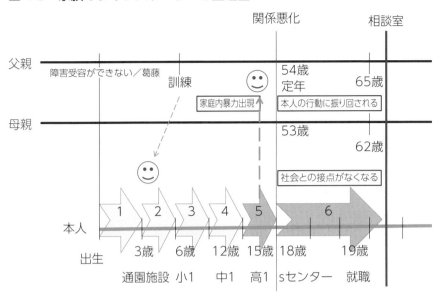

図 4-4　ICF を活用した相互関係図

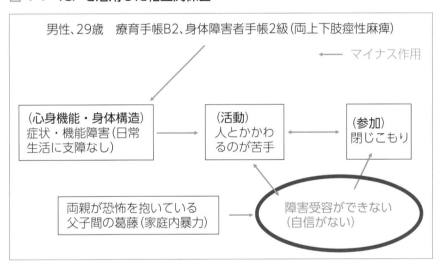

4.　アセスメントの展開

　事例の展開について、確認する。本人のペースに合わせて、本人の苦悩や葛藤、希望等を聴いていくと、障害に対して強いコンプレックスがあること、父親により障害を克服するために厳しく育てられたことが嫌だったこと、仕事を辞めた原因は接客業であったこと等がわかった（図4-5）。

　このように、本人の「仕事をしたい」という主訴に対して、支援者はその支援の必要性（ニーズ）を考える。その行動のなかで、支援者は必ずしも主訴とニーズが一致しないことに気づくことがある。この事例の場合は、父親との関係性へのアプローチの必要性や相談できる他者の存在を意識する等があげられる。

演習
1

図 4-5　**アセスメントの展開 1**

相談前期（潜伏期）
相談中期（模索期）
相談後期（模索期）
アフターフォロー
両親
暴れて困る
来所・訪問
両親の希望・本人の状況確認
両親の不安
→自立を妨げている本人を尊重したかかわりへ
・本人のペースで進めていく
・父親への葛藤、コンプレックス
・本人の思いと希望
本人
訪問
相談員につながるための支援
来所
「仕事をしたいけど、うまくいくかわからない」
悩み・葛藤・将来の不安の共有
→相談できることを肯定的にとらえることができるように
・本人が苦しんできた背景を理解
・今後の生活を一緒に考える
・面接内容を父親に伝えることへの同意
事業所

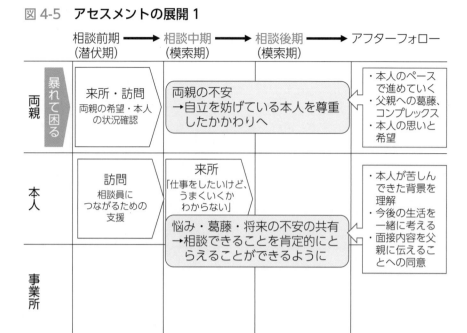

この実践事例では、相談支援専門員と今後の生活について一緒に考え、就労準備に向けて、事業所等の見学に行くことになった。ここでは、本人が接客業しか経験したことがないことをふまえた意思決定支援が行われている（図4-6）。詳細は意思決定支援の際に振り返る〔*7〕。

＊7　153・154頁を参照。

図 4-6　**アセスメントの展開 2**

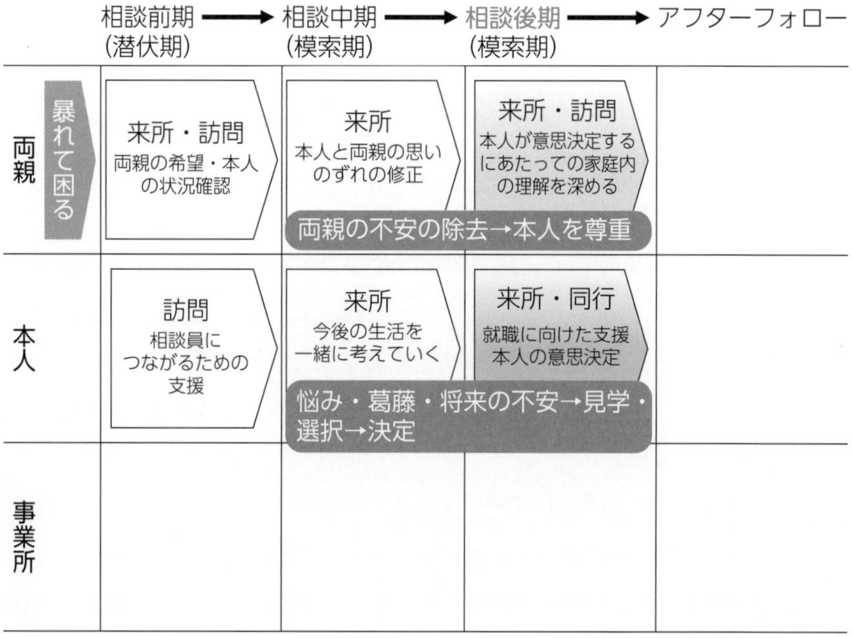

相談前期（潜伏期）
相談中期（模索期）
相談後期（模索期）
アフターフォロー
両親
暴れて困る
来所・訪問
両親の希望・本人の状況確認
来所
本人と両親の思いのずれの修正
来所・訪問
本人が意思決定するにあたっての家庭内の理解を深める
両親の不安の除去→本人を尊重
本人
訪問
相談員につながるための支援
来所
今後の生活を一緒に考えていく
来所・同行
就職に向けた支援
本人の意思決定
悩み・葛藤・将来の不安→見学・選択→決定
事業所

③ モニタリング

1. 基本的視点

モニタリングの基本的視点としては、下記の2点があげられる。

・基本相談で得られた情報による支援者の見立てがモニタリングに影響する。
・サービス利用の有効性だけでなく、人との関係性や環境の変化など、多角的な視点をもってモニタリングを行う。

2. モニタリングの展開

この実践事例のモニタリングとしては、本人だけでなく、両親、そして就労支援事業所の3者へアプローチした。それぞれに対して、現状の情報収集を行い、支援計画の見直しの必要性を判断している。もし本人が就労支援事業所に通所できていないのであれば、その情報を収集し、再アセスメントを行う。

図 4-7 モニタリングの展開

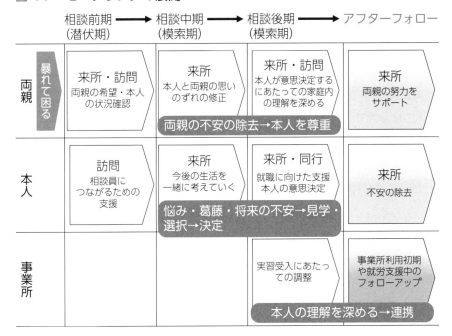

④ 意思決定支援

以上の事例の展開を意思決定支援の視点で振り返ってみよう。

1. 基本的視点

・本人の意向を無視していないか
・本人の言葉の意味を吟味しているか
・支援者の都合が優先されていないか

演習 1

・既存の社会資源だけが支援の前提となっていないか

・先に支援者の結論ありきで話を進めていないか

2.　インテーク場面の意思決定支援

意思決定支援において、本人と会い、本人から直接意向を聴くことは重要な視点である。この事例のように、両親の面接だけでなく、本人の意向を聴く姿勢が求められる（図4-2）。相談者だけでなく、本人との関係性を構築することは、意思決定支援を含め、支援の基盤になる。

3.　アセスメント場面の意思決定支援

次に、アセスメントの場面の意思決定支援に移る。この事例では、本人の意向を丁寧に聴き取ることで、本人の「仕事をしたいけど、うまくいくかわからない」という言葉の背景に、仕事をしていた経験について、本人の否定的な評価がうかがえる。また、仕事を辞めた原因が接客業であったという情報が追加される。これらの情報を総合的に判断して、この実践事例では支援者は仕事の体験の必要性を考え、本人は複数の就労支援関係の事業所の見学を行った（図4-6）。これはまさに意思形成支援ということができる。選択肢を獲得して、最終的にどの事業所にするか、本人に選択をしてもらうといった支援が行われている。

4.　モニタリング場面の意思決定支援

本実践事例ではモニタリング場面での意思決定支援を明示することはできていない（図4-7）。しかし、今後の予測として、例えば、就労支援の経験を蓄積することで、今後一般就労といった選択を本人がしていく可能性がある。

経験を蓄積することによる意思決定支援の変化について、考えていく姿勢が支援者には求められるだろう。

⑷　セルフチェック

1日目の個別相談支援の講義及び2日目の実践事例の報告内容に留意し、日頃の相談支援業務に照らし合わせて自己の振り返りを行う。

> ■　**用意する書式**
> セルフチェックシート（書式4：216頁）
> ■　**演習の進め方**
> セルフチェックシートに記入（書式1-①の事例に対する振り返り）
> ■　**セルフチェックのポイント**
> ・書式1-①の事例に対して（または普段の相談支援に対して）、振り返

りを行う。
・できたかどうかではなく、自身の相談支援の特徴を把握し、日常業務に役立てることに重点を置く。深く考え過ぎず、気軽にチェックする。

3. 演習1-1（アイスブレイク、実践報告・検討）

　ここでは、演習を円滑に進めていくために、自己紹介（名前・所属・趣味等）と演習を行ううえでのそれぞれの役割を決める[*8]。アイスブレイク後は、各自持ち寄った実践報告書1-①を使って、事例報告者の抱えている課題についての対応策の検討や意思決定支援の展開の確認（セルフチェックシートのポイントが活かされているか）を行う。

■　**用意する書式**
　　演習役割シート（書式5：217頁）、実践報告書（書式1-①：206頁）
■　**演習の進め方**
　　①自己紹介→役割を決める→②実践報告・検討（メンバーが持ち寄った各事例について行う）[*9]
■　**実践報告のポイント**
　　①　事例の概要
　　②　検討課題（支援者が検討してほしいこと）
　　③　アセスメント状況
　　④　支援経過
■　**検討（助言）のポイント**
　・報告者が検討してほしい事柄について、どのように支援が行われてきたか、どのように支援していくかを検討し助言を行う。また、事例の印象（感想）を述べる。
　・講義で説明された意思決定支援のポイントについて確認する。
　　意思決定支援のポイント
　　①　本人の意向を無視していないか
　　②　本人の言葉の意味を吟味しているか
　　③　支援者の都合が優先されていないか
　　④　既存の社会資源だけが支援の前提となっていないか
　　⑤　先に支援者の結論ありきで話を進めていないか
　　助言の例
　「信頼関係の構築に向けたかかわりが今は必要に思える」
　「アセスメントの情報を得る時期と解釈する回数を増やすことが必要」
　「アセスメント情報が不足しているため○○の情報を得るため、○○について具体的に確認するほうがよい」　など

講師向け
　本演習を進めるにあたっては、156頁の「参考資料4-1　進め方のポイント＜講師向け＞」に留意してください。

*8　全員参加型の演習を行うため、発表者、進行者、書記、質問・助言の順番を決め、演習役割シート（書式5）に記入します。質問・助言者から優先的に質問等を聞いていき、発言が終わったら他の参加者からも質問等をしてもらいます。
　書記役は、事例報告者が検討したい内容に関する対応策等グループでの意見を記録し、終了後に報告者に渡してください。

*9　助言者からの質問、支援方法についての報告が終わり、時間が残っている場合は、進行者や記録者も質問等を行ってください。また、質問と必要な支援について意見する時間を分けることで、質問に偏らないようにすることが必要です。

演習
1

参考資料 4-1　進め方のポイント〈講師向け〉

報告

① 　報告者には、読み込みの時間のなかで、7分程度で報告できるようまとめるよう指示する。

② 　報告時は要点を押さえ、端的に説明する。説明にあたっては解釈と支援経過の説明を中心に行うが、意思決定支援についても報告するよう指示する。

③ 　事例提供者が何を検討したいのか、検討したいことに対してどのように取り組んできたかを中心に説明するよう指示する。

質問

① 　検討課題を確認する。

　　曖昧な場合は、「○○について困っているのか、○○について検討してほしいのか」と検討したい内容を具体的にする。

② 　意思決定支援のポイントを留意して支援が行われているか質問するよう促す。

③ 　オープン・クエスチョンを避ける。

　　「お父さんはどんな人ですか？」→お父さんの性格？　仕事？　協力？　など、何を知りたいのかわからない。

④ 　質問・発言の意図を確認する。

　　質問が漠然としていると、答える側も何に対して質問されているのかわからないため、「もう少し具体的に質問してほしい」「どういうことを聞きたいのか、もう少し具体的に言ってほしい」など促すことで、質問した人も自分が何を聞きたいのかが明確となる。

⑤ 　質問者に回答から何がわかったかを述べてもらう。

　　質問する→答える→次の質問に移る、というやり取りが一般的だが、時に、質問する→答える→答えを聞いて何がわかったか（判断できたか）を尋ねる場面をつくることで、何かしらの理解に結びつけることができる。

検討

① 　セルフチェックシート（書式4：216頁）を参考にして意思決定支援の展開について確認する。

② 　検討課題を明確にして具体的な支援方法を検討する。

○留意点

☐ 　アイスブレイク時にグランドルールを確認する

☐ 　報告者が時間内に報告できるよう時間管理等を行う

☐ 　質問が出ない場合は、報告を受けての感想や事例の印象を述べてもらうよう促す

☐ 　記録者は、検討課題の対応について用意された用紙に記録する

☐ 　発表者は、検討課題の対応を協議している間は意見を述べないように注意する

4. 演習 1-2（インターバル整理と共有）

インターバルで行う内容は、講義やセルフチェックシート、実践報告・検討で得られた支援の気づきや助言を参考にしながら、インターバル報告書①（書式6）に整理する。その際、複数出た意見に対して優先順位をつけ、インターバル期間中に行えるものを選んで記入する。

整理された内容について、グループメンバーで共有する。また、ここで整理した内容は、基幹相談支援センター等とも共有し、主任相談支援専門員から助言を受けることになる。

■ **用意する書式**
　インターバル報告書①（書式6：218頁）

■ **演習の進め方**
　①インターバル報告書①に記入（インターバルで行うことの整理（各自））→②発表[*10]→③助言（ファシリテーター）

■ **インターバル整理のポイント**
・インターバル期間（1か月程度）に、事例報告・検討での助言を参考にしながら整理する。
・事例検討で出たさまざまな助言に優先順位をつけ、インターバル期間中に行えるものを選び、インターバル報告書①（1.の①～③の各欄）に記入する。
・ここでの整理が漠然としたままだと、インターバル期間中に行う内容が不明確になるため、演習講師は助言とともに、インターバルで対応が可能かどうかの判断を行う。

---

*10　発表の際は、セルフチェックシートを通しての自己の気づきも報告します。

演習1

5. 本日のまとめ

図1（7頁）や図2（8頁）を参考にインターバルの目的や基幹相談支援センター等に訪問する際の留意点について説明する。

なお、インターバル期間で実施した内容については、書式6のインターバル報告書①に記載する。また、事前に提出したエコマップ（書式1-②）に加筆等の必要がある場合は赤字で上書きをする。

運営向け
　都道府県を通して基幹相談支援センター等にインターバルの目的や協力の依頼をしておく必要があります。

講師向け
　基幹相談支援センターを訪問する際は、事前にアポイントを取る必要があることを説明してください。

演習 | 2

相談援助に求められる多職種連携及びチームアプローチ

科目のねらい

☐ 他の多様な職種に対する理解・尊重に基づいてチームを組織し、円滑に機能させるための技術の向上を図る。

学習のポイント

☐ 知識と実践（事例）の結びつけ

①多職種連携及びチームアプローチ／②ケアマネジメントプロセスとの関係／③チームによる意思決定支援／④連携のための配慮／⑤担当者会議

☐ 個人演習・セルフチェック

①多職種連携及びチームアプローチの視点と意思決定支援／②チームアプローチの展開

☐ 実践報告・検討を通した能力の向上

①本人を中心とした支援のためのチームの構成／②共通目標／③担当者会議／④社会、地域資源への働きかけ／⑤助言や指導を受けることの重要性

研修の構造

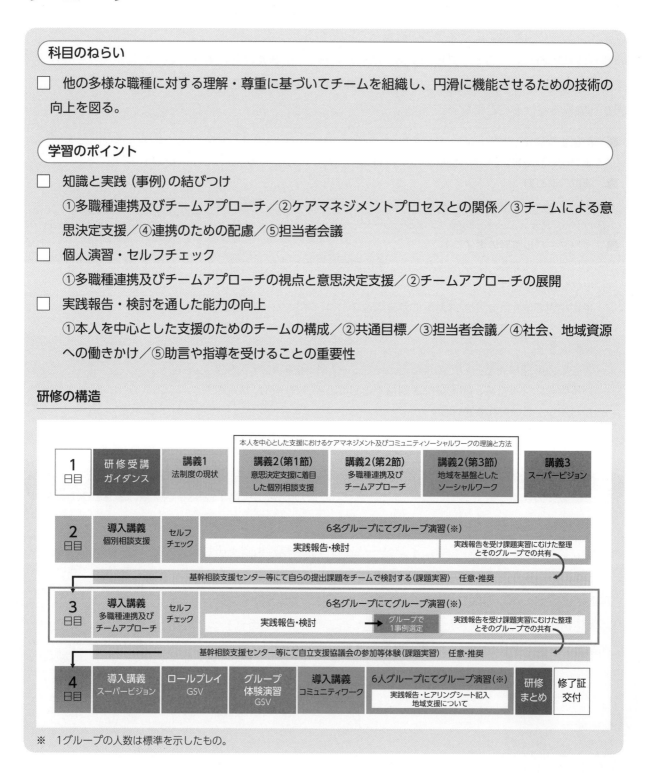

※　1グループの人数は標準を示したもの。

講師：冨岡 貴生

1. ガイダンス

研修を進めるにあたって、研修3日目の獲得目標とカリキュラムの説明を行う。

1日目では現任研修全体の説明が中心であったが、ここでは3日目の内容を中心に説明する。

3日目

1 講義

1日目の講義で行われた連携やチームの定義の再確認のほか、事例を通して[*1]チームアプローチの展開やチームでの意思決定支援、担当者会議（ケア会議）の進め方、ストレングスアセスメント票やセルフチェックシートのポイントの説明を行う。利用者への支援は個別支援だけではなく、多職種で連携して行われることの理解を深め、実践するための技術と能力を獲得する。講義後、セルフチェックシート（書式7：219頁）を用いて、自己の振り返りを行う。

2 演習2-1（インターバル報告、事例報告・検討）

1. インターバル報告

   インターバル報告時は、2日目の演習時に得られた支援上の気づきに対して、実際行った支援や基幹相談支援センター等と協議した内容についてインターバル報告書①（書式6：218頁）の下段に記入した内容[*2]を報告する。

2. 事例報告・検討

   エコマップ（書式1-②：208頁）[*3]を用いてチーム支援での共通目標の立て方、多職種連携の手続き手順や関係性、チームにおける意思決定支援などの報告を行い、チームアプローチの展開について検討する。

   報告内容は、チームアプローチにおける支援方針、チームアプローチの展開で困っていることを述べ、図で示した社会環境との関係性について報告する。報告後、報告者がチームアプローチの展開で困っていることや連携するなかで必要なこと、チームでの意思決定支援の留意点等について検討する。

3 演習2-2（代表事例の選出）

4日目のグループスーパービジョンを行う事例を選定する。代表事例の

講師向け

3日目で行われる多職種連携及びチームアプローチの意図を理解したうえで研修に参加することは、研修の理解度を深めることにもつながります。くり返しの説明になっても、ここは省くことなく丁寧に行う必要があります。

*1　事例を通して、知識を実践に結びつけて考えることで、チームアプローチに対する理解を深めます。

講師向け

ここでは、個別支援から離れ、チームアプローチの展開に焦点をあてて検討します。そのため、検討時はなるべく書式1-①を見ないようにするなどの注意が必要です。

*2　インターバル期間中に記入してもらいます。また、報告は要点を絞って端的に報告できるようにしてください。

*3　事前作成のうえ、2日目の研修前に提出してください。また、作成にあたっては、11頁の記入例を参照してください。

演習
2

選出にあたって、研修効果を高めるという観点から、健康状態の悪化や虐待事例などの危機介入が必要な事例、触法行為をくり返すなど福祉的支援を拒否する複雑な事例、主相談者が本人ではなく家族となる児童の事例などではなく、（福祉サービスを利用しているが）地域資源を活用することで生活の質が高まるなど、地域支援の展開について協議ができる事例を選ぶよう留意する。

４ 演習2-3（インターバル整理）

インターバル報告書②（書式8：220頁）を用いて、次のインターバル期間（3日目の研修と4日目の研修の間の1か月程度）に行う実践について整理する。インターバルの整理は、①地域の相談支援体制（指定特定相談支援事業所や委託相談支援事業所、基幹相談支援センターが担う役割や機能がどのように位置づけられているか）、②自立支援協議会が担う役割や機能についてどのように整理されているかについて、受講者が理解していること、理解していないことを整理し、何を確認してくるかを記載する。

５ 本日のまとめ

研修の最後に、インターバル期間のなかで実施する内容や、事前に提出された地域変革のためのヒアリングシート（書式2）、ストレングスアセスメント票（書式3）に追記をしてきてもらうことについて説明する。詳しくは「6．本日のまとめ」（170頁）を参照のこと。なお、インターバル期間での実践や事前課題への追記には、講義や演習での気づきが重要になることを意識してもらいたい。

2．講義（1日目の講義の振り返り）

(1)　多職種連携及びチームアプローチ

私たち福祉関係者にとって、特に相談支援やソーシャルワークを実践する場面では、多職種と連携したチームアプローチはとても重要なものである。昨今の社会における生活課題は、障害の有無にかかわらず多様で複雑化していることから、一人の専門職、一つの機関だけでは対応することが難しい。生活を営むうえで生じるさまざまなニーズや課題を総合的・包括的にとらえ、複雑に絡み合った問題を丁寧に紐解いていき、福祉に限らず医療や教育などの専門職、そしてインフォーマルサービスも含めて本人を取り巻く関係者が連携してチームによる支援を行うことが強く求められている。

＜連携・チームとは＞

> **連携**
>
> 連携を密に取り合って、一つの目的のために物事を行うこと。
>
> **チームとは**
>
> ある特定の目的のために、多様な人材が集まり、協働を通じて相乗効果を生み出す少人数の集合体。
>
> **専門性とチーム力を高める**
>
> 連携することによりグループをつくるのではなく、本人を支援するチームをつくる（支援目標の明確化と共有）。
>
> ＊すなわち相談支援専門員の実践するチームアプローチは、一義的に本人中心支援を推し進めるために存在する。

出典：「相談支援従事者研修のプログラム開発と評価に関する研究（研究代表者：小澤温）」平成28年度〜29年度総合研究報告書、84頁

　しかしながら、「連携は大事である」ということは理解していても、いざチームとして多職種が連携して支援をするなかで思うように進んでいかないこともある。

　多職種が連携して支援をしていくためには、支援の目的をチームのなかで共有し、目標達成のために一体となって進めていくことが求められる。しかし、保健・医療・介護等の多様な専門職は、それぞれの役割に加え、受けてきた教育も違うため、利用者の理解やニーズのとらえ方、支援方法に対する考え方が異なることも多い。また、同じ職種であっても事業所によって支援に対する価値観が異なることが、「連携」がスムーズにいかない原因としてあげられる。

　相談支援は生活全般に重きが置かれ、豊かな生活を送るために、福祉サービス等の利用に加え、人との関係やつながり、余暇なども含めた地域で安心した生活が送れるよう支援していくことになるので、相談支援専門員が実践するなかで、多職種との連携、チームアプローチはとても重要な鍵を握る。

＜多職種連携における地域生活支援の視点＞

> ・保健、医療、福祉、教育、就労など、地域生活を支援していくためには多職種、他領域によるかかわりが必要。しかし、受けてきた教育や背景が異なることから、ニーズのとらえ方、支援の方法、着目する視点が異なる。
>
> ・福祉サービスのなかでも、通所支援、居宅支援、短期入所支援など事業形態や支援内容が異なるサービスをコーディネートし、かつ複数の事業所のかかわりが必要。しかし、支援に対する価値観（課題

演習 2

＊4　「障害者総合福祉
法の骨格に関する総合
福祉部会の提言－新法
の制定を目指して－」
（平成23（2011）年8
月30日障がい者制度
改革推進会議総合福祉
部会）

＊5　松岡千代「ヘルス
ケア領域における専門
職間連携──ソーシャ
ルワークの視点からの
理論的整理」『社会福祉
学』40巻2号、6頁、
2000．による「専門
職連携」に係る定義を
引用しています。

＊6　山中京子「医療・
保健・福祉領域におけ
る『連携』概念の検討
と再構成」『社会問題研
究』53巻1号、5頁、
2003．による定義を
引用しています。

の見方）や、俯瞰的に生活全体を掌握する視点が必要。
・ニーズのとらえ方、支援の方法、価値観が違うことを認めたうえで、チームでかかわることの必要性を理解する（チームアプローチ）

出典：「相談支援従事者研修のプログラム開発と評価に関する研究（研究代表者：小澤温）」平成28年度〜29年度総合研究報告書、84頁を一部改変

　ここで連携の定義について振り返ってみる。障害者総合支援法の制定に向けた提言[＊4]のなかには、「相談支援を実践する相談支援専門員は、すべての人間の尊厳を認め、いかなる状況においても自己決定を尊重し、当事者（障害者本人及び家族）との信頼関係を築き、人権と社会正義を実践の根底に置くことを基本理念とする。その役割は、本人のニーズを満たすために制度に基づく支援に結びつけるだけでなく、制度に基づかない支援を含む福祉に限らない教育、医療、労働、経済保障、住宅制度等々あらゆる資源の動員を図る努力をする。また、資源の不足などについて、その解決に向けて活動すること」と記されている。すなわち、相談支援専門員に求められる連携という言葉には、単に連携（リンケージ）や連絡というレベルではなく、調整を含めたコーディネーション、マネジメントを含めた協働、そして課題解決のための多職種を含めたチームアプローチが求められている。そのため、さまざまな職種が連携して支援をしていくことの必要性やそれぞれの役割、専門性を理解し、連携することの意味もしっかりと押さえなくてはならない。

＜連携の定義＞

定義1
　主体性を持った多様な専門職間にネットワークが存在し、相互作用性、資源交換性を期待して、専門職が共通の目標達成を目指して展開するプロセス[＊5]。
定義2
　援助において、異なる分野、領域、職種に属する複数の援助者（専門職や非専門的な援助を含む）が、単独では達成できない、共有された目標を達成するために、相互促進的な協力関係を通じて、行為や活動を展開するプロセス[＊6]。

出典：「相談支援従事者研修のプログラム開発と評価に関する研究（研究代表者：小澤温）」平成28年度〜29年度総合研究報告書、84頁

　ここまで、連携の必要性について述べてきたが、具体的な多職種の連携、チームアプローチに目を向けてみる。連携の範囲は、①事業所（組織）、②関係機関（組織間）、③地域（コミュニティ）の3つに分けることが

できる[*7]。それぞれの範囲において、(多職種)連携やチームアプローチ
があり、二者間で行われるものもあれば、もっと幅広いものもある。

　①の事業所(組織)レベルでは、利用者に対して、介助・介護を中心と
する介護福祉士、健康管理を主にする看護師、日常の対応を行う生活支援
員や食事の提供に関連する栄養士など、事業所のなかでそれぞれの職種が
連携して支援をしている。

　②の関係機関レベルでは、相談支援専門員が中心となってかかわること
が多い場面になる。ケアマネジメントを実施していくうえで多機関・多職
種が連携して行われるものであり、利用者のニーズに応じて、社会モデル
の視点に立って地域で支えていくことがあげられる。そのためには生活の
場としての住居や日中活動の場の確保、余暇、健康管理など多職種をコー
ディネートしてチーム支援を行う。

　③の地域・まち・コミュニティレベルでは、相談支援を実践していく
と、既存のサービスでは対応できないニーズや、インフォーマルサービス
の利用も必要になるなど地域の課題が見えてくる。この地域課題の解決に
向けてチームのなかで検討し、対応が難しい場合は、自立支援協議会で検
討していけるよう進めていく。

　演習ではいろいろな人たちと連携したり、人脈を広げたりするなかで苦
労している点を話し合い、それぞれが工夫していることを取り上げること
でチームアプローチを展開するための参考にしてほしい。

(2)　事例からみる多職種連携及びチームアプローチ

　1日目の講義の振り返りとして、さらに実践事例を参考にしながら、多
職種連携及びチームアプローチの展開について確認する[*8]

実践事例の概略

　関係機関と連携して地域生活を想定した体験をくり返すことで地
域移行を果たした精神障害者の事例

利用者のプロフィール

　性別：男性

　年齢：50歳

　病名：統合失調症、精神障害者保健福祉手帳1級

事例の概要

　20歳まで両親と一緒に北海道で生活していたが、両親の死後、姉
を頼って東京に移り、姉との生活が始まる。一般就労するも環境に

---

*7　連携の範囲の考え
　方については、講義2
　第2節の記述をもとに
　しています(93頁)。

[講師向け]
　実践事例の講義を行う
にあたっては、それぞれ
の地域における実践事例
を取り扱うとよいでしょ
う。また、事例の説明に
あたっては、セルフ
チェックシート(チーム
アプローチ)(書式7：
219頁)の着眼点に照ら
しあわせながら行うよう
留意してください。

*8　セルフチェック
　シートを意識しながら
　説明してください。

演習
2

なじめず、幻覚があるなどして30歳のときに精神科病院に通院、統合失調症を発症し入退院をくり返すようになる。40歳のときに家から出られなくなり、精神科病院に入院となる。

相談までの経緯

　精神科病院PSWより、本人が退院を希望しているが、地域生活を送るのに自信がなく、不安を口にするなど迷っているため、地域移行支援事業を利用して福祉的支援も含めて退院支援ができればとの依頼がある。

①　ステージ1（出会い）

　PSWからの依頼を受け、PSW・看護師から本人の状況を聞いた後、PSW・看護師の同席のもとで今後の生活について本人から話を聞く[＊9]。本人から希望を確認した後、ピアサポーターと面会し、本人の地域生活の不安は誰もが抱いていること、仲間や協力者がいることで生活ができていることを説明し、地域生活のイメージをつくる（図4-8）。

図4-8　ステージ1（出会いと地域移行支援スタート）

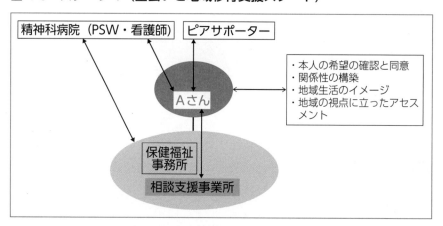

②　ステージ2（担当者会議と具体的支援）

　本人の希望の実現に向けて、担当者会議を行う。地域での生活を具体的にしていくため、本人の望む生活を関係者で共有し、関係機関の役割を整理する。また、病院生活が長いため、身近な外出や体験利用等を行いながら状況の変化等を適時共有し、本人のゆれる気持ちに寄り添いながらチームで支援していく。

　具体的な支援については、まずは地域を知り、地域生活のイメージをもつことから始めた。入院前と今とでは地域の状況が異なり、例えば交通機関の利用は、切符を買っての乗車だったが、今では交通系ICカードで行われることが多いため、その変化にとても驚いていた。地域を散策するこ

＊9　PSW・看護師と相談支援専門員との関係構築に大切なことは、日頃から顔の見える関係でいることです。退院支援に向けて、PSW・看護師と相談支援専門員との連携や役割の確認、地域移行支援事業の説明を行い、本人の同意を得て地域移行支援計画書を作成します。

とで地域生活を送るためにさまざまなことを経験していくことが必要である。

　散策を通して話をするなかで、本人が憧れていたものに気づくこともある。ダイエットしたいから運動がしたいとか、一人暮らしするのなら自分で料理がつくれるようになりたいなどの気持ちが見受けられたことから、地域の資源としてエアロビクス教室、料理教室に参加することにつながった。一人では不安ということから相談支援専門員が付き添うことになったが、看護師も興味があるとのことで一緒に参加してくれた。最初は緊張していたが、徐々に慣れていき、他の参加者とも打ち解けられるようになっていった。

　一人暮らしに向けた準備として、グループホームや日中活動先の体験利用、服薬などについての医療との連携に加えて、体験を通して本人に適した場所や支援方法や本人が行うこと等について、本人を交え病院、関係機関とで一緒に考えていった（図4-9）。

図4-9　ステージ2（担当者会議と具体的支援）

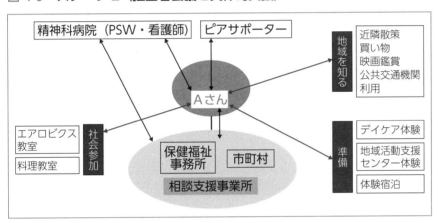

③　ステージ3（担当者会議）

　担当者会議の参加メンバーは、支援に携わっている人[*10]と本人である。開催にあたっては、相談支援専門員が担当者会議の目的や内容を関係者に伝え、報告事項を事前に準備してもらう。できれば、会議終了後に次回の日程や会議の目的を共有しておくとよい。

　事例からみるチームアプローチの流れは、①利用者や家族とともに、それぞれの専門性を活かし、本人の望む生活に対して妨げとなっていることを整理する。②可能な限り、利用者と家族の参加のもとに会議を開き、支援の方向性を定め、地域移行支援計画書を作成し、それぞれの職種の役割を確認する。③各機関が支援を実施し、支援の内容や本人の状況を共有する。新たなニーズが発生した場合は、他の機関に協力を求める等支援の方向性を修正する。④支援を展開していくなかで個別に行う以外に、関係者

演習
2

*10　地域移行支援を展開するにあたっては、ある程度地域生活を想定して必要な福祉サービス、社会資源などの関係者に協力を依頼し、支援メンバーに加わってもらうことで、退院後（施設退所後）も同じメンバーでかかわることができます。

相互に連絡を取り合いながら進めていく。⑤個別支援、担当者会議を通して本人が病院を退院した後の生活のイメージをつくっていく。

　実際に支援が行われた内容は、担当者会議で報告し共有を図った（図4-10）。支援がうまくいくこともあればそうでないこともあり、担当した支援者だけの問題としてとらえるのではなく、チームとして引き受け、支援方法について検討する。また、エアロビクス教室に参加したときのうれしい報告もチームで共有し、皆で喜んだ。

図 4-10　ステージ 3（担当者会議）

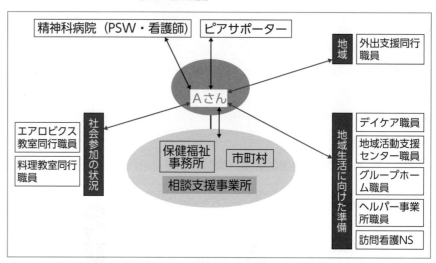

④　ステージ4（地域生活）

　本事例を整理すると、まずは病院内での個別支援として、家族調整、本人の動機があげられた。次に、病院関係者と相談支援事業所、本人との関係性を構築していくなかで信頼関係が生まれ、地域移行に向けた支援がスタートした。本人の希望は、「一人暮らしがしたい」というものだったが、漠然としていたことから、地域移行支援の視点に立ったアセスメントを行い、地域を散策することで一人暮らしに必要なことや地域での生活のイメージがもてるようになり、希望をかなえるために必要なことが明確になっていった。そして、本人の希望、アセスメントの状況、希望の実現に向けた支援方法や行程を担当者会議で共有し、病院と地域関係者が一体となって支援を展開していくことで、福祉サービスでは対応が難しい場面でも社会資源の利用等を通して本人の可能性を広げていった。

　本人の希望の実現に向けた支援は、入院しているなかで多職種が連携して進められ、退院後もチームは変わらずに支援が行えている（図4-11）。このことは本人にとっても、地域生活を不安にさせずに有益なものといえるのではないか。

図 4-11　ステージ 4（地域生活）

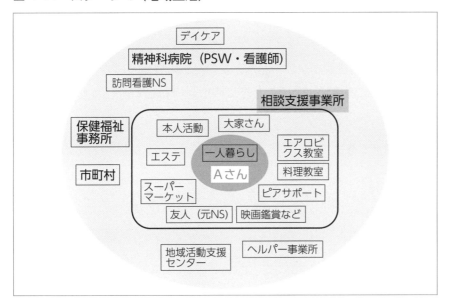

(3)　ストレングスアセスメント

　事前に作成した事前課題3のストレングスアセスメントについての説明をする[*11]。

図 4-12　ストレングスアセスメント票の構成要素

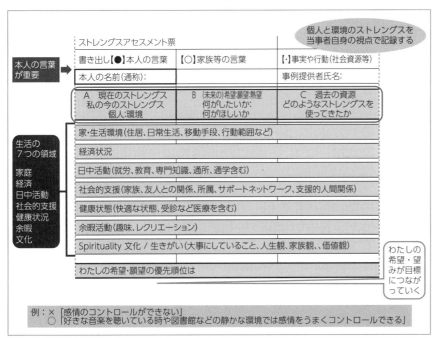

出典：「相談支援従事者研修ガイドラインの作成及び普及事業（平成30年度障害者総合福祉推進事業）」現任モデル研修資料（2〜4日目）、43頁、2019.

*11　事前作成では未記入だった欄も、研修でストレングスアセスメントを学んだ後には、気づきも増えて追記できるところも出てくると思います。このため、インターバル期間のなかで赤字で追記してきてもらいます。

演習 2

⑷　セルフチェック

　1日目の多職種連携及びチームアプローチの講義及び2日目の実践事例の報告内容に留意し、日頃の業務に照らし合わせて自己の振り返りを行う。

> ■　**用意する書式**
> 　セルフチェックシート（書式7：219頁）
> ■　**進め方**
> 　セルフチェックシートに記入
> ■　**セルフチェックのポイント**
> ・書式1-②の事例や普段の相談支援におけるチームアプローチに対して振り返りを行う。
> ・できたかどうかではなく、自身の相談支援の特徴を把握し、日常業務に役立てることに重点を置く（深く考え過ぎず、気軽にチェックを行う）。

3.　演習2-1（インターバル報告、事例報告・検討）

講師向け
　本演習を進めるにあたっては、171頁の「参考資料4-2　進め方のポイント〈講師向け〉」に留意してください。

　ここでは、各自持ち寄った実践報告書1-②を使って、多職種連携及びチームアプローチを展開するうえで報告者が抱えている課題についての対応策の検討やチームにおける意思決定支援の展開（セルフチェックシートのポイントが活かされているか）の確認を行う。

> ■　**用意する書式**
> 　インターバル報告書①（書式6：218頁）、実践報告書（エコマップ）（書式1-②：208頁）、演習役割シート（書式5：217頁）
> ■　**演習の進め方**
> 　①　役割を確認する
> 　②　インターバル報告
> 　③　エコマップを用いた報告・検討
> ■　**インターバル報告のポイント**
> ・2日目の演習時に得られた支援上の気づきに対して、実際の支援の状況や基幹相談支援センター等と協議した内容について報告する。
> ・報告内容については、事前に書式5に記載のうえ、当日持参する。
> ■　**事例検討・報告のポイント**
> 　1.　報告
> 　　事前課題で作成したエコマップ（書式1-②）を通して、チーム支援での共通目標の立て方、多職種連携の手続き手順や関係性、チームにおける意思決定支援など、チームアプローチの展開について報告する。
> 　2.　検討

・次の観点から検討を行う。
　□報告者がチームアプローチの展開に対して困っていることについて、
　　対応策を検討する
　□関係機関との連携支援にあたって共通目標を通して支援が展開されて
　　いるかどうか
　□多職種との連携にあたり手続き手順は妥当かどうか
　□チーム内での意思決定支援がどのように行われているのか
　　例）チームで支援を展開するなかで本人の意思が置き去りにされてい
　　　　ないか、常に本人の意思確認を行ってきたか、等
　□今後の環境調整の方向性
　　注）エコマップから見える地域資源（人）や社会資源（人）と利用者
　　　　の関係性や利用者を取り巻く環境が社会資源を中心とされているの
　　　　か、地域資源も含まれているのかを確認のうえ検討する。
・書式1-②の下段に、自身がチームアプローチの展開で困っていること
　に対して、グループメンバーや演習講師からの助言をふまえ、グループ
　でまとめられた対応策を記入する。

4. 演習 2-2（代表事例の選出）

　グループ全員の実践報告が終了したら、演習3のグループスーパービ
ジョン（GSV）で取り組む事例を選出する。

■　用意する書式
　　実践報告書（書式1-①：206頁）、エコマップ（書式1-②：208頁）
■　演習の進め方
　　①演習1、2の実践報告を通して、GSVを行うのにふさわしい事例を選
　出→②助言（演習講師）
■　代表事例選出のポイント
・代表事例の選出は、研修効果を高めるという観点から、健康状態の悪化
　や虐待事例などの危機介入が必要な事例、触法行為をくり返すなど福祉
　的支援拒否をする複雑な事例、主相談者が本人ではなく家族となる児童
　の事例などではなく、（福祉サービスを利用しているが）地域資源を活
　用することで生活の質が高まる事例といったケアマネジメントの対象と
　なりえる事例を選出する。
・必ず演習講師による助言と同意を必要とする。

演習
2

5. 演習 2-3（インターバル整理）

　4日目の研修までのインターバル期間に行う取り組みについて、個々の
相談支援体制に対する把握状況をふまえて整理する。

インターバル期間中には、ここで整理した内容をふまえ、①相談支援体制（基幹・委託・指定の役割や相談支援連絡会の開催状況、事例検討会の有無等）、②自立支援協議会の運営状況や今までの効果等について、基幹相談支援センター等における体験を通して理解を深める。

- **用意する書式**
  インターバル報告書②（書式8：220頁）
- **演習の進め方**
  ①インターバル報告書に記入（インターバルで行うことの整理（各自））
  →②発表→③助言（ファシリテーター）
- **インターバル整理のポイント**
  ・受講者が相談支援を行ううえで知っておく必要のある内容を整理する〔＊12〕。
  　⇒例えば、受講者が相談支援を展開していくうえで、どこに相談すればよいのかわからないという状況であれば、市町村の相談体制を知ることで支援に役立てることになる。また、自立支援協議会に参加していない受講生にとって、地域課題を取り上げて協議している仕組みを知ることも重要になる。
  ・ここで整理した内容が漠然としたままだと、インターバル時に何を行うかが不明確になるため、必ずファシリテーターによる助言と同意を必要とする。

＊12　基幹相談支援センターの職員が受講している場合は、インターバルの整理のポイントとして、地域の相談体制の不足している箇所（または強化した方がよいと思われる箇所）について、どのような方法で整備するかを考えるとよいでしょう。

6. 本日のまとめ

　　インターバルの目的や基幹相談支援センター等に訪問する際の留意点について説明する。また、インターバル期間で実施した内容についてはインターバル報告書②（書式8）に記載する。

　　また、地域変革のためのアセスメントシート、ストレングスアセスメント票の追記についての説明も行う。新たに作成するのではなく、提出してもらったものに対して赤字で追記する。研修を受ける前は気づけなかった（未記入）ことが、演習を通して大切な情報として気づき、追記することで情報は追加されていくことを理解する。

参考資料 4-2　進め方のポイント〈講師向け〉

報告

① 　報告者は、読み込みの時間のなかで、7分程度で報告できるようまとめる。

② 　事前課題（実践報告書：書式 1-②）の支援方針、困っていることを説明し、利用者と地域資源（人）や社会資源（人）との関係性、利用者を取り巻く人（環境）と相談支援専門員との関係性や働きかけ方について説明するよう促す。

③ 　多職種連携の内容（チーム支援の共有、担当者会議の開催等）について説明するよう促す。
　　状況、チームでの意思決定支援について報告するよう指示する。

質問

① 　オープン・クエスチョンを避ける。
　　○○事業所との関係はどうですか？ →担当者と本人の関係？ 利用者同士の関係？ 家族と事業所との関係？ など何を聞いているのかわからない。

② 　質問・発言の意図を聞く。
　　質問が漠然としていると、答える側も何に対して質問されているのかわからないため、「もう少し具体的に質問してほしい」「どういうことを聞きたいのか、もう少し具体的に言ってほしい」など促すことで、質問した人も自分が何を聞きたいのかが明確となる。

③ 　質問者に回答から何がわかったかを述べてもらう。
　　質問する→答える→次の質問に移る、というやり取りが一般的だが、時に、質問する→答える→答えを聞いて何がわかったか（判断できたか）を尋ねる場面をつくることで、何かしらの理解に結びつけることができる。

検討

① 　利用者を取り巻く人（環境）へのアプローチについて

② 　多職種連携の展開や担当者会議開催に向けた準備等について

③ 　提出者が困っていることについて

④ 　チームでの意思決定支援の確認

○留意点

☐ 　実践報告書：書式 1-②（エコマップ）を使用する。実践報告書：書式 1-①は使用しない

☐ 　報告者があげている「チームで困っていること」に対しての対応策をグループで検討する。またセルフチェックシート（書式 7：219頁）を参考にしてチームアプローチの展開についての確認も行う

演習
2

演習 | 3

地域をつくる相談支援（コミュニティワーク）の実践

科目のねらい

- ☐ 地域をつくる相談支援の実践に必要な価値、知識、技術について理解を深める。
- ☐ 自身の地域をつくる相談支援実践について振り返り、維持・向上すべきことに気づく。
- ☐ 地域をつくる相談支援の実践例を活用し検討することで地域援助の能力を獲得する。

学習のポイント

- ☐ GSVの体験と効果の理解
  ①GSVの意義と方法／②GSVの展開／③地域支援の展開や目的
- ☐ 地域資源の活用や地域ネットワークの構築
- ☐ コミュニティワーク
  ①個別支援から地域課題への展開／②地域援助としてのCSW／③地域アセスメント

研修の構造

1日目	研修受講ガイダンス	講義1 法制度の現状	本人を中心とした支援におけるケアマネジメント及びコミュニティソーシャルワークの理論と方法			講義3 スーパービジョン
			講義2（第1節） 意思決定支援に着目した個別相談支援	講義2（第2節） 多職種連携及びチームアプローチ	講義2（第3節） 地域を基盤としたソーシャルワーク	

2日目	導入講義 個別相談支援	セルフチェック	6名グループにてグループ演習（※）	
			実践報告・検討	実践報告を受け課題実習にむけた整理とそのグループでの共有

基幹相談支援センター等にて自らの提出課題をチームで検討する（課題実習）　任意・推奨

3日目	導入講義 多職種連携及びチームアプローチ	セルフチェック	6名グループにてグループ演習（※）		
			実践報告・検討	グループで1事例選定	実践報告を受け課題実習にむけた整理とそのグループでの共有

基幹相談支援センター等にて自立支援協議会の参加等体験（課題実習）　任意・推奨

4日目	導入講義 スーパービジョン	ロールプレイ GSV	グループ体験演習 GSV	導入講義 コミュニティワーク	6人グループにてグループ演習（※） 実践報告・ヒアリングシート記入 地域支援について	研修まとめ	修了証交付

※　1グループの人数は標準を示したもの。

講師：鈴木　敏彦

1. ガイダンス

ここでは、研修4日目の獲得目標とカリキュラムの説明を行う。

4 日目

1 講義 (ストレングスモデルに基づくグループスーパービジョン)

グループスーパービジョン (以下「GSV」とする) にはさまざまな手法があるが、ここでは一つの手法としてストレングスモデルに基づく構造化されたGSVを取り上げる。まず、GSVに関する講義を行う。続いて共通事例を用いた演習講師による模擬GSVを行い、実際の演習の参考としてもらう。GSVを通して、福祉サービスの利用とともに、地域資源を活用することで、地域での自立した生活の拡大につながることを理解する。

〈POINT〉

- ・ストレングスモデルによるGSVの展開について学ぶ。
- ・地域資源の活用等を通して個別課題を地域課題としてとらえる[*1]。
- ・自身の支援が地域支援を展開していることを理解する。

2 演習3-1 (GSV)

3日目にグループで選定した1事例について、模擬GSVを参考にしながら、グループでGSVを行う。ストレングスアセスメント票 (書式3：214頁) を使用し、ストレングスを活かした地域資源の活用等を検討する。

3 講義 (コミュニティワーク)

1日目の講義をふまえつつ、コミュニティワークの展開に必要なポイントについて、①相談支援における地域とのつながりを意識した支援 (地域資源の活用と参加)、②自立支援協議会の機能と役割、③個別課題を地域課題としてとらえて地域資源の改善・開発までの流れ、④地域アセスメントの役割と方法について学ぶ。

〈POINT〉

- ・①②③について、地域の自立支援協議会や基幹相談支援センターと共有している事例を通して学ぶ。
- ・④について、地域変革のためのヒアリングシート (利用者から見た地域の状況) の記載方法を学ぶ。

講師向け
ストレングスモデルによるGSVに限定したものではありませんので、みなさんの地域のなかで行われている手法で構いません。ただし、地域資源の活用や地域とのつながりを深めるための検討ができること、構造化された手法である点は必須です。

*1 基幹相談支援センターと共有することがコミュニティワークの第一歩です。

演習
3

講師向け
　事前課題、セルフ
チェックシート、イン
ターバル報告書を参考に
し、そこでの助言や自身
の気づきについて振り返
ります。

4 演習3-2（地域支援の展開に関する演習）

　インターバル報告書②（書式8：220頁）の下段（研修終了後、地域支援をどのように展開していくか（基幹相談支援センター等との連携も含む））を記入し、インターバルの実践の報告、地域変革のためのヒアリングシート（書式2：210頁）から気づいた地域の状況等について共有し、地域支援の方法等について理解を深める。現任研修終了後、地域支援の展開についての展望を述べ、グループで共有する。

2.　講義（1日目の講義の振り返り）

(1)　はじめに

　GSVには多様な手法があるが、ここではその1つとして、ストレングスモデルに基づき構造化されたGSVを取り上げる。ストレングスモデルに基づくケアマネジメントの基本的な考え方は、障害や欠陥部分に焦点を当てるのではなく、当事者との人間的なつながりを構築していく過程で、ストレングスを理解することにある。

　こうしたストレングスモデルに基づくケアマネジメントの実施に際しては、次の6原則をあげることができる（**表4-2**）。

表4-2　ストレングスモデルに基づくケアマネジメント　6原則 [*2]

①　障害を持つ人も、新しい人生の再発見をすることができる
②　焦点は、個人のストレングスであり、欠陥ではない
③　地域は、利用可能な資源の宝庫である
④　支援関係を導くのはクライエント本人である
⑤　利用者と相談支援専門員の人間的なつながりが不可欠である
⑥　支援は地域のなかで行われる

＊2　本原則は、チャー
ルズ・A・ラップ／リ
チャード・J・ゴス
チャ、田中英樹監訳
『ストレングスモデル
［第3版］──リカバ
リー志向の精神保健福
祉サービス』金剛出版、
67～91頁、2014.を
もとに作成しました。

(2)　ストレングスモデルに基づくケアマネジメントの特徴

　ストレングスモデルに基づくケアマネジメントと、従前に日本において実践されてきたケアマネジメントとの比較を試みると、**表4-3**のとおりである。従前のケアマネジメントは、「ブローカーモデル」として特徴づけられ、「ストレングスモデル」とは大きく異なる。

　また、従前のケアマネジメントでは、クライエントの「生活ニーズ」、すなわち、身体・心理・社会面での生活課題と、それらの解決を目指した

「望ましい生活」目標についてアセスメントすることが強調されがちであった。こうした視点では、アセスメント過程でのストレングスの発見は、「ニーズ中心型アプローチ」となる。ストレングスモデルに基づくケアマネジメントでは、「ゴール中心型アプローチ」の立場をとり、利用者の生活・人生の目標に焦点を当てる。

表 4-3　2 つのケアマネジメントモデル

	ブローカーモデル	ストレングスモデル
利用者と相談支援専門員の関係	【トラベルエージェント型】 （旅行代理店型） ・プランを立てて、提案してくれる人	【トラベルコンパニオン型】 （旅行の同伴者型） ・一緒に旅行をしてくれる人 ・本人が目指す目的地に向かうために本人が運転する車に乗る人
支援の焦点	【ニーズ中心型】 「最善の利益」（best interest）の押し付けが生じやすい。共同意思決定（shared decision making）と支援付き意思決定（support decision making）を混同しやすい。	【ゴール中心型】 表出された意思（expressed wish）からスタートする。

演習
3

　図4-13は、2つのケアマネジメントモデルのプロセスを図示したものである。

図 4-13　2つのケアマネジメントモデルのプロセス

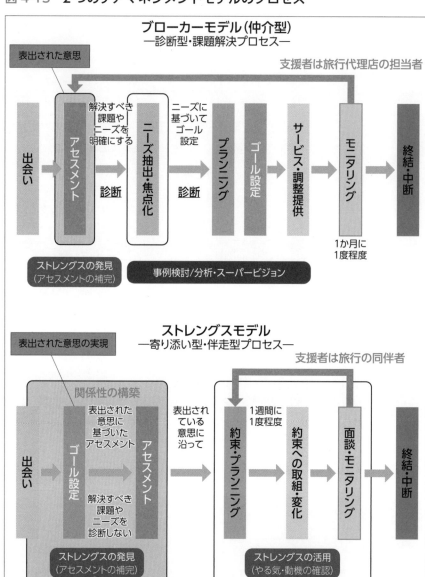

出典：「相談支援従事者研修ガイドラインの作成及び普及事業（平成30年度障害者総合福祉推進事業）」現任モデル研修資料（2〜4日目）、56〜57頁、2019.

⑶　ストレングスモデルに基づくケアマネジメントの展開のための3つのツール

　ストレングスモデルに基づくケアマネジメントの展開に際しては、表4-4の3つのツールの活用が求められる。

表 4-4　3 つのツール

①　ストレングスアセスメント票（書式 3 : 214 頁）
　　当事者と環境のストレングスのみに着目したアセスメント票
②　グループスーパービジョン（GSV）
　　出席者が並列の関係で行われるスーパービジョンであり、当事者支援の
　アイデアを出すことと支援者支援の 2 つの側面がある
③　パーソナルリカバリープラン
　　1 週間に 1 度のペースで 1 つの目標を立て実施していくプラン

　GSVは、「ストレングスアセスメント」と「パーソナルリカバリープラン」を進めていくエンジンとでもいうべき存在である。GSVは、くり返し実施されることが重要であり、同じクライエントに対して継続的に実施する、異なるクライエントに対する実施により、相談支援専門員自身がクライエントへの見方や接する姿勢等の変化を実感する機会となるだろう。

⑷　GSVと地域資源

　GSVでは、そのプロセスを通して、福祉サービスの利用とともに、地域資源を活用することで、地域での自立した生活の拡大につながることを重視している。

　先にふれた、ストレングスモデルに基づくケアマネジメントの原則では、原則の1つに「地域は、利用可能な資源の宝庫である」点をあげている。

　本原則は、利用者の生活が「利用できる資源」の有無や、利用者本人に対する「周囲の人たちの期待」等によって、大きく左右されることへの注意を促している。

　また、本原則では、利用者の「社会資源に対する権利」の保障を前提としている。

　この原則を実践するために、支援者は「地域の協力者をつくり出す」役割を果たすことが求められている。

　言い換えれば、利用者と地域との間で「触媒」となることが期待されているのである。[＊3]

　図4-14のとおり、生活支援の担い手には、「社会保障、医療・福祉制度」「地域一般・企業体」「住民同士・ボランタリー」等のレベル（階層）がある。相談支援専門員は、社会保障、医療・福祉制度等のフォーマルな資源のみを活用した支援のみならず、多様な地域資源の活用が求められている。フォーマルな資源のみによる支援は、利用者の生活に制限を加える可能性を生じさせることも起こりうる。

　また、地域資源といった場合、「住民同士、ボランタリーな活動」につい

＊3　チャールズ・A・ラップ／リチャード・J・ゴスチャ、田中英樹監訳『ストレングスモデル［第3版］──リカバリー志向の精神保健福祉サービス』金剛出版、75頁、2014.を参照。

演習3

ては一定の目配りがあるものの、それのみにとどまってしまうことも多い。相談支援専門員は、これまで資源と考えてこられなかった、すでに身近にある「ありふれた資源」に再注目し、その活用に留意すべきであろう。

図 4-14　生活支援のレベル (階層)

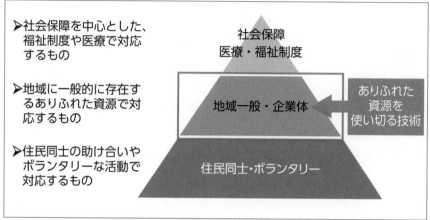

出典：「相談支援従事者研修ガイドラインの作成及び普及事業（平成30年度障害者総合福祉推進事業）」現任モデル研修資料（2〜4日目）、62頁、2019. より作成

⑸　ストレングスモデルに基づくGSVの実際

ストレングスモデルにおけるGSVの進め方とポイントは、以下のとおりである。

GSVの進め方[*4] (130頁**参照**)

1. 導入（事例概要の説明、ストレングスアセスメント票の提出）【3分】

2. 事例提出の意図並びに利用者の目標（希望）とスーパーバイジー（事例提供者）が求めている助言及びアイデアの説明【5分】

3. スーパーバイジーが取り組んできたことを説明【5分】

4. 事例概要とストレングスアセスメント票の読み込み【5分】

5. GSV参加者としてよりよいアイデアを考えるうえで必要としていることについて質問【10分】

　　①人物像を共有する質問

　　②人物や環境等のストレングスに関する質問

6. GSV参加者が支援のアイデアを出し合う【10分】

7. 実用性の高いと思われるアイデアへの質問【3分】

8. 実用性の高いアイデアを選出【3分】

講師向け

130〜136頁を参考にしながら、ストレングスモデルにおけるGSVの具体的な展開における各人の役割について丁寧に説明してください。

＊4　ここに記載した時間は、目安になります。

GSVのポイント

1. 役割分担

    事例提供者、司会

2. 事例紹介

    提出意図を明確、かつ簡潔に説明した後に、利用者のゴール、事例提供者が求める助言は何かを伝える。

3. 人物像に関する質問

    事例検討前に基本的な内容について確認し、対象者像の共有を図る。質問に答えられない、アセスメントができていないことは、はっきりと「わからない」と伝えることが大切である。多角的な質問により、アセスメントの穴を埋め、精度を高めることができる。

4. 人物や環境などのストレングスに関する質問

    利用者の目標達成を促すための情報や支援者の困りごとを助けるために何が必要かを考えながら質問する。その結果、事例提供者や参加者の視野が広がり、マイナスの印象をプラスに転化（リフレーミング）するヒントを探ることができる。また、問題・課題を明確にし、具体的な支援について検討することで、エンパワメントにつなげ、動機を探ることも重要である。

5. 今後の方向性の確認（ブレーンストーミング）

    3.と4.で確認された事実についての解釈や事例の見方を変えるための議論や支援方針等を検討する。

＜ブレーンストーミングの基本ルール＞

- ・事例提供者の求めている点について、アイデアを思いついたまま発言する。
- ・他人のアイデアを否定しない。
- ・ブレーンストーミング中、事例提供者は意見交換に参加せず、アイデアの記録に徹する。
- ・最後に事例提供者が、出されたアイデアのなかから、2～3程度のアイデアを選択し必ず実践することを約束する。
- ・利用者に対して働きかけた結果は、次回以降のGSVで報告し、うまく効果があったものを出席者が共有し、たたえる。
- ・1つもうまくいかなかった場合には、再度の提出を促す。

演習
3

3.　模擬 GSV の体験

運営向け

　模擬GSVは共通事例で行いますが、事例は各地域で作成したもので構いません。なお、ストレングスモデルに基づく模擬GSVを行う場合は、事例作成のポイントを巻末資料4（222頁）にまとめましたので、適宜参照してください。

　ここでは、あらかじめ作成された共通事例を用いて、模擬GSVを体験することにより、ストレングスモデルに基づく構造化されたGSVの理解を図る。

　演習講師数人程度で、共通事例を用い、講義（2.（5））で説明した展開過程に沿って模擬GSVを行う。各局面で随所に行われる解説を通してGSVの理解を深める。

> ■　配布資料
> 　配布資料1：共通事例・概要（181頁）、別紙1：アセスメント状況（一次的機能アセスメント）（182頁）、別紙2：ストレングスアセスメント票（183頁）
> 　配布資料2：共通事例・その後の展開（185頁）
> 　※配布資料1は模擬GSVの開始前に、配布資料2は模擬GSVの終了後に配布する。
> ■　模擬 GSV の進め方
> 　①　目的の説明
> 　※受講生（GSV未経験者）に対してGSVの理解を図り、演習で行う事例検討につなげる。
> 　②　役割紹介（事例提供者・ファシリテーター・グループメンバー）
> 　③　模擬GSV
> 　　事例紹介地域支援事例提供者による紹介→質問セッション（質問／解説）→アイデアセッション（事例提供者がアイデアを記入）→質問・決定（アイデアを選択）
> 　　※各局面におけるポイントについては、巻末資料5（225頁）を参照。
> 　④　解説

配布資料1

《共通事例・概要》

1．プロフィール	氏　　名　：　山田　はなこ　年齢：22歳　　性別（男・㊛） 家族構成　：　父（○○歳）／母（○○歳） 障害程度　：　中度知的障害（療育手帳B1）
2．相談までの経緯	小・中学校は普通級に在籍する。友達もおらず、物を隠される、陰口を言われるなども あったが、大きな問題もなく過ごしていた。しかし、授業にはついていけず、じっと座れ ずに歩き出すためよく注意されていた。 　中学卒業後は特別支援学校に入学する。ここでは仲のよい友達も数名できて、一緒に遊 ぶなど楽しく過ごしていた。部活は卓球部に所属し、かなりの腕前で、大会では上位に入 るほどであった。卒業後の進路を決めるにあたり、学校としては手先が器用ではあるが、 実習の評価がよくなかったことと、情緒にムラがあることからすぐに就労するのではなく、 就労継続支援B型事業を利用して就労レディネスがある程度整ってからの就労と考えてい た。本人は決めかねていたが、最終的には両親の希望で就職することになった。 　特別支援学校卒業後は化粧品の箱詰めを行う会社に就職するが、長くは続かず、1年で 退職することになる。その理由として、上司の話を聞けない、説明したとおりに作業がで きない、反抗する、独語が目立つ、休みがちになるというのが主な理由であった。 　退職後、しばらくは自宅で過ごしていたが、ただ家にいるだけというのもよくないと母 親が感じたため、あまり乗り気ではない本人を連れて相談支援事業所に相談に来る。母親 は就労を希望するが、本人に希望を聞いても「特にない」とうつむきながらの返答が多い。 自尊心が傷つき、新しいことにチャレンジすることに拒否反応が強いことが面接でわかっ たため、W就労継続支援B型事業を利用することになる。
3．サービス等利用計画における総合的な援助方針	就職がうまくいかず、自信をなくしてしまっているところがあり、新しいことに興味が わかず、今後どのような生活を送りたいか見出せずにいる。 　職業レベルは高いことから、就職を目指しながらも、作業を通して成功体験を積み重ね、 本人が希望する生活を見つけていくことを目的として、W就労継続支援B型事業所を利 用している。
4．W就労継続支援B型事業所での支援経過	W就労継続支援B型事業所には就労に向けた準備と社会性の獲得を目的として利用す ることになったが、本人は就労に対しての意識は低く、できれば就職したくないように見 受けられた。 　同年齢の利用者が少ないことも影響してか、環境になじむのに時間がかかったが、少し ずつではあるが、他の利用者と会話することも増え、友達もできた。 　作業には真面目に取り組めていたが、新しい作業になると拒むことがあり、また、不安 そうに何度も確認してくることが目立った。作業を間違え、指摘すると、「すみません、 すみません」と何度も謝るのが特徴で、自信のなさを感じた。 　通所して2年が経ち、一通りの作業もこなせるようになるなど順調に通えていた。作 業評価も高かったため職員から就職の話もでるが、「今のままがいい」と頑なに拒否する。 　その頃、母親から、「休日も家で過ごすことが多く、生きがいを見つけてほしいと願い、 一緒に出かけようとするのだが行きたくないと拒むこともある。特別支援学校のときは部 活にも所属し友達とも楽しく過ごしていたあの頃のようになってほしい」と相談がある。 　そのため、事業所のなかだけでは本人の生活の幅を広げることが難しいと感じたサービ ス管理責任者は、今後の支援について相談支援専門員に相談することになった。
5．サービス等利用計画の見直し	就労の経験等から自信を失い、自己を否定することが多かったことから、守られた環境 下において、作業を通して成功体験を積み重ね、自尊心を高めていくことを目的として W就労継続支援B型事業所を利用した。 　ある一定の効果は得たものの、時折事業所内でさみしそうにしている姿を見たり、母親 からの相談（心配）もあったりしたことから、現在の事業所を継続して利用していきなが らも、本人の生活の幅を広げていくために支援の見直しが必要となった。 　本人の希望や生きがいを見つけていく支援は、福祉サービスを利用するだけでは難しい ことから、支援方法について、相談支援専門員の連絡会で協議したところ、ストレングス モデルによる相談支援を進めていくことになった。そこで、ストレングスアセスメント票 を作成、グループスーパービジョンを行い、支援の方向性を協議した。
6．アセスメント状況	（別紙1・2参照）

演習
3

II　演習編

（別紙1）

《アセスメント状況（一次的機能アセスメント）》

領域	アセスメント項目	内容
日常生活能力	食事	料理を作るのが好きで、カレーや豚汁など簡単な料理を母親と一緒に作ることもあったが、今はやりたがらない。
	清掃	主に母親が自室の清掃を行っている。本人は全くやらない。
	身だしなみ	きれい好きではあるが、母親が身なりを整えている。
	生活リズム	安定しているが、ゲームに熱中してしまうと就寝が遅くなり、寝坊することがある。
社会生活能力	交通機関利用	問題なし
	欲求不満体制	嫌なことがあると壁などを叩く、怒鳴ることがある。困ったことがあっても他人に言えない。
	社会参加	W就労継続支援B型事業所以外に通っているところはないが、以前はよくスポーツ店に行っていた。
作業能力		手先は器用であるが、集中力、持続性に欠ける。
経済状況	金銭管理	主に母親が管理している。
医療	通院・服薬	なし

（別紙2）

《ストレングスアセスメント票》

書き出し【●】本人の言葉　　【○】家族等の言葉　　【・】事実や行動（社会資源等）

本人の名前（通称）：　　　　　　　　　　　　グループ・事例提供者氏名

A　現在のストレングス 私の今のストレングス 個人：環境	B　（未来の）希望：願望：熱望 何がしたいか：何がほしいか	C　過去の資源 どのようなストレングスを 使ってきたか
家・生活環境（住居、日常生活、移動手段、行動範囲など）		
・両親と実家（持ち家）で生活 ・休日は母親と一緒に買い物に出かけることもある ・自分の部屋がある ●一人でどこにでも行けるのに、母親が心配してくるのでうっとうしいと思うことがあります ○食器の片付け、料理などは積極的に手伝ってくれるので助かっている	●よくわからない ○そのうち GH などに入って自立してほしいと思う	○特別支援学校で初めて部活動に入った。卓球の試合には父親と応援によく行った ○以前は家族で旅行等に出かけていたが、最近は本人が行きたがらなくなった（父親が寂しそうにしている）
経済状況		
・お金は、年金、作業工賃（1 万7,000 円）は母親が管理し、毎日小遣いとして 500 円を渡している ●自分はお金に執着していないので、気になりません	○あるだけ使ってしまうので、先のことを考えて使えるようになってほしい	●就職していたときの給料の額は知りません。振り込みだったからというのもあるし、関心もなかった ・仕事に行きたくなくて、無断で会社を休んで公園で時間をつぶして帰ってくることもあった
日中活動（就労、教育、専門知識、通所、通学含む）		
・W 就労継続支援 B 型事業所には公共交通機関を利用して通っている ・W 就労継続支援 B 型事業所には休むことなく通えている ●今通っている事業所に満足しています。ただ、仕事ばかりだからつまらなく思うときもあります	●よくわからない ○無理して就職する必要もないと考えている。楽しく過ごしてほしいと願っている	○特別支援学校を卒業後は就職した ○学校に行くのは積極的ではなかったが、休日の卓球の練習や大会には自ら起きて出かけていた ●特別支援学校時代、卓球大会に出場して優勝したことがあります。楽しかった
社会的支援（家族、友人との関係、所属、サポートネットワーク、支援的人間関係）		
・W 就労継続支援 B 型事業所に通っている ・W 就労継続支援 B 型事業所のなかに気軽に話せる友人は数名いるが、事業所内でのおつきあいが中心 ○家族との関係はよいが、父親とは出かけたがらない。父親は寂しそうだが、年齢相応かと思っている	○特別支援学校のときはとても楽しそうだったので、あの頃のようになってほしい	・以前は地域内の卓球クラブに入り、年配者に交じって練習していた。おばちゃんから可愛がられていたよう ・特別支援学校時代に仲のよい友達と一緒に映画を観に行くこともあった

演習
3

健康状態（快適な状態、受診など医療を含む）		

余暇活動（趣味、レクリエーション）		
●家にいるときは、テレビを見ていることが多いです。特段好きな番組はありません ○休みには母親と一緒に買い物に出かけるが、最近は行きたがらなくなってきた ・Ｗ就労継続支援Ｂ型事業所のレクリエーションに参加し、カラオケをして楽しんでいた ・スペシャルオリンピックス（卓球）に参加したいというが、突然キャンセルすることがあった	●運動して汗をかくのが好きなので、何かしてみたいと思うこともあるけど……	・以前は卓球や友達と映画を観る、家族で旅行に行くなどしていた

Spirituality　文化／生きがい（大事にしていること、人生観、家族観、価値観）		

わたしの希望・願望の優先順位は
1)
2)
3)
4)

追加コメント・わたしを理解するために大切なこと

配布資料2

《共通事例・その後の展開（事後配布資料）》

1．GSVの展開と支援の結果

　　W就労継続支援B型事業所のサービス管理責任者からの相談を受けて、福祉サービスの利用だけでは生活の幅を広げることが難しいことから、基幹相談センターで行っている相談支援事業所連絡会で協議したところ、本人のストレングスを活用し、本人がやりたいことを見つけていくことで生活の質を高めていけたらということになった。しかし、通常のアセスメント票やかかわりだけでは、本人のストレングスが不明なことから、新たにストレングスアセスメント票を作成し、定期的にGSVを実施し、参加者の意見や助言も参考にしながら、GSVでの意見を支援に役立てていった。

2．ストレングスである卓球を支援の中心として進めていった結果

(1)　特別支援学校卒業以降、自分の生活に希望を見出すことができず、ただ、なんとなく過ごすということが増えていた。一般企業、通所施設の雰囲気になじめず、いまだに学生生活の雰囲気を望んでいるところがあり、大人になることへの不安、悩みなどを抱えていた。一方で、両親との外出を避けるようになるなど、親からの自立もみられた。

(2)　学生時代は好きな卓球に打ち込み、卓球を通して友達との付き合いや卓球クラブの年配の人と楽しく過ごせていたが、就職を機に、その関係のすべてがなくなってしまっていた。

(3)　本人から希望はあがらないが、ストレングスである卓球を支援に位置づけ、相談支援専門員と一緒に見学・体験を行い、本人の希望で卓球クラブに入ることになった。以前一緒に活動していた人も数名残っており、「よく戻ってきたね、また一緒にやろうね」と声をかけられ、とてもうれしそうであった。

(4)　この卓球クラブの参加を通して日常生活にも変化が見られるようになった。就職はいまだに拒否するが、日中は事業所に通い、週2回夕方以降にクラブに参加、週末は練習や大会に出るなどして過ごし、積極的に作業にも参加し、何よりも笑顔が増えた。

(5)　スペシャルオリンピックスの存在を知り、障害者のクラブチーム（卓球）にも参加するようになる。大きな大会に参加できるようポイントを重ね、最終的にはスペシャルオリンピックスの全国大会で優勝するのを目指して日々過ごしている。

(6)　日中はW就労継続支援B型事業を利用しながらも、作業後は卓球クラブに通い、休みの日はクラブチームでの練習や大会に参加している。大会には家族や事業所の職員、利用者も応援に来てくれている。入賞した翌日には、事業所内で大会の様子を紹介されるなどして、とてもうれしそうであった。卓球を通して生活の幅が広がり、大会の交通費を稼ぐといって事業所の作業にも熱中して取り組んでいる。

演習
3

4. 演習 3-1（GSV）

　これより、各グループにて選出された代表事例に対してGSVを行う。進行は演習講師が行うが、受講生は事例提供者が求めている助言や支援のアイデアに対して自身ならどうするかという視点に立って意見を述べる。GSVの展開は模擬GSVと同様である。

■　検討事例
・3日目の研修で選定した事例を用いる。
■　演習の進め方
　①　模擬GSVの項（180頁）及び巻末資料6（227頁）を参照のこと。
　②　ストレングスアセスメント票（書式3：214頁）（演習2日目の研修を受けて追記したものを3日目に提出）を用いて、地域資源を活用した具体的な支援方法について検討する。
　③　GSV終了後、各自の気づきを共有する。
■　学びのポイント
・障害者の生活は福祉サービスのなかだけで生活しているのではなく、福祉サービスを利用しながらも隣人や地域資源を活用することで生活の質が高まっていくこと。
・生活のなかに地域とのつながりがとても大切であること。
・相談支援専門員として、地域資源を活用する等の支援がコミュニティワークの第一歩であること。

---

5. 講義（コミュニティワーク）

　コミュニティワークに関する講義は、研修1日目に実施されている。本項では1日目の講義内容をふまえつつ、相談支援専門員がコミュニティワークの展開を図る際に必要な視点・方法等を確認する。

(1)　社会の変化への対応

　近年の社会の変化について、「地域共生社会に向けた包括的支援と多様な参加・協働の推進に関する検討会」の中間とりまとめ（2019年7月、厚生労働省）では、表4-5のように整理している。

表 4-5 　個人や世帯を取り巻く環境の変化

・個人や世帯が抱える生きづらさやリスクの複雑化・多様化：社会的孤立など関係性の貧困の社会課題化。生活困窮を始めとする複合的な課題や、人生を通じて複雑化した課題の顕在化。雇用を通じた生活保障の機能低下（例えば、就職氷河期世代の就職困難、不安定雇用）など。
・世帯構造：高齢化や生涯未婚率の上昇に伴う単身世帯の増加、ひとり親世帯の増加など、生活保障の一部を担ってきた家族の機能の変化。
・社会の変化：共同体機能の低下（血縁、地縁、社縁の脆弱化）、少子高齢化や急速に進む人口減少などの人口動態の変化。経済のグローバル化や安定成長への移行など経済環境の変化。
・上記の変化に呼応する形で生じる個人の価値観やライフスタイルの多様化：例えば、他者や自然とつながりながら生きるといった、経済的な豊かさに還元できない、豊かさの追求・家族観や結婚観の変化。働き方の多様化など。

　こうした多様な変化に対して、地域が柔軟な対応を図ることができるならば問題は生じない。しかし、変化への対応が講じられなかったり、変化への対応が遅れると地域は疲弊し、その存続にも影響を与えることとなる。地域とは、物理的な環境のみならず、人々のつながりをも含む包括的な環境を指している。地域づくりとは、単に物理的な環境の整備を図ることだけではなく、地域社会をどのように（再）構築していくかということにほかならない。地域の姿は画一的なものではなく、独自の個性を有しており、各地の特性に応じた地域づくりが必要となる。

⑵ 「弱くてもろい社会」から「地域共生社会」へ

　「ある社会がその構成員のいくらかの人々を閉め出すような場合、それは弱くもろい社会である」とは、「国際障害者年行動計画」（1979年、国連）の著名な一節である。このメッセージから40年後の現在、私たちの社会は、「弱くもろい社会」と決別したといえるだろうか。今日、日本では、ソーシャル・インクルージョン（social inclusion）の実現を求め、「地域共生社会」が提唱されている。「ニッポン一億総活躍プラン」（平成28年6月、閣議決定）では、地域共生社会を表4-6のように説明している。

演習 3

表 4-6　地域共生社会とは

> 　子供・高齢者・障害者など全ての人々が地域、暮らし、生きがいを共に創り、高め合うことができる「地域共生社会」を実現する。このため、支え手側と受け手側に分かれるのではなく、地域のあらゆる住民が役割を持ち、支え合いながら、自分らしく活躍できる地域コミュニティを育成し、福祉などの地域の公的サービスと協働して助け合いながら暮らすことのできる仕組みを構築する。また、寄附文化を醸成し、NPO との連携や民間資金の活用を図る。

　地域共生社会は、高齢期のケアを地域で包括的に確保・提供することを目的とする「地域包括ケアシステム」の取り組みを、障害者、子どもなどへの支援や、複合的な課題に対してもその展開を広げたものと見なすことができる。

⑶　相談支援における地域とのつながりを意識した支援

　相談支援専門員の今後のあるべき姿を論じた「『相談支援の質の向上に向けた検討会』における議論のとりまとめ」(平成28年7月)では、期待される相談支援専門員像を、次のように描写している(表4-7)。

表 4-7　期待される相談支援専門員像

> 　相談支援専門員は、障害児者の自立の促進と障害者総合支援法の理念である共生社会の実現に向けた支援を実施することが望まれている。そのためには、ソーシャルワークの担い手としてそのスキル・知識を高め、インフォーマルサービスを含めた社会資源の改善及び開発、地域のつながりや支援者・住民等との関係構築、生きがいや希望を見出す等の支援を行うことが求められている。
> 　さらに将来的には、相談支援専門員は障害者福祉に関する専門的知見や援助技術の習得のみならず、社会経済や雇用情勢など幅広い見識や判断能力を有する地域を基盤としたソーシャルワーカーとして活躍することが期待される。

資料：「「相談支援の質の向上に向けた検討会」における議論のとりまとめ」(2016年7月19日)、6頁より作成

　報告書における「インフォーマルサービスを含めた社会資源の改善及び開発、地域のつながりや支援者・住民等との関係構築」や「社会経済や雇用情勢など幅広い見識や判断能力を有する地域を基盤としたソーシャルワーカー」等の言及からは、相談支援専門員の行う個別支援の先には、常に地域が展望されていなければならないことが明確に表されている。

　ソーシャルワーカーとしての相談支援専門員に期待される個別支援から

地域支援への展開（ケースワークからコミュニティワークへの展開）は、国際的なソーシャルワークの考え方と軌を一にするものである。IFSW（国際ソーシャルワーカー連盟）・IASSW（国際ソーシャルワーク学校連盟）の総会で採択された「ソーシャルワーク専門職のグローバル定義」（2014年）では、その冒頭で「ソーシャルワークは、社会変革と社会開発、社会的結束、および人々のエンパワメントと解放を促進する、実践に基づいた専門職であり学問である」と述べている。報告書において「ソーシャルワークの担い手」として位置づけられた相談支援専門員が、個別支援から地域支援（コミュニティワーク）に至るまでの幅広いソーシャルワークの展開を図ることにより、「社会変革と社会開発、社会的結束、および人々のエンパワメントと解放を促進する、実践に基づいた専門職」としてその役割を発揮することが求められている。相談支援専門員には「グローバルな視野」と「ローカルな支援」の双方が求められる。

　また、報告書にある「地域を基盤としたソーシャルワーカー」について、岩間伸之の所説をもとに紐解くならば、①個を地域で支える援助と、②個を支える地域をつくる援助を一体的に推進することといえる[＊5]。相談支援専門員を機能面からみると、①については相談支援専門員が担うべきものであり、②は主任相談支援専門員が主な担い手となるべきと考えられる。

＊5　地域を基盤としたソーシャルワークの定義については、講義2第3節（109頁）で詳しく説明しています。

⑷　自立支援協議会の機能と役割

　コミュニティワークの実践において、障害当事者をはじめとする多様な関係者が一堂に集い対話・議論を行うためのプラットフォームの一つが、障害者総合支援法第89条の3第1項に基づく「協議会」である（以下「自立支援協議会」とする）。

　自立支援協議会は、表4-8のとおり定義されている。

表4-8　自立支援協議会の概要

【自立支援協議会とは】
　関係機関、関係団体並びに障害者等及びその家族並びに障害者等の福祉、医療、教育又は雇用に関連する職務に従事する者その他の関係者が相互の連絡を図ることにより、地域における障害者等への支援体制に関する課題について情報を共有し、関係機関等の連携の緊密化を図るとともに、地域の実情に応じた体制の整備について協議を行い、障害者等への支援体制の整備を図ることを目的として設置する機関

【構成メンバー】
　地域の実情に応じ選定されるべきものであるが、想定される例としては以下のとおり。
（例）相談支援事業者、障害福祉サービス事業者、保健所、保健・医療関

演習3

係者、教育・雇用関係機関、企業、不動産関係事業者、障害者関係団体、障害者等及びその家族、学識経験者、民生委員、地域住民　等

【市町村（自立支援）協議会の主な機能】
・地域における障害者等への支援体制に関する課題の共有
・地域における相談支援体制の整備状況や課題、ニーズ等の把握
・地域における関係機関の連携強化、社会資源の開発・改善等に向けた協議
・地域における相談支援従事者の質の向上を図るための取組
・個別事例への支援のあり方に関する協議、調整
・地域における課題等について都道府県（自立支援）協議会への必要に応じた報告
・市町村から障害者相談支援事業の委託を受ける事業者が作成する事業運営等の評価
・基幹相談支援センターの設置方法や専門的職員の配置に関する協議、事業実績の検証
・障害者虐待の未然の防止、早期発見・早期対応に向けた体制構築に関する協議
・市町村障害福祉計画の進捗状況の把握や必要に応じた助言
・専門部会等の設置、運営　等

資料：「障害者の日常生活及び社会生活を総合的に支援するための法律第89条の3第1項に規定する協議会設置運営要綱」（平成25年3月28日障発0328第8号）

　自立支援協議会の構成メンバーには、多様な立場の人々が例示されているが、このことは障害者の日常生活・社会生活の多面性と、包括的・総合的な支援の必要性を物語っている。自立支援協議会は、参加者一人ひとりが主体的に参画し、対等な立場で「協議」（＝対話）する場としなければならない。自立支援協議会を通じて、「地域課題」を、「自立支援協議会参加者全員の課題」であり、「すべての地域住民の課題」と位置づけていくことが大切である。

　また、住民に最も身近な市町村（自立支援）協議会については、主な機能として11項目もの多様な役割があげられており、自立支援協議会が地域における障害者支援の全体像を広く把握し、地域の課題に真摯に向き合う場となることが期待されている。本項に関していえば、市町村（自立支援）協議会の機能の一つに「地域における関係機関の連携強化、社会資源の開発・改善等に向けた協議」があげられている点が見過ごされてはならない。相談支援専門員は、自らが支援に携わるケースを通じて、個別課題を地域課題としてとらえ、社会資源（地域資源）の開発・改善等に向けた協議の活性化に資する役割が求められている。

⑸　個別課題を地域課題として把握し、地域資源の改善・開発に至るまでの流れ

　個別課題を地域課題として把握し、地域資源（社会資源）の改善・開発に至るまでの流れは、前項で取り上げた自立支援協議会をプラットフォームとして実践されることが望ましい。

　相談支援専門員には、支援に携わるケースの個別性に十分留意しながら個別課題を地域課題として把握し、自立支援協議会を通じて、地域資源の改善・開発に結びつけていくことが求められる。ただし、個別課題から地域課題への転換は、個々のケースを「汎化」させることではなく、「昇華」させる視点が重要である。これは、「自らが支援に携わるＡさんが抱える課題（生きづらさ）は、地域で暮らす他の障害者も有しているはず！」と単純に汎化させるのではなく、Ａさんの抱える課題（生きづらさ）を生じさせている背景・原因等の本質を適切なアセスメントを通じて明らかにし、地域としての「社会変革と社会開発、社会的結束、および人々のエンパワメントと解放を促進する」（ソーシャルワーク専門職のグローバル定義）にふさわしい説得力ある提案として昇華させることが重要である。

　自立支援協議会において、個別課題を地域課題として把握し、地域資源の改善・開発に至るまでの流れは、講義2第3節（111頁）で解説したとおりである。自立支援協議会の「形骸化・無力化」を防ぎ、地域資源の改善・開発に積極的な役割を果たすためには、相談支援専門員がその中核を担う「個別支援会議」が有効に実施されていることが必須である。丁寧な個別支援会議を通じて、個別課題を地域課題へと昇華させることが地域資源の改善・開発につながる。

　地域資源の改善・開発においては、ソーシャルワークによって見出された「地域課題」を自治体における「政策課題」として反映させていく視点も重要である。既存の地域資源の改善や新たな地域資源の開発には、相応の予算の確保が必要となる場合がほとんどであろう。自立支援協議会は、「地域課題」を自治体にとっての「政策課題」とするための協働のあり方を模索する場でもある。

⑹　地域アセスメントの役割と方法

　サービス等利用計画の妥当性を考えるに際しては、その視点の一つとして、本人の意思を尊重し自立した地域生活を営むために、ふさわしい地域資源（社会資源）の活用が十分になされているかが問われる。サービス等利用計画の評価指標について取りまとめられた『サービス等利用計画評価サポートブック』[*6]によると、地域資源に関しては表4-9のチェック項目があげられている。

＊6　日本相談支援専門員協会『サービス等利用計画評価サポートブック』平成25年

演習3

表4-9　サービス等利用計画の評価指標における地域資源にかかるチェック項目

> 【連携・チーム支援の視点⑤】
> ・地域資源情報の把握：地域の社会資源を把握し、必要に応じて自立支援協議会、地域関係のなかで連携可能な近隣住民や関係者等から意見を聞き取り記載されているか。
>
> 【中立・公平性の視点④】
> ・地域資源との比較：本人ニーズに基づいた地域支援の活用であることがきちんと説明できているか。選択できる地域資源があるにもかかわらず、既存のサービス提供事業所での継続利用だけの計画になっていないか。

　個別課題を地域課題として把握し、地域資源の改善・開発に至るまでの流れを構築するために欠かせない手法が「地域アセスメント」である。地域における多様な資源の概要を可視化・一覧化し、障害ケアマネジメントを通じて、当事者の意思・希望等と資源をマッチングすることによりそのQOLの向上に寄与することが期待されている。ここでの資源とは、障害当事者の生活にかかわるあらゆる人材、組織等を指し、福祉・保健・医療等の分野にとどまらず多様な分野にまたがり、フォーマルサービスだけでなくインフォーマルな支えをも含むものである。地域アセスメントの項目を例示すると表4-10のとおりである。

表4-10　地域アセスメントの項目例

> 1．統計資料等
> 　　人口動態に関する統計、産業別就業人口、国勢調査、昼間流出入人口、世論調査、外国人登録者数、福祉対象者数、行政の福祉・保健・教育関係相談統計、福祉・保健サービス利用者統計、保健業務年報、国民健康保険傷病別患者数、その他
>
> 2．地域特性（地域社会の個性）
> 　　行政区域、地域性格（商業区域・工業区域・等、娯楽施設集中区域、世帯用マンション地域・ワンルームマンション地域、アパート地域、公営住宅（分譲・賃貸・低家賃・高齢者住宅・障害者住宅）、戸建て住宅地域・新興住宅区域）、自然環境、産業と就業構造、文化・伝統・風習・習慣、政治的状況、その他
>
> 3．公共施設等
> 　　官公庁施設、行政出先機関（住民手続きの支所・出張所）、住民利用施設（公民館・文化施設・体育施設・レクリエーション施設）、小学校・中学校（学区）、高等学校、短期大学、4年制大学、専門学校、社会福祉施設、保健・医療施設、広域避難場所、銀行等金融機関、郵便局、交番、その他
>
> 4．保健福祉の公的サービス
> 　　高齢者関係・障害者関係・児童・子育て支援等の制度上のサービス、

シルバー人材センター、医療・保健・福祉関係専門職、通所施設、入所施設、各種支援センター、苦情解決、第三者評価、権利擁護、成年後見（当該自治体首長申し立てシステム）、その他

5．住民組織、職種・職域組織

　町内会・自治会、高齢者関係団体、障害者関係団体、ひとり親家庭関係団体、患者会、ボランティア活動団体、小地域福祉活動住民組織、NPO団体、子ども会（育成会）、PTA、社会教育系サークル、レクリエーション団体、生活協同組合、農業協同組合、商工関係団体（商工会・青年会議所・ロータリークラブ・ライオンズクラブ等）、労働組合、各種職種組合、その他

6．生活関連産業

　福祉関連企業、食材・生活用品宅配会社、コンビニ、スーパー、給食・弁当会社、弁当販売店、タクシー会社（移送サービス）、便利屋、その他

出典：日本地域福祉研究所監修『コミュニティソーシャルワークの理論と実践』中央法規出版、61頁、2015.

　地域アセスメントの方法としては、①自立支援協議会や自治体等が調査を実施し、地域資源のマップや一覧表を作成する組織的な取り組みのほか、②相談支援専門員による個別支援の中から見出された地域資源を自立支援協議会等の場で分かち合う「実践知に基づく地域資源の共有」により、パッチワーク状につなぎ合わせていく方法等も考えられる。

　また、地域アセスメントを行う際は、アセスメントの対象とする地域の大きさ（圏域）に留意する必要がある。障害当事者のライフステージや、日常生活・社会生活上の行動範囲の変化等により、地域アセスメントで抽出される資源も異なってくる。

　なお、障害当事者本人とともに資源探しを行うための地域変革のためのヒアリングシート（書式2：210頁）を用いることも有効である。

演習
3

図 4-15　重層的な圏域設定のイメージ

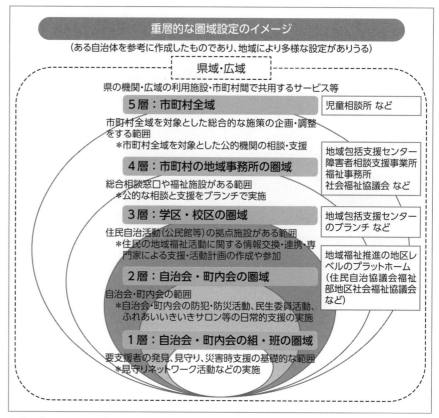

出典：「これからの地域福祉のあり方に関する研究会報告書（2008年3月31日）」別添2、厚生労働省社会・援護局、2018.

⑺ 事例からみるコミュニティワーク

　ここで、個別支援から確認された地域課題に対して支援を行った、コミュニティワークの取り組み事例を紹介する。特に意識をしてもらいたい点は、「相談支援専門員（現任研修受講対象者層）に求められる地域支援の視点」である。相談支援専門員には、相談者本人のニーズに対し、本人が地域のどのような人とつながっているかに着目してアセスメントすることが求められる。また、地域のあらゆる社会資源の有効活用や改善を検討し、ニーズの充足へと結びつけていく姿勢も重要である。

図 4-16　地域支援のはじめの一歩

本人を通して地域を見ようとする意識

相談者のニーズに対しては、
「地域とのつながり」「人との関係」「地域資源の活用状況（アクセスできているか、しやすいか等）」にも着目

地域の状況（強みや課題）を地域で共有する意識

相談支援（計画相談）のプロセスで確認した地域課題を
「基幹相談支援センター」に相談し、ともに整理し、協議会を活用した検討へとつなげる視点

【事例1】個別の相談支援から協議会を活用し、社会資源の開発や改善に至った事例

実践事例の概略

重症心身障害のあるAさん（10歳、男児）の余暇や社会参加、家族のレスパイトのニーズに対応した地域支援の事例

利用者のプロフィール

性別：男性
年齢：10歳
障害：重症心身障害（経管栄養、吸引の必要あり）
家族構成：父・母
その他：特別支援学校に通学

相談までの経緯

Aさんは、10歳の男児であり、両親とN市に暮らしている。重症心身障害があり、日常生活を送るうえで全介助が必要な状態にある。また、医療ケアも必要としている。主な介護者は母親で、両親ともに健康状態はよい。Aさんは、普段は特別支援学校に通学しているが、その他の通所先はない。外出は定期通院のほかは、休日に両親と外出をする程度である。

このような生活状況のなかで、母親から学校の担任に、「Aが学校以外の場所で同年代の子どもと一緒に過ごせる機会がほしいこと」「自分も時にはゆっくり過ごしたいこと」などの相談がもちかけられた。相談を受けた担任が、W市の相談支援事業所に相談してみたらどうかと母親に提案したことで、初回相談へとつながった。

演習 3

①　相談初期（図4-17）

　相談支援事業所の相談支援専門員は、担任同席のもとAさんと母親の初回面接を行った。現在の関係機関が、学校、病院、訪問看護、児童相談所、保健福祉事務所、障害福祉行政、児童発達支援事業所であることを確認した。また、特にかかわりが強い関係機関は、学校と病院、そして訪問看護ステーションであることがわかった。

　相談支援専門員は、数回の面接を経た後、関係機関を招集してケア会議を開催し、Aさんが地域で過ごせる機会や場所など、必要な情報の整理を行ったが、ニーズの充足には結びつかず、しばらくは地域とのつながりをもつ機会がない状況が続いた。

図 4-17　相談初期 [＊7]

当初の支援の姿。福祉・保健・医療・教育等の専門機関によるチームアプローチが形成されているが、地域への視点は見出されていない。

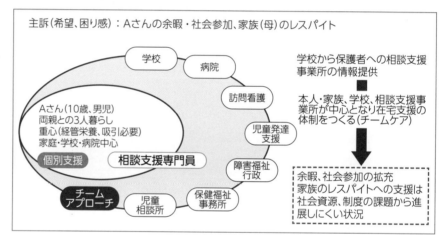

②　個のニーズと地域課題（図4-18）

　W市には医療ケアの必要な児童を支援する事業所がなく、支援方法が見出せず展開に行きづまったため、相談支援専門員は、Aさんのニーズが充足されない課題を「医療ケアに対応できる事業所（社会資源）の不足」と整理し、基幹相談支援センターに報告した。

　報告を受けた基幹相談支援センターでも、Aさんの課題を地域の課題として認識し、この地域課題に対する実態把握や対応の検討を行うため、自立支援協議会の下部組織である相談支援部会の検討チームに「医療ケア支援検討会（仮称）」を組織し、当事者や家族、事業所等の調査を実施した。

＊7　図4-17〜図4-20は、「相談支援従事者研修ガイドラインの作成及び普及事業（平成30年度障害者総合福祉推進事業）」現任モデル研修資料（2〜4日目）、82〜84頁、2019. をもとに作成しています。

図 4-18　個のニーズと地域課題

コミュニティワークの一環として、地域として検討する場の組織化、地域アセスメントの実施。

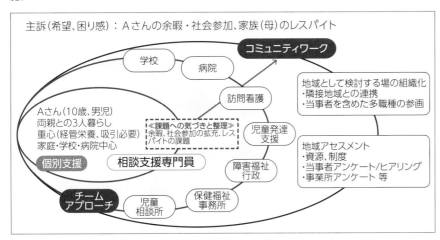

③　地域での取り組み（図4-19）

　医療ケア支援検討会は、障害当事者や家族、福祉・医療・保健・教育・地域行政を核にメンバーを構成し、適宜関係機関等を招集した。検討会では、①隣接する地域の制度活用やフォーマル・インフォーマルを含めた社会資源の状況を確認、②障害当事者や家族へのニーズ調査、障害福祉サービス事業所等への実態調査を行った。この活動で得た情報をもとに検討会では好事例などもピックアップしながら検討を重ねた。この間、同時に医療ケアの普及啓発や研修会を開催しながらより多くの人たちがこの地域課題を共有できるようアプローチした。

図 4-19　地域での取り組み

コミュニティワークの結果として、多様な地域資源とのつながりが形成されている。

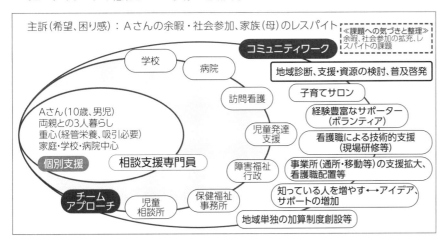

④　相談支援専門員としての地域へのアプローチ（図4-20）

　取り組みから数年をかけ、医療ケアに対する医療（病院・訪問看護）と福祉（事業所）との具体的な連携が地域で進み、Aさんの余暇や母親のレス

パイトを支援できる場や事業所も徐々に増えていった。また、学齢期にあるＡさんは、子育て支援の観点から子育てサロンの利用やその場にいる地域のボランティアとのかかわりもできていった。その他、制度面としても看護師配置を促進する加算制度（地域単独）の創設など地域全体の実践へと展開していった。

　これらはＡさんの個別の相談支援からスタートし、地域にアプローチした結果、Ａさんの余暇や母親のレスパイトへのニーズを充足するだけではなく、同様のニーズのある人の暮らしにも反映されている。

図 4-20　地域へのアプローチ

個別支援・チームアプローチ・コミュニティワークの一体的展開。

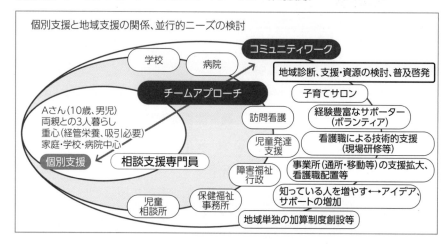

⑤　**まとめ**

　本事例では相談支援専門員が計画相談支援でキャッチした地域課題を基幹相談支援センターに相談することによって個別支援と地域支援の連動が強化された。現任研修を修了した後、あらためて相談者を通して地域をアセスメントする視点や個別支援から地域づくりにつなげる視点を意識して相談支援に取り組んでいただきたい。

【事例 2】自立支援協議会の取り組み事例

　自立支援協議会の展開事例を神奈川県綾瀬市での取り組みをもとに紹介する。

講師向け

　講義にあたっては、それぞれの地域の事例を取り扱うとよいでしょう。

《綾瀬市相談支援体制図》

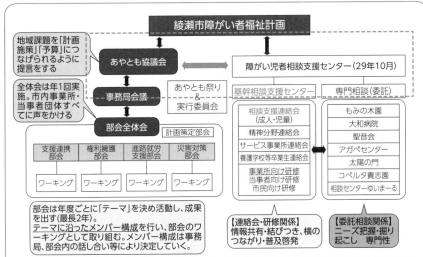

出典：「相談支援従事者研修ガイドラインの作成及び普及事業（平成30年度障害者総合福
祉推進事業）」現任モデル研修資料（2～4日目）、91頁、2019.

自立支援協議会の構造

・障害者の地域福祉ニーズに対して、三層構造で協議する場を設置

・障害者と接することの多い現場職員の意見をまとめ、課題を抽出
する（専門部会）

・各専門部会で上がってきた内容を集約・整理し、自立支援協議会
に報告する（事務局会議）

・専門部会で上がってきた課題を協議する（自立支援協議会）

特徴ある取り組み

1. 基幹相談支援センターの機能を活かした計画的な人材育成等

・事業所に対する専門的な指導・助言／事業所連絡会の開催：事
例検討GSV（毎月）、事業所向け研修会（年2回）、精神分野連絡
会（年4回）、サービス事業所連絡会（年2回）、養護学校等卒業生
連絡会（年1回）

・事業所の相談支援専門員の人材育成／サービス等利用計画案作
成にかかる指導と助言：相談支援事業所連絡会（年6回）、事業
所巡回支援（計画相談等、通年）

2. 地域移行支援・定着支援

・退院支援の課題への対応：退院後地域で安心した生活が送れる
ために、入院時から支援を引き継ぐ流れを検討し、部会で病院
から地域へ引き継ぐための「地域支援計画書」を作成。

3. 切れ目のない相談支援体制

・障害児相談の課題への対応：教育・福祉・医療等の連携を図る
ため、制度を超えた連携方法の確立を目指し、市が前面に立っ
て体制を検討。

演習
3

・地域生活力を向上させるアプローチ（自己決定が可能な環境づくり）として、「親亡き後子どもの生活が心配」に応え、何かが起きたときの支援と漠然とした不安への支援を目的として講演会を開催。

4. 「地域を変革する」相談援助（地域連携による支援）

・地域を耕すことを目的とし、協議会研修会（あやとも祭り）を開催し、市内事業所の紹介や障害者の地域生活の理解（普及啓発）を図る。

5. 並行的ニーズ検討を可能とする技術

・事業所を超えて地域支援の一体感をつくるため、市内の事業者・当事者による「あやとも祭り実行委員会」を立ち上げた。委員会の目的は、あやとも祭りを行うことであるが、その裏には市内の事業所が一体となって綾瀬市の地域づくりを進めていくための関係構築を図ることがあり、委員会を通して関係が深まり、連携体制がつくられた。

6. 地域生活支援拠点の構築

・「地域には、障害者等を支えるさまざまな資源が存在し、これまでも地域の障害福祉計画に基づき整備が進められているところですが、それらの間の有機的な結びつきが必ずしも十分でなく、効率的・効果的な地域生活支援体制となっていない」等の指摘（厚生労働省「地域生活支援拠点等の好事例集」抜粋）をふまえ、「形をつくっても機能しなくては意味がない」という認識を共有し、今ある機能を有効に活用していく視点から具体的な展開を検討している。

6. 演習 3-2（地域支援の展開に関する演習）

ここでは、利用者の視点に立って地域アセスメントを行うことの必要性を共有し、今後の地域支援の展開についての展望を述べ、現任研修修了者として求められる地域支援の方法等について理解を深める。

■ 用意する書式
・実践報告書（書式 1-①：206 頁、1-②：208 頁）
・地域変革のためのヒアリングシート（書式 2：210 頁）
・ストレングスアセスメント票（書式 3：214 頁）
・インターバル報告書②（書式 8：220 頁）

■ 演習の進め方
①インターバルにおける実践内容を報告する。
②地域変革のためのヒアリングシート（書式 2：210 頁）を用いて、利用者からみた地域資源、地域アセスメントの視点について気づいたことを共有する。
③「研修終了後、地域支援をどのように展開していくか」をインターバル報告書②（書式 8：220 頁）下段に記入する。
④今後、地域支援についてどのように行っていくかの意思表明を行う。

■ 地域支援の展開に関する演習に関するポイント
・司会進行は演習講師が行う。
・受講者の意思表明を受けて、グループメンバーでエールを送る。
・地域とのつながりを意識する。〔＊8〕

■ 学びのポイント
・インターバル報告を通して、今後の個別課題を地域課題としてとらえ、自立支援協議会に報告するためには基幹相談支援センターとのつながりが重要であることを確認する。
・地域変革のためのヒアリングシートの共有では、利用者の視点に立って地域を見たときに、利用者と地域とのつながりについて共有する。
・地域支援の展望は、現任研修修了者が求められる地域支援の展開について最後に共有し、主任相談支援専門員の役割等についての理解を図る。

＊8 困難な状況の中で福祉サービスを利用する人は、地域との関係も希薄になっていることが多く、地域とのつながりを意識することが重要になります。

演習
3

Ⅲ

資　料

資料1

現任研修の構造

【獲得目標】

①相談支援の基本（※）を理解し、それを基盤とした実践を行うことができる。

　※初任者研修で扱った価値・知識・技術

②多職種連携及びチームアプローチの理論と方法を理解し、実践することができる。

③コミュニティワーク（地域とのつながりやインフォーマルの活用等）の理論と方法を理解し、実践することができる。

④スーパービジョンの理論と方法を理解するとともに、継続的に研鑽を継続した実践をすることができる。

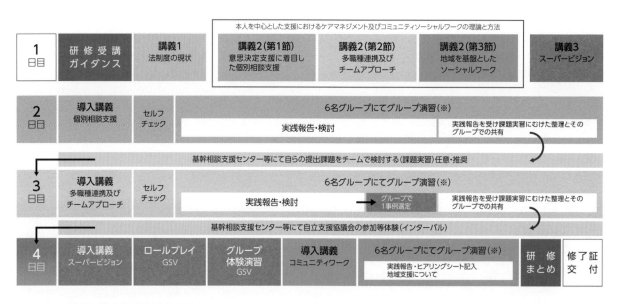

※　1グループの人数は標準を示したもの

資料2

書式一覧

	当日配布する書式	当日使用する書式	提出する資料
1日目	□実践報告書 　（書式1-①、1-②） □地域変革のためのヒアリングシート（書式2） □ストレングスアセスメント票（書式3）	□実践報告書 　（書式1-①、1-②） □地域変革のためのヒアリングシート（書式2） □ストレングスアセスメント票（書式3）	
2日目	□セルフチェックシート（個別相談支援）（書式4） □演習役割シート（書式5） □インターバル報告書①（書式6）	□実践報告書 　（書式1-①、1-②） □セルフチェックシート（個別相談支援）（書式4） □役割シート（書式5） □インターバル報告書①（書式6） □グランドルール（巻末資料2）	□実践報告書 　（書式1-①、1-②） □地域変革のためのヒアリングシート（書式2） □ストレングスアセスメント票（書式3）
3日目	□セルフチェックシート（チームアプローチ）（書式7） □インターバル報告書②（書式8）	□実践報告書 　（書式1-①、1-②） □ストレングスアセスメント票（書式3） □演習役割シート（書式5） □インターバル報告書①（書式6） □セルフチェックシート（チームアプローチ）（書式7） □インターバル報告書②（書式8）	□インターバル報告書①（書式6）
4日目		□実践報告書 　（書式1-①、1-②） □地域変革のためのヒアリングシート（書式2） □ストレングスアセスメント票（書式3） □インターバル報告書②（書式8）	□インターバル報告書②（書式8）

（備考）実践報告書（書式1-①、1-②）、地域変革のためのヒアリングシート（書式2）、ストレングスアセスメント票（書式3）は、2日目の研修に向けた事前課題で使用します。1日目の最後に記載方法等の説明をしますので、2日目の研修までに作成してください。

実践報告書（書式 1-①）

実践報告書　　　　　　　　　　　　　　実践提供者氏名：

イニシャル：	性別：	年齢：	障害名（程度）・区分：

福祉サービスの利用状況：

検討したいこと（相談支援専門員が支援のなかで困っていること）

主訴（相談に来た理由、どうしたいか）

利用者の特徴

生活歴（どのような生活を送ってきたか、楽しかったこと、興味をもったこと、悲しかったことなどのエピソード）

社会的状況（家族関係・友人関係・学校・職場・福祉サービス利用など）

①誰が困っているのか（本人・家族・学校・職場等）＊複数可

②いつ頃から困ったことが生じたのか

③主訴と主訴に関連するさまざまな情報から、あなたはどのように解釈したか（見立て）

④検討したいことに対して、あなたはどのように支援をしてきたか（支援経過）

⑤その結果、改善されたか

（検討）意思決定支援の展開で気をつけること

（検討）検討課題に対して具体的な支援方法

実践報告書（書式 1-②）

エコマップ

チームアプローチにおける支援方針	

チームアプローチの展開で困っていること	

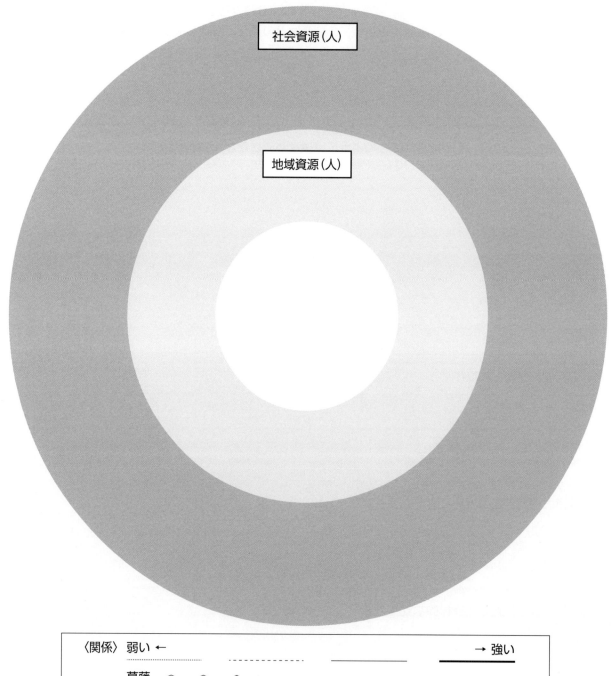

社会資源（人）

地域資源（人）

〈関係〉　弱い ←　　　　　　　　　　　　　　　　　　　　→ 強い

葛藤

利用者と地域資源（人）の関係

利用者と社会資源（人）との関係

相談支援専門員と地域資源（人）及び社会資源（人）との関係

チームアプローチの展開で困っていることへの対応策

地域変革のためのヒアリングシート（書式2）

地域変革のためのヒアリングシート（利用者からみた地域の状況）

【1】 利用者が参加・所属している地域組織または参加したがっている組織について

組織の名前は？	
どの程度の「参加」か？	
参加しやすい条件整備がなされているか？	
どういう条件が整えば、もっと参加しやすくなるか？	

<注>自治会・趣味グループ・学校・ファンクラブ・生涯学習グループ・各種〈連続〉講座・ボランティアグループ

【2】 利用者の交友相手〈友達〉について

どのような関係の人か	
利用者の資源になりうるか	
どうしたら資源になるか	

<注>井戸端会議の相手・同窓生・趣味友達・講座友達・級友

【3】 利用者が所属している当事者組織について

どのような組織に属している	
利用者同士の問題解決のために十分機能しているか	
もっと機能するためには、どういう支援が必要か	
利用者はどのような役割を果たしたらいいか	
その組織は利用者にとってどのような意味があるか	

【4】 利用者に（福祉的に）かかわっている人や組織・企業〈商店〉・隣人について

どのようなかかわりをしてく れているか	
もっと進んだかかわりをして もらうには、どのような条件 が整備されたらいいのか	
こちらとしてどのような努力 をしたらいいか〈どのような 仕掛けを施したらいいか〉	

<注>行きつけの商店の主が、店頭で親切にしてくれる程度でもいい

【5】 利用者が見込んでいる相手〈相談に乗ってくれたり、困ったとき助けてくれる人〉・行きつけの商 店・診療所の医師・隣人について

その利用者が見込む相手はど ういう条件があるのか	
利用者が見込んでいる人が、 見込まれたことをきちんとし ているか	
していないとすれば、それは なぜか	
見込まれたことをその人が実 行するには、どういう働きか けが必要なのか	

<注>なぜその人を見込んでいるのか

【6】 利用者の親族で、利用者が頼りにしている相手について

その相手は、利用者の期待に 添うように行動しているか	
していないとすれば、それは なぜか	
どうしたら期待に添うように 行動するようになるか	
他の親族はなぜ頼りにならな いのか	
どうしたらもっと頼りになる 親族になるのか	

【7】　利用者の〈これから戻る〉近隣は、利用者にとってよい近隣か

どのように頼りになるか	
どのように頼りにならないか	
どのような人材が存在しているか〈世話焼き・口利きなど〉	
もっと頼りになる近隣にするにはどうしたらいいか	

【8】　利用者の周囲で、活用できそうな福祉資源はあるか

どのような資源が分布しているか〈いわゆるボランティアや民生委員、福祉推進員だけでなく、世話焼きさんや、保健福祉のプロ、各種公共機関なども〉	
それぞれどのような資源性をもっているか	
それぞれ利用者にどのような資源になりうると思うか	
それらの資源を利用者に振り向けるにはどのような仕掛けが必要か	
それぞれがより強力な資源になるには、どのような仕掛けが必要か	

【9】　利用者にとって「隠れた資源」となっているもの〈利用者を元気にさせているもの〉について

あるとすればそれは何か	

<注>特に動植物や自然環境、日常生活の各種グッズ、遊び・スポーツなど、人間以外の資源に着目

【10】　利用者は地域に対して、どのような資源性を有しているか

資源性とそれが機能している対象を羅列	
利用者が頼りにしている相手に対して、どのような資源性を発揮しているか	

利用者が潜在的に有している資源性は何か	
それぞれ誰に対して資源となりうるか	
利用者の資源力を増強させるには、どのような支援が必要か	

<注>隣人の相談相手、同じハンディをもった人の相談相手、趣味グループなどで、ユニークな働きをしている、など

【11】 利用者にとっての資源同士のネットワークの状況はどうか

これまであげられた資源相互の連絡はどの程度なされているようであるか。お互い〈資源同士〉、その利用者にかかわっていることをどの程度承知しているようであるか	
もっときちんとネットワークができるためには、どのような支援が必要か	

【12】 利用者の自宅〈居住場所〉は、どのような資源となるか

資源を発掘・活用するのにどのように適しているか、または適していないか	
より多くの資源を発掘・活用するために、どのような環境整備が必要か〈利用者のセルフケアマネジメント能力の開発。自宅の改造。支援者の確保。資金援助など〉	

【13】 利用者のセルフケアマネジメント能力〈自分の状態を正確に把握・ハンディの中身も客観的に把握・その克服策の工夫・必要な資源を発掘・活用する資質等〉の評価をしてみよう

セルフケアマネジメント能力の評価	

<注>人に好かれる〈人が寄って来る〉・自分も人が好き・人の好き嫌いがない・困ったら困ったと言える・誰に対しても気軽に助けを求めることができる・助け手を上手に探し出す・お礼の言い方・仕方も上手・人間関係に長けている・自分もお返しができる・自分の〈他人に〉できることを上手に活かす・自分の意思をきちんと伝えられる・コミュニケーション手段をもっているし使える・どこへでも気軽に出かける・人を呼び込む場〈空間〉を確保している・セルフケアマネジメントのための支援者〈秘書?〉を確保している、など

出典：日本社会福祉士会研修資料を一部改変

ストレングスアセスメント票（書式3）

ストレングスアセスメント票

書き出し【●】本人の言葉　　　　　【○】家族等の言葉　　　　　【・】事実や行動（社会資源等）

本人の名前（通称）：　　　　　　　　　　　　　グループ・事例提供者氏名

A　現在のストレングス 私の今のストレングス 個人：環境	B　（未来の）希望：願望：熱望 何がしたいか：何がほしいか	C　過去の資源 どのようなストレングスを 使ってきたか
家・生活環境（住居、日常生活、移動手段、行動範囲など）		
経済状況		
日中活動（就労、教育、専門知識、通所、通学含む）		
社会的支援（家族、友人との関係、所属、サポートネットワーク、支援的人間関係）		

健康状態（快適な状態、受診など医療を含む）		

余暇活動（趣味、レクリエーション）		

Spirituality 文化 / 生きがい（大事にしていること、人生観、家族観、価値観）		

わたしの希望・願望の優先順位は
1)
2)
3)
4)

追加コメント・わたしを理解するために大切なこと

セルフチェックシート（個別相談支援）（書式4）　　　　　　　書式4

「個別相談支援」　セルフチェックシート

（　　　）内に○印（理解し、実践できている）、△印（理解しているが実践できていない）、×印（理解していない）を記入してください。

1. 意思決定支援

①相談支援において、「本人の意向を無視していないか」を意識することの必要性　　　　　（　　　）

②相談支援において、「本人の言葉の意味を吟味しているか」をその都度考えることの必要性　（　　　）

③相談支援において、「支援者の都合が優先されていないか」を常に考えながらかかわることの必要性　　　　　（　　　）

④計画作成時、「既存の社会資源だけが支援の前提となっていないか」を見直すことの必要性　（　　　）

⑤相談支援のプロセスにおいて、「先に支援者の結論ありきで話を進めていないか」を振り返ることの必要性　　　　　（　　　）

⑥本人や家族等から、育ってきた環境のなかで興味をもったこと、楽しかったこと、楽しいときや嫌なときの表情などを知ることの意味　　　　　（　　　）

2. インテーク

①信頼関係の基礎を構築するための大事な場面　　　　　（　　　）

②福祉サービスに限定したやり取りではなく、主訴等の背景を丁寧に聴くことの意味　　　　　（　　　）

③今後の相談支援の見通しを説明し、利用者から同意を得ることの必要性　　　　　（　　　）

3. アセスメント

①アセスメントは、利用者から表出されるすべてが大切な情報である　　　　　（　　　）

②生活歴を丁寧に聴くことは、利用者への理解が深まることになる　　　　　（　　　）

③ストレングスは、健康な側面に着目した「本人のポジティブなところ、強み」であり、支援には欠かせない視点であることから、対話のなかで常に意識する　　　　　（　　　）

④情報の整理は、利用者から得た情報をその都度整理し、エコマップやジェノグラム、ストレングスアセスメント票等のツールを活用することの有効性　　　　　（　　　）

⑤アセスメントの能動性・構成力を高めるには事例検討やGSVなどの場面に参加することの重要性　　　　　（　　　）

4. モニタリング

①基本相談支援で得られた情報による支援者の見立てがモニタリングに影響している　　　　　（　　　）

②サービス利用の有効性だけではなく、人との関係性や環境の変化など、多角的な視点をもってモニタリングを行うことの重要性　　　　　（　　　）

演習役割シート（書式5）

演習役割シート

	発表者	司会	書記	質問・助言者①	質問・助言者②	質問・助言者③
①						
②						
③						
④						
⑤						
⑥						

インターバル報告書①（書式 6）

書式6

インターバル報告書①

1．インターバルで取り組む内容や基幹相談支援センター等との共有方法

①自己の振り返りや実践報告・検討を通して確認された支援者自身の気づき・グループメンバーからの助言
②インターバル期間で行う取り組む内容
③②について基幹相談支援センター等との共有方法や必要とする助言（アポイントも含む）

2．インターバル期間に取り組んだ内容・効果・基幹相談支援センターとの連携

1．－②の取り組みとその効果
基幹相談支援センター等との共有内容や助言等
インターバル期間の気づき（考察）

セルフチェックシート（チームアプローチ）（書式7）

「チームアプローチ」 セルフチェックシート

（　　　）内に○印（理解し、実践できている）、△印（理解しているが、実践できていない）、×印（理解していない）を記入してください。

1. チームアプローチの視点と意思決定支援

①本人の周囲にいる人々や地域の関係機関を把握することの必要性　　　　　（　　　）

②本人の意思（本人中心）を尊重しながらチームで支援することの必要性　　（　　　）

③本人を中心としたチームを構成するための必要な手段　　　　　　　　　　（　　　）

④本人を中心としたチームのなかでの自分の役割　　　　　　　　　　　　　（　　　）

⑤チームアプローチを通した新たな社会資源の創出　　　　　　　　　　　　（　　　）

2. チームアプローチの展開

①支援目標の共通理解を得るための会議の実施　　　　　　　　　　　　　　（　　　）

②支援の経過や本人の満足度、チームアプローチの評価のための会議の実施　（　　　）

③危機介入や緊急時の支援体制やリスクマネジメント　　　　　　　　　　　（　　　）

④地域資源（地域のなかにあるあたりまえの資源）の活用方法　　　　　　　（　　　）

⑤地域を巻き込んだ支援の検討　　　　　　　　　　　　　　　　　　　　　（　　　）

⑥本人の意思を確認しながらチームでかかわる　　　　　　　　　　　　　　（　　　）

3. 関係機関との連携（個別支援を中心としたネットワーク）

①本人の意思決定支援に重きを置いた会議の必要性　　　　　　　　　　　　（　　　）

②本人を中心とした支援会議の目的と効果　　　　　　　　　　　　　　　　（　　　）

③本人を中心とした支援会議を日常的に実施している　　　　　　　　　　　（　　　）

④本人を中心とした支援会議の自分の役割　　　　　　　　　　　　　　　　（　　　）

⑤ネットワークを通した社会資源の活用　　　　　　　　　　　　　　　　　（　　　）

⑥ネットワークを通した社会資源の創出　　　　　　　　　　　　　　　　　（　　　）

インターバル報告書②（書式 8）

書式 8

インターバル報告書②

1．地域の相談支援体制・自立支援協議会

地域の相談支援体制について（指定特定・委託・基幹が担う役割や機能がどのように整理されているか）

自立支援協議会について（自立支援協議会の役割や機能がどのように整理され、展開されているか）

インターバル時に行うこと（相談支援体制や自立支援協議会について、どのようにして調べてくるか）

2．インターバル時の取り組み内容・効果・基幹相談支援センター等との連携

相談支援体制についてわかったこと（実情や課題など）

自立支援協議会についてわかったこと（実情や課題など）

研修終了後、地域支援をどのように展開していくか（基幹相談支援センター等との連携も含む）

グランドルール

　演習時は積極的な発言が望まれますが、研修を受講される人の経験年数の幅が広いこと等から一部の参加者の意見に偏ってしまうなどの場面も見受けられます。そのため、演習を行ううえで参加者が気をつけることを「グランドルール」としてまとめました。グループ内で共有することで、演習を円滑に進めていくために使用するものです。

グランドルール（参加者の留意点）

- 周りの人に関心をもって、積極的に参加しましょう。
- 他の人の発言に敬意をはらいましょう。
- 自分と意見が違ったとしても相手のよいところに注目しましょう。
- 他の人に自分の意見を押し付けないようにしましょう。
- 他の人の発言に共感を示し、耳を傾け理解しようとすることを伝えましょう。
- 一人ひとりの発言を大切にし、一人で話し続けることのないようにしましょう。
- 発言の意味がよくわからないときは、そのままにせずわかりやすく説明をしてもらいましょう。
- 専門用語や地域性、自分の経験のみでの発言は十分に配慮しましょう。
- 自分の意見にこだわり、議論が同じところでくり返されないように配慮しましょう。
- ユーモアを忘れずに。
- 笑顔を大切に、積極的に参加しましょう。
- 忙しいのは皆同じ、と知りましょう。
- 互いの話をよく聴いて、受け止め、共感しあいましょう。
- 発言は長くて90秒と心がけましょう。
- 「聞くのは一時の恥、聞かぬは一生の恥」を念頭におきましょう。
- 感謝と励まし、相互尊重の精神で臨みましょう。
- ドッジボール（一方通行）禁止、キャッチボールをする感覚を共有しましょう。
- 会議後の立ち話で決定が変わることはないことを知りましょう。

資料4

共通事例（模擬 GSV 事例）の作成ポイント

　本資料は、ストレングスモデルにおける模擬GSVを行うにあたって各地域で共通事例を作成する際の参考として作成したものです。①サービス等利用計画を作成、②福祉サービスを利用、③計画の見直しと福祉サービスでは解決しないニーズへの検討（ストレングスモデルによるGSV）、④地域資源を活用しながら生活の幅が広がるという流れで作成されています。模擬事例作成の際の参考にしてください。

1．模擬事例の流れ（要約）

　本人は家族の希望で特別支援学校卒業後に就職したが、長続きしなかった。退職後はしばらく自宅で過ごすが、母親はただ家にいるだけというのもよくないと思い、乗り気でない本人を連れて相談支援事業所に相談に訪れる。母親は就労を希望するが、本人は今後の生活に対して希望を見出せずにいるため、「成功体験を積み重ね、本人が希望する生活を見つけていく」ことを目的として、就労継続支援B型事業所（以下、事業所）を利用することになった…（A）。

　事業所では、サービス等利用計画をふまえ、「就労に向けた準備と社会性の向上」を目的として利用を開始する。徐々に事業所の生活にも慣れ、一通りの作業をスムーズにこなし、友人もできるなど安定して過ごすことができていた。しかし、サービス管理責任者は本人がたまに見せる寂しげな表情や、就職の話も出るが今のままでいいと頑なに拒否するのを見て心配することがあった。また母親からも週末一人で過ごすことが多いことから、特別支援学校時のように楽しく過ごしてほしい、やりがいを見つけてほしいと相談がある。事業所での様子や母親の話を受け、サービス管理責任者は事業所支援だけで本人の生活の幅を広げることに難しさを感じたことから、今後の支援について相談支援専門員に相談した…（B）。

　サービス管理責任者から相談を受けた相談支援専門員は、サービス等利用計画を見直し、現在の事業所利用を継続していきながらも、本人の生活の幅を広げていく必要性を感じたが、支援方法をどうするか検討するため相談支援専門員連絡会に報告する。そのなかで福祉サービスを利用するだけでは生活の幅を広げることが難しいことから、ストレングスモデルによる相談支援を進めていくことになった、そこで、ストレングスアセスメント票を作成し、グループスーパービジョン（GSV）を行い、支援の方向性について協議した…（C）。

　GSVを通して支援内容・支援方法（アイデア）を皆で共有し、検討しながら支援を展開していった。その結果、特別支援学校卒業以降、今まで行っていた卓球や友達関係が一切なくなってしまっていたことに気づき、本人のストレングスである卓球を支援の中心に位置づけ、相談支援専門員と見学や体験をくり返していくなかで、本人が希望して卓球クラブに入ることになった。事業所の終了後や週末は定期的に練習に参加し、大会にも出場するなど積極的に参加するようになっていった。今ではスペシャルオリンピックスに参加することを夢見て練習に励み、大会の交通費を稼ぐといって事業所の作業にも真剣に取り組んで

いる…（D）。

2. 模擬事例作成のポイント

（A）について

　①希望を見出せない本人に対して、サービス等利用計画では、「成功体験を積み重ね、本人が希望する
　　生活を見つけていく」が支援の目的。

　②①をふまえ、日中活動先として就労継続支援B型事業所を利用。

> （ポイント）
>
> サービス等利用計画での支援のポイントが書かれていること
>
> その結果をふまえ、何の福祉サービスを利用したのかが書かれていること

（B）について

　①サービス等利用計画をふまえ、「就労に向けた準備と社会性の獲得」を目的として就労継続支援B型事
　　業所を利用開始。

　②生活の幅を広げるため、サービス管理責任者が相談支援専門員に相談。

> （ポイント）
>
> 福祉サービス事業所の利用目的が書かれていること（サービス等利用計画と連動していること）
>
> 福祉事業所での対応が難しく、福祉サービス以外の支援が必要だとわかること

（C）について

　①サービス等利用計画を見直し、福祉サービスを利用しながらも、生活の幅を広げる支援について検
　　討。

　②ストレングスモデルによる支援を行うにあたり、ストレングスアセスメント票、GSVを通して支援
　　方法を検討。

> （ポイント）
>
> サービス等利用計画を見直し、インフォーマルサービスが必要な内容となっていること
>
> ストレングスアセスメント票、GSV を支援の中心に置いた理由が書かれていること
>
> ここではストレングスモデルによる模擬 GSV を行う場面となります。支援方法（アイデア出し）の
> 検討を行う（受講者は GSV を見る）。
>
> ＊ストレングスモデルに特化する必要はありません。それぞれの地域で行っている GSV でも可。た
> 　だし、構造化されたものであること。

（D）について

①GSVを継続していきながら支援の工夫を行う。

②本人のストレングスである「卓球」（インフォーマルサービス）を支援の中心に置き、相談支援を展開。

③卓球クラブに参加、大会出場するための交通費を稼ぐため、事業所でがんばって働いている。

（ポイント）

ストレングスモデルによる支援の結果が書かれていること

＊ストレングスモデル以外でもかまいません。ただし、モデルの技法・特徴・効果については講義の
　なかで説明が必要です。

---

④地域のインフォーマルサービスの重要性を理解し、地域のネットワークづくりに向けて、地域課題と
　して取り上げ、地域の工夫を引き出していく。

（ポイント）

④について、相談支援専門員は地域を意識して取り組むこと、また、連携が必要であることを演習時
にコメントする

その他

＊地域資源とは、福祉サービスではない一般的な資源、地域のなかにあるありふれた資源のことをいい
　ます。

模擬 GSV のポイント（講師向け）

1. 導入（事例の共有）

・グループメンバーは、スーパーバイジーが求めている助言について共有する。

　＊グループメンバーは発言しないで聞く。

> （留意点）
>
> ①事例の概要（ストレングスアセスメント票のみ配布）
>
> ②検討課題の確認——支援者としてどこに困っているのか
>
> ③事例提供者の困り感に対してどのようなアドバイスがほしいのか

2. 人物像と人物や環境等のストレングスに関する質問

・参加者が質問し、事例提供者が答える。

> （留意点）
>
> ①一問一答で行う（端的なやり取りとなるように）
>
> ②ストレングス視点で発言（例：こんなこともストレングスではないか）
>
> ③参加者：質問はアイデア出しに向けて必要な質問をする
>
> ④事例提供者：質問に対して得ている情報の範囲内で答える（推測×、説明×）
>
> 　＊わからないことは、「わからない」「聞いていない」と答えてよい

3. アイデア出し

・事例提供者：アイデアの記録に徹し、発言しない。

・参加者：数多くのアイデアを出す（めざせ！30アイデア）。

・事例提供者が求めているアイデアを思索する。

> （留意点）
>
> ①自由な発想で、「できる、できない」「資源がある、ない」等はこだわらない
>
> ②ストレングスを活かしたアイデア（ストレングスアセスメント票を参照）
>
> ③インフォーマルサービスを中心としたアイデア
>
> ④「こんなのあったらいいな、できたらいいな」も立派なアイデア

4. アイデアへの質問

・事例提供者は、参加者から出されたアイデアのなかで、関心をもったアイデアに対して参加者に質問する（漠然としたアイデアを具体的にしていく）。

> （例）
> ① 「何があれば、誰がいれば」実行できると思いますか？
> ② 「こんなもの、あんなもの」（どういうもの）が使えると思いますか？
> ③アイデアを実行したことでどのような効果が期待できそうですか？　（本人・家族・地域・支援者）

5.　実用性の高いアイデアを選ぶ

　　・優先順位をつけて、ベスト3を決定

> （アイデアを選ぶにあたっての基準）
> ①支援のなかで取り入れられる、できそうなアイデア
> ②支援者がやってみたいと思うアイデア
> ③本人や家族だけではなく、地域に対しても効果が見込めるアイデア

＊模擬GSVの進行、時間管理、各局面の留意点等の説明は演習統括か、もしくはこのセッションを担当する者が行う

＊ □□□ は、模擬GSVのなかで、各局面で随時説明を行う

＊時間配分は、演習3の2.(5)（178頁）で示した時間で進める。ただし、各局面の説明は別に設ける

＊GSVの参加者役となる演習講師には事前に事例の説明をしておく必要はない。そのほうがリアリティを増し、受講生にとって参考となる。

＊受講生は、模擬GSVが見える場所に移動する

＊この後グループで行われるGSVは、時間配分は模擬GSVと同じで行うが、各局面の説明はせず、進行はグループの演習講師が行う

資料6

GSV のポイント（グループ演習）

注）　基本的には、模擬GSVと同じ流れで行います（資料5参照）。模擬GSVと異なるところは色字で追記しましたので参照してください。

1. 導入（事例の共有）

・グループメンバーは、スーパーバイジーが求めている助言について共有する。

＊グループメンバーは発言しないで聞く。

（留意点）

①事例の概要（ストレングスアセスメント票のみ配布）

②検討課題の確認──支援者としてどこに困っているのか

③事例提供者の困り感に対してどのようなアドバイスがほしいのか

---

2. 人物像と人物や環境等のストレングスに関する質問

・参加者が質問し、事例提供者が答える。

（留意点）

①一問一答で行う（端的なやり取りとなるように）

②ストレングス視点で発言（例：こんなこともストレングスではないか）

③参加者：質問はアイデア出しに向けて必要な質問をする

④事例提供者：質問に対して得ている情報の範囲内で答える（推測×、説明×）

＊わからないことは、「わからない」「聞いていない」と答えてよい

---

3. アイデア出し

・事例提供者：アイデアの記録に徹し、発言しない。

・参加者：数多くのアイデアを出す（めざせ！30アイデア）。

・事例提供者が求めているアイデアを思索する。

（留意点）

①自由な発想で、「できる、できない」「資源がある、ない」等はこだわらない

②ストレングスを活かしたアイデア（ストレングスアセスメント票を参照）

③インフォーマルサービスを中心としたアイデア

④「こんなのあったらいいな、できたらいいな」も立派なアイデア

4.　アイデアへの質問

・事例提供者は、参加者から出されたアイデアのなかで、関心をもったアイデアに対して参加者に質問する（漠然としたアイデアを具体的にしていく）。

（例）

①「何があれば、誰がいれば」実行できると思いますか？

②「こんなもの、あんなもの」（どういうもの）が使えると思いますか？

③アイデアを実行したことでどのような効果が期待できそうですか？（本人・家族・地域・支援者）

5.　実用性の高いアイデアを選ぶ

・優先順位をつけて、ベスト3を決定

（アイデアを選ぶにあたっての基準）

①支援のなかで取り入れられる、できそうなアイデア

②支援者がやってみたいと思うアイデア

③本人や家族だけではなく、地域に対しても効果が見込めるアイデア

6.　GSVでの気づきの共有

・GSVでの気づきやGSVをやってみた感想をグループで共有する。

・ストレングスアセスメントから本人をどのように理解したかを共有する。

講師向け

＊グループでのGSVは各局面での説明はしません。

＊進行はグループの演習講師が行います。

＊時間管理は演習統括が行い、全グループが同時に進行していきます。

資料7

インターバルの導入と地域における学びの展開

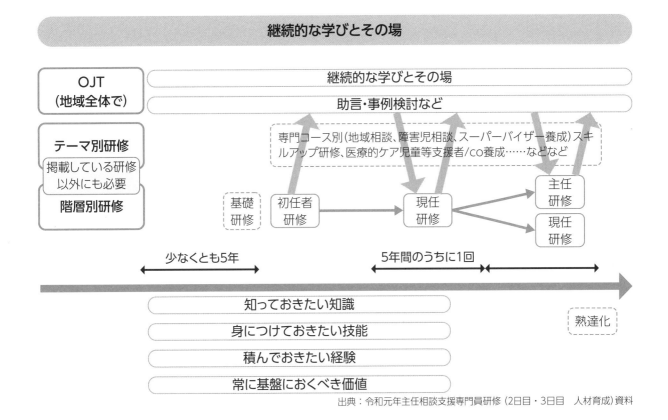

継続的な学びとその場

出典：令和元年主任相談支援専門員研修（2日目・3日目　人材育成）資料

実地教育（OJT）のメリットとデメリット　　参考

（橋詰正氏作成資料：一部改変）

【メリット】

- 研修機会が多い。
- 育成者の理解を十分に深めることができる。
- 追加コストがかからないため経済的。
- 教える側の業務理解度、指導力が上がる。
- 事業所内コミュニケーションが活発になる。
- 戦力への直結。

【デメリット】

- 指導者の能力に大きく依存する。
- 指導者の時間的負担が大きい。
- 体系的な指導が難しい。
- 変化に対する応用力が弱い。
- 学習意識が生まれにくい。

出典：令和元年主任相談支援専門員研修（2日目・3日目　人材育成）資料

おわりに

　本書は、2020（令和２）年度からの相談支援従事者現任研修の標準カリキュラムにそって編集されており、現任研修において求められている相談支援従事者の身につける専門性について、講義と演習の中で十分理解を深めるための教材として作成された。

　2020（令和２）年度からの現任研修で身につける専門的な能力として、ソーシャルワークの基盤に立ったケアマネジメントを相談支援従事者（相談支援専門員）の必須能力として位置づけたことは非常に重要な点である。その特徴に対応して、①意思決定支援に着目した個別相談支援、②多職種連携及びチームアプローチ、③地域を基盤としたソーシャルワークの三つの研修の柱にそって、講義と演習が系統的に組まれていることから、研修受講者にとってステップを踏みながら段階的に理解しやすい構成に留意した。そのため本書では、そのことを十分意識して、講義と演習との整合性に執筆者一人ひとりが注意を払いながら執筆を進めていった。

　本書では、現任研修の講義と演習をより効果的にするために、研修の合間（２日目と３日目、３日目と４日目）にインターバルを設けることを推奨し、研修受講者の活動している地域の基幹相談支援センター等での実地研修（OJT）をカリキュラムの中に盛り込むことで、研修後のグループスーパービジョンの体制をも視野に入れたことも特徴的である。

　地域での基幹相談支援センター等での実地研修（OJT）が可能な状況であれば、ぜひ、実施していただきたい。その理由としては、研修修了後に身につけた能力の実効性の高さを維持、継続していくには、地域における研修受講者の課題指導の体制を推進する実地研修（OJT）の基盤整備（基幹相談支援センターなどの基盤整備）を強化していくことが必要になるからである。これらは、基幹相談支援センターや主任相談支援専門員の役割にもつながる課題とも捉えられ、単に法定研修の人材養成にとどまらない地域の相談支援体制づくりの底上げにつながる具体的な取り組みが地域の中で必要であることを、現任研修の実施者（主催者）には意識してほしい。

　2020（令和２）年度からの研修カリキュラムでは、意思決定支援を研修

に組み入れることが重要であることから、この点を意識した研修の組み立てを行っている点も本書の特徴である。特に、ケアマネジメントプロセスの中で、本人（当事者）の意思決定支援のプロセスの可視化の工夫を行っている。このことによりケアマネジメントプロセスにおいて、本人を取り巻く資源の種類やその本人との関係、資源間の関係を把握することができ、各々に対する働きかけの方法を検討することができる。さらに、各々の資源（本人のもてる力を含む）の、これまで（過去と現在）を振り返り、これから（今後）の役割分担と連携を確認することも可能となる。ケアマネジメントプロセスにそって、本人の意思決定支援が的確になされていくためには、本人の意向を無視していないか、本人の言葉の意味を吟味しているか、支援者の都合が優先されていないか、既存の社会資源だけが前提となっていないか、結論ありきの話し合いをしていないか、といった相談支援専門員自身の自己覚知と振り返りが絶えず必要である。このことを限られた期間の法定研修ではカバーすることは困難であることから、研修修了後の継続した実地トレーニングとスーパービジョンの取り組みもあわせて進めていただきたい。本書が、研修実施者と研修受講者にとって、地域の相談支援の基盤づくりを目標にしたケアマネジメントを意識していく契機になれば、執筆者一同、望外の喜びである。

2020 年 6 月

小澤 温

監 修 者

日本相談支援専門員協会

執 筆 者 (五十音順)

(◉編者)

大平眞太郎 (おおひら・しんたろう)‥‥‥‥‥‥‥‥‥‥‥‥‥‥‥‥‥‥‥‥‥‥‥‥‥ 講義 1
滋賀県健康医療福祉部障害福祉課　副参事

◉小澤温 (おざわ・あつし)‥‥‥‥‥‥‥‥‥‥‥‥‥‥‥‥‥‥‥‥‥‥‥‥‥‥‥‥ 講義 3
筑波大学大学院人間総合科学学術院人間総合科学研究群リハビリテーション科学学位プログラム　教授

彼谷哲志 (かや・さとし)‥‥‥‥‥‥‥‥‥‥‥‥‥‥‥‥‥‥‥ 講義 2 第 1 節 1・3
特定非営利活動法人あすなろ　相談支援専門員

島村聡 (しまむら・さとる)‥‥‥‥‥‥‥‥‥‥‥‥‥‥‥‥‥‥‥‥‥ 講義 2 第 3 節
沖縄大学福祉文化学科　教授 / 地域研究所長

鈴木敏彦 (すずき・としひこ)‥‥‥‥‥‥‥‥‥‥‥‥‥‥‥‥‥‥‥ 演習 3 の 2〜6
和泉短期大学児童福祉学科　教授

鈴木智敦 (すずき・ともあつ)‥‥‥‥‥‥‥‥‥‥‥‥‥‥‥‥‥‥‥ 講義 2 第 2 節
社会福祉法人名古屋市総合リハビリテーション事業団名古屋市総合リハビリテーションセンター　副センター長

相馬大祐 (そうま・だいすけ)‥‥‥‥‥‥‥‥‥‥‥ 講義 2 第 1 節 2、演習 1 の 2〜5
福井県立大学看護福祉学部　准教授

冨岡貴生 (とみおか・たかなり)‥‥‥‥‥‥‥ 研修受講ガイダンス、演習 1 の 1、演習 2、演習 3 の 1
社会福祉法人唐池学園貴志園　園長

障害者相談支援従事者研修テキスト
現任研修編

2020年7月5日　初 版 発 行
2023年9月10日　初版第3刷発行

監　修	……………………	日本相談支援専門員協会
編　集	……………………	小澤温
発行者	……………………	荘村明彦
発行所	……………………	中央法規出版株式会社

〒110-0016　東京都台東区台東 3-29-1 中央法規ビル
TEL　03-6387-3196
https://www.chuohoki.co.jp/

装幀・本文デザイン …… ケイ・アイ・エス
印刷・製本 ……………… 株式会社 アルキャスト

ISBN978-4-8058-8161-3